금기어가 된 조선 유학자,

윤휴

금기어가 된 조선 유학자, 윤휴

이덕일 지음

다산
초당

금기어가 된 조선 유학자, 윤휴

초판 1쇄 인쇄 2011년 7월 12일
초판 7쇄 발행 2016년 3월 4일

개정증보판 1쇄 인쇄 2021년 4월 5일
개정증보판 1쇄 발행 2021년 4월 12일

지은이 이덕일
펴낸이 김선식

경영총괄 김은영
책임편집 김상영 **책임마케터** 이고은
콘텐츠개발8팀 최형욱
마케팅본부장 이주화
채널마케팅팀 최혜령, 권장규, 이고은, 박태준, 박지수, 김지우, 유영은
미디어홍보본부장 정명찬
홍보팀 안지혜, 김재선, 이소영, 김은지, 박재연
뉴미디어팀 김선욱, 허지호, 염아라, 김혜원, 이수인, 임유나, 배한진, 석찬미
저작권팀 한승빈, 김재원
경영관리본부 허대우, 하미선, 박상민, 김형준, 윤이경, 권송이, 김재경, 최완규, 이우철
외부스태프 표지 霖 design 본문 장선혜

펴낸곳 다산북스 **출판등록** 2005년 12월 23일 제313-2005-00277호
주소 경기도 파주시 회동길 490 다산북스 파주사옥
전화 02-702-1724
팩스 02-703-2219 **이메일** dasanbooks@dasanbooks.com
홈페이지 www.dasanbooks.com **블로그** blog.naver.com/dasan_books
종이·인쇄·제본·후가공 민언프린텍

ISBN 979-11-306-3603-0 (03900)

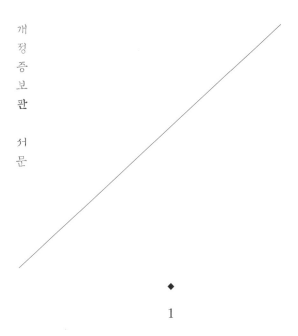

◆

1

1931년 11월 16일 『조선일보』의 신영우 기자는 「조선의 역사 대가 단재 옥중 회견기」라는 기사를 게재했다. 여순 감옥의 단재 신채호 선생을 찾아가 만난 회견기이다. 신영우 기자가 "옥중에서 다소 책자를 보실 수 있습니까?"라고 묻자 단재는 이렇게 대답했다.

"될 수 있는 대로 책을 봅니다. 노역에 종사하여서 시간을 없지만은 한 10분씩 쉬는 동안에 될 수 있는 대로 귀중한 시간을 그대로 보내기 아까워서 조금씩이라도 책보는 데 힘씁니다."

기자가 『조선일보』에 단재의 『조선상고사』가 매일 연재되는 것을 아느냐고 묻자 단재는 발표를 중단시켜달라고 요구했다. 지금까지 비록 큰 노력을 해서 지은 것이지만 아직 완벽한 것이 아니라는 것이었다. 10년의 고역苦役을 마치고 나가면 다시 수정해서 발표하겠다고 말했다. 아직 8년의 옥고가 남은 터였다. 단재는 『임꺽정』의 저

자인 벽초 홍명희의 소식을 물었는데 벽초가 서대문형무소에서 고역
중이라는 말을 듣고는 고개를 주억거리다가 "그래서 내가 그동안 여
러 번 편지를 하였어도 아무 소식이 없었군……."이라고 말했다. 일제
강점기 좌우 합작 민족 전선이던 신간회의 부회장이던 벽초 홍명희
는 1930년 신간회 주최의 제1차 민중대회사건의 주모자로 투옥 중
이었다.

간수가 면회 시간이 끝났다고 재촉하자 단재는 이렇게 말했다.

"『조선사색당쟁사朝鮮四色黨爭史』와 『육가야사六伽倻史』만은 조
선에서 내가 아니면 능히 정곡(正鵠: 과녁의 한복판을 맞춤)한 저작을 못
하리라고 믿고 있습니다."

『조선사색당쟁사』와 『육가야사』는 한국에서 자신만이 정확하
게 쓸 수 있다는 자부였다. 이보다 이태 전인 1928년 11월 8일에는
같은 신문에 「대련 감옥 신단재 면견기(面見記: 면회 기사)」란 기사가
실렸는데, 글쓴이는 이관용李灌鎔이었다. 이관용은 매국노 이재곤의
아들이지만 독립운동에 투신했을 만큼 주체성이 뚜렷한 인물이었다.
일제는 1907년 7월 조선 통감 이토 히로부미伊藤博文가 한국 조정을
지배하는 것을 골자로 하는 정미 7조약을 강제로 체결했는데, 이재
곤은 학부대신으로 이에 찬성해 정미칠적丁未七賊으로 불렸고, 망국
후 일제로부터 자작의 작위를 받았다. 그런 매국노 이재곤의 셋째아
들이 독립운동에 나서 일제 당국의 주목을 받았다. 이관용이 1928년
10월 23일 대련에 도착해 여관을 정하자마자 대련 경찰서의 고등계
형사가 찾아왔다. 이관용은 오히려 이를 단재 면회의 호기로 삼고 움
직인 결과 의외로 면회에 성공했다. 자신을 찾아온 이관용에게 신채
호는 『윤백호전집尹白湖全集』을 육당六堂에게 말하였는데 어찌되었

는지……"라고 말했다.

『윤백호전집』이란 바로 백호白湖 윤휴尹鑴의 저작집을 말한다. 육당 최남선에게 백호 윤휴 전집을 구해달라고 부탁했는데, 소식이 없다는 것이었다. 1919년의 3.1 혁명 때 「독립선언서」를 작성해 2년 8개월의 옥고를 산 최남선은 이 무렵 친일의 길을 걷기 시작했다. 1928년 10월 조선사편수회 촉탁이 되고, 같은 해 12월부터는 조선사편수회 위원이 되었던 것이다. 이후 최남선이 『윤백호전집』을 구해주었는지는 알 수 없다.

◆

2

신채호가 여순 감옥에서 보고 싶어 했던 『윤백호전집』은 현재 『백호전서白湖全書』란 이름으로 전해지고 있다. 나는 『백호전서』를 볼 때마다 백호 윤휴와 함께 단재 신채호가 동시에 생각난다. 단재가 쓰고 싶다던 『조선사색당쟁사』와 『육가야사』, 그리고 단재가 보고 싶다던 『윤백호전집』은 모두 신채호의 역사관을 뜻하는 단재 사관丹齋史觀 속에서 하나로 연결된다. 단재가 『윤백호전집』을 보고 싶었던 이유는 『조선사색당쟁사』에서 가장 중요한 사건이 바로 백호 윤휴 사건이기 때문일 것이다.

이 부분에 대해서는 나의 학문 편력에 대해서도 한마디 보탤 필요가 있다. 내가 『당쟁으로 보는 조선역사』(현 『조선 선비 당쟁사』)를 쓰던 1997년만 해도 조선 당쟁사는 대부분 서인(노론)의 자리에서 쓰여진 책들이 많았다. 서인들이 남인들에게 정권을 빼앗아 백호 윤휴를 사형시킨 숙종 6년(1680)의 경신환국을 경신대출척庚申大黜陟이라고 설명하는 책들까지 있었다. 출척黜陟이란 조정에서 악한 사람을 내쫓고 착한 사람이 들어와 정권을 잡는다는 뜻인데, 여기에 '대大' 자까지 붙었으니 글자의 뜻이 명실이 상부했다면 착한 사람들이 조정을 차지한 경신대출척 이후 조선의 정치는 착한 사람들의 착한 정치가 꽃을 피워야 했다. 그러나 착한 사람들이 조정을 장악한 정치 현실은 백호 윤휴가 "나라에서 유학자를 쓰기 싫으면 안 쓰면 그만이지 죽일 것은 무엇 있는가"라는 항변을 남기고 사형당한 사실에서 알 수 있듯이 '착한 것'과는 거리가 멀었다. 나는 경신대출척을 정권 교체를 뜻하는 중립적 용어인 환국換局으로 표현했고, 지금은 대부분 겉으로는 경신환국이라고 쓴다.

　　예송논쟁도 마찬가지였다. 효종이 재위 10년(1659)에 급서했을 때 서인들이 주창한 1년복설(朞年: 기년)과 남인들이 주장한 3년복설(斬衰: 참최)이 대립했는데, 대부분의 저서와 논문들이 1년설이 옳다고 말하고 있었다. 나는 유학 국가에서 군부君父가 승하했는데 어떻게 3년복설이 아닌 1년복설을 주장할 수 있는지 의아했다. 이른바 역사학계의 원로라는 사람들은 대다수 1년복설을 지지하고 있었다. 1년복설이 아니라 3년복설이 맞다는 내 나름의 견해를 세우기까지 많은 편력을 했던 시절이 새삼 새롭게 다가온다. 만약 단재가 『조선사색당쟁사』를 썼다면 이런 문제는 간단하게 풀렸을 것이다. 민족과 민중 주체 사관을 갖고 있는 단재가 1년복설이 맞다고 서술했을 리는 만무했다.

◆

3

단재가 『육가야사』를 쓰려고 했던 심정도 이해가 간다. 가야사가 현재까지 논란이 되는 것은 일제 식민사학자들이 가야사를 심하게 훼손해놨기 때문이다. 메이지 시대 일본이 한국을 점령해야 한다는 정한론자征韓論者였던 나가 미치요那珂通世를 비롯한 일본인 식민사학자들은 고대 야마토왜大和倭가 서기 369년 가야를 점령하고 임나일본부를 설치했다고 주장했다. 백제는 야마토왜의 사실상의 식민지라고 주장했다. 고대 가야와 백제가 야마토왜의 영토였으니 근대 일본이 한국을 점령하는 것은 침략이 아니라 고대사의 복원이라는 논리였다. 임나일본부설의 핵심은 임나가 곧 가야라는 '임나=가야설'인데, 현재 이 땅의 대학 사학과를 차지하고 있는 고대 사학자들 거의 전부는 서론에서는 '임나일본부설을 극복했다'고 자찬하면서 본론에서는 모두 '임나=가야설'을 추종한다. 단재가 『육가야사』를 썼다면 일제 식민사학의 이런 허구를 통렬하게 반박했을 것이다.

◆

4

아직도 우리 사회는 남의 눈으로 우리 역사를 보는 사람들이 역사학계의 주류다. 이들이 과거에는 일제 식민 사관만 추종하더니 이제는 중국 동북공정까지 추종하는 것으로 악화되고 있다. 대한민국 국민들의 세금으로 운영되는 국사편찬위원회, 한국학중앙연구원, 동북아 역사재단 등은 그 상부 기관을 일본 내각이나 중국 국무원으로 바꾸면 명실이 상부할 행태를 계속하고 있다. 그렇기에 "세상의 많은 이치를 어찌 주자 혼자 알고 나는 모른단 말이냐?"고 항변하던, 백호 윤휴의 목소리가 다시 절실한 시점이다. 10여 년 전 『윤휴와 침묵의 제국』을 쓰기 위해 자료를 수집하고, 윤휴의 발자취를 찾아 전국을 답사할 때 사진작가였던 고 권태균 선생의 주선으로 백호의 후손인 경북대 고고인류학과 윤용진 교수를 만났던 기억이 새롭다. 고고학자인 윤용진 교수는 1977년 경북 고령의 가야 고분인 지산동 44, 45호분을 발굴했다. 지산동 44호분에서 32명이, 45호분에서 4명이 순장되어 모두 36명이 순장되었다는 사실을 밝혔는데, 단재 신채호가 그 사상을 알고 싶어 했던 윤백호의 후손이 단재 신채호가 쓰고 싶어 했던 『육가야사』의 고고학적 흔적을 발굴한 것 또한 역사의 무대에서 맺어진 인연이라는 생각이 든다. 경북대 고고인류학과 명예교수인 윤용진 교수는 서울대 정치학과에 재학할 때 남한 강단사학계의 태두(?)라는 이병도 박사에게 국사 수업을 들었던 경험을 말해주었다. 식민사학에 비판적인 견해를 피력했더니 빵점을 주더라는 것이었다. 주희를 바라보는 시각이 다르다고 백호 윤휴를 죽였던 도그마는 여전히 우리 사회에 살아서 우리의 정신세계를 지배하고 있는 것이다.

그래서 백호 윤휴는 살아 있는 목소리로 우리에게 묻는다.

"세상의 많은 이치를 어찌 주자 혼자 알고 나는 모른단 말이냐?"

2021년 3월 한가람역사문화연구소에서

천고遷固 이덕일 기記

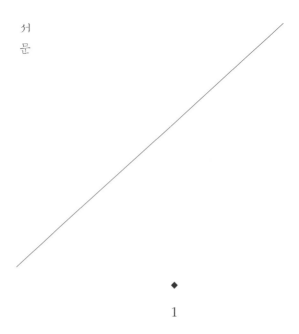

◆

1

1680년(숙종 6년) 5월 20일.

서대문 밖 여염집에서 장독(杖毒: 곤장 맞은 독)에 신음하던 백호白湖 윤휴尹鑴에게 사약이 내려왔다. 윤휴는 금부도사에게 필묵을 요청했다. 이 세상에 남길 마지막 말을 위한 것이었다. 그러나 윤휴에게는 이마저도 허용되지 않았다. 금부도사 홍수태洪受泰는 필묵 제공을 거부했다. 그 시대는 윤휴에게 더 이상 한 마디의 말도 허용하지 않았다.

그때보다 1,400여 년 전인 서기 263년 죽림칠현의 한 명이었던 혜강(嵇康: 223-263)은 동시東市의 형장에 올랐다. 해질 무렵이었다. 혜강은 가야금을 요구했고 다재다능했던 문사에게 마지막 호의가 베풀어졌다. 혜강은 담담하게 생애 마지막으로 '광릉산廣陵散'을 연주했다.

유언마저 거부당한 윤휴는 "내 주량이 있는데 이 약이 목숨을 끊지 못할까 두렵다. 소주燒酒를 가져와야 되겠다."라고 말했다. 자칫 질긴 목숨이 이승과 뒤엉킬 수 있었다. 그의 목숨이 더 이상 잠시라도 이승에 남아 있으면 안 되겠기에 금부도사는 소주를 갖다주었다. 윤휴는 소주를 마시고 사약을 들이켰다.

한때 그의 정적들은 이렇게 마지막 말 한 마디까지 거부당한 윤휴를 당대 최고의 선비로 추앙했었다. 이 선비의 죄목은 놀랍게도 역逆이 아니었다. 역逆은커녕 임금과 백성과 학문을 너무도 사랑했고, 평생 일관되게 도道를 추구했다. 그의 길에 주자는 상대적 가치를 지닐 뿐이었다. 그 순간 그는 사문난적斯文亂賊이 되었다. 그의 길에 북벌대의가 있었다. 그 순간 말로만 북벌을 외치던 세력에게 그는 정적이 되었다. 그의 길에 백성들의 민폐 해소가 있었고, 신분제 해체가 있었다. 그 순간 그는 돌아올 수 없는 다리를 건넜다. 그는 적賊이 되었다. 그렇게 그는 사약을 마셔야 했고, 마지막 유언도 남길 수 없었다. 그리고 그는 시대의 금기가 되었다.

주자가 절대적 가치로 군림하기 시작하던 시대. 그가 죽은 후 조선은 침묵과 위선의 세계로 빠져들어 갔다. 그리고 그런 침묵과 위선은 그의 사후 330여 년이 지난 지금까지도 이어지고 있다.

◆

2

백호 윤휴는 진실의 속살로 들어가는 터널이다. 그러나 그 터널은 너무 깊고 어둡다. 필자는 1990년대 말경 어느 시사 월간지의 기획 위원으로 역사 인물 특집 면을 자문한 적이 있었다. 그때 윤휴를 조명했다. 금기가 되었던 인물이 현시대의 한 귀퉁이에 오랜만에 얼굴을 내밀었다. 그러나 후손을 접촉했던 기자로부터 "여주에 사는 후손이 아직도 윤휴에 대해 말하기를 꺼리는 것 같다."는 말을 들었다. 사망한 지 300여 년이면 과거의 화석이 되게 마련이다. 그러나 윤휴는 달랐다. 그는 죽은 화석이 아니었다. 마지막 유언까지도 거부당했기에 역설적으로 그는 죽지 않았다. 강요당한 침묵 속에서 죽어갔기에 죽지 않았다.

◆

3

윤휴가 사형당한 후 조선은 침묵의 제국이 되었다. 더 이상 그와 같은 생각은 허용되지 않았다. 윤휴와 같은 생각은, 특히 그런 생각을 표출하는 것은 사문난적으로 가는 초청장이고, 저승으로 가는 초청장이었다.

> 윤휴는 주자를 반대하고 거슬러서 장구章句를 마음대로 고쳤으며, 심지어 『중용中庸』은 (주자의) 주석을 고친 것이 많았다. 항상 말하기를 "자사(子思: 중용의 저자)의 뜻을 주자 혼자만 알고 어찌 나는 혼자 모른다는 말인가."라고 했으니 이는 진실로 사문斯文의 반적叛賊이다." -『숙종실록』3년 10월 17일

사문난적을 넘어 사문반적斯文叛賊으로까지 모는 글이 실록에

버젓이 실릴 정도니 다른 이야기는 더 필요 없을 것이다. 『수옥문답樹屋問答』이란 책이 있다. 윤휴의 일생이 학문 추구와 북벌대의 실천과 백성들의 각종 폐단을 제거하는 것이었다고 쓴 책이지만 그렇기에 저자는 이름을 밝힐 수가 없었다. 은밀하게 손에서 손으로 윤휴의 후손에게 전해졌다. 그 긴 침묵의 제국에서 말살되지 않았다는 자체가 기적이었다. 그러나 어찌 그때뿐이었겠는가? 불과 십몇 년 전까지만 해도 어떤 후손은 조상에 대해 말하기를 꺼렸다. 그래서 윤휴의 일생을 돌아보는 것은 단순히 300여 년 전에 사형당한 한 선비의 궤적을 추적하는 일이 아니었다. 아직도 윤휴를 다시 보려는 사람들에게 침묵을 강요하는 현실의 힘이 있다는 이야기다. 그래서 윤휴의 일생을 추적하는 일은 그 자체만으로도 단순한 과거사가 아니라 현대사로 연결된다.

◆

4

침묵은, 언젠가는 깨지게 마련이다. 최근 들어 여러 사람들이 윤휴에 대해서 이야기하기 시작했다. 그렇게 세상은 바뀌어간다. 이 책이 윤휴의 못다 한 유언은 아닐 것이다. 윤휴 일생의 아주 단순한 편린밖에 조망하지 못했다. 아직 터널은 다 벗어나지 못했다. 그럼에도 터널 끝의 빛이 보이기 시작한다는 의미만으로도 가치는 있다. 터널 끝의 세상을 맛보는 행운이 몇 사람에게나 허용되겠는가?

◆

5

윤휴가 사약을 마시기 직전 "나라에서 유학자를 쓰기 싫으면 안 쓰면 그만이지 죽일 것은 무엇 있는가."라고 말했다는 이야기는 입에서 입으로 전해져 유언 아닌 유언이 되었다. 혜강이 광릉산 연주를 마치고 "승려 원효가 일찍이 이 곡을 배우고자 했는데, 내가 아껴서 가르쳐주지 않았다. 광릉산은 금후에 전해지지 않을 것이다!袁孝尼嘗請學此散, 吾.固不與 , 廣陵散於今.矣!"라고 한탄했다고 『세설신어世說新語』는 전한다. 필자가 이 원고를 다 썼을 무렵 우연히 백호가 남긴 가야금 악보가 남아 있다는 사실을 알게 되었다. 그의 곡이 이 시대에 다시 살아난다면 거부당했던 그의 유언이 살아나는 것이 될 수 있을까? 나와 다른 너를 인정하지 않았던 시대, 나와 다른 너는 죽어야 한다고 생각했던 시대, 그리고 실제 그렇게 죽여왔던 시대, 그런 증오의 시대의 유산은 이제 청산할 때가 됐다. 백호의 인생은 그렇게 말하고 있다.

2011년 6월

천고 이덕일 기記

차
례

개정판 서문　　　　　　　　　　　　　　　　5

서문　　　　　　　　　　　　　　　　　　　11

◆
1장

요동치는 대륙과
북벌의 희망

윤휴, 비밀 상소를 올리다　　　　　　　　　23

오삼계의 거병과 숭정제의 비극　　　　　　27

청 태종, 중원을 집어삼키다　　　　　　　　35

영력제를 죽인 오삼계가 복명의 기치를 올리다　42

파란의 정치 인생을 시작하는 윤휴　　　　　48

◆
2장

주자를 거부하고
진리를 탐구하다

아버지의 신원을 위해 상언하다　　　　　　61

복수 설치를 꿈꾸던 아름다운 시절　　　　　68

의리는 주자의 독점물이 아니다　　　　　　74

서인들, 예송논쟁에서 계략을 쓰다　　　　　84

날아드는 절교장과 학문 세계로의 침잠　　100

◆

3장

시대의 혁명아,
출사를 결심하다

제2차 예송논쟁과 서인들의 후퇴　　　　119
소년 숙종의 즉위와 뜻밖의 선택　　　　131
송시열의 빈자리를 채울 유일한 대안, 윤휴　138

◆

4장

윤휴의 도전과
기득권 세력의 조작극

14세 소년 숙종과 58세 윤휴의 첫 만남　　149
자강이 먼저인가 선공이 먼저인가　　　　161
삼복 제거 음모와 명성왕후의 정치 개입　168
부디 대비의 정사 관여를 엄금하소서　　　179
북벌의 깃발 아래 모여드는 당파들　　　　183

◆

5장

신분제를 해체해야
조선이 살아난다

호패가 적을 막을 수 있는데 왜 우리가 싸우겠는가　195
백골과 아이에게 군역을 지우지 말라　　　208
서얼을 허통하여 부국을 도모하소서　　　　228

◆

6장

말뿐인 북벌을 넘어
행동하는 북벌로

강희제와 오삼계, 형주를 두고 대치하다　　　　239
북벌을 주장하는 상소가 잇따르다　　　　242
반대에 부딪히는 전차 제작　　　　245
백성들이 응시할 수 있는 무과를 실시하다　　　　255
군사 총사령부 설치를 주장하다　　　　262

◆

7장

총공세에 나서는
서인 세력들

사직과 출사를 거듭하는 윤휴　　　　273
바뀌는 숙종의 마음　　　　286
남구만, 허적을 저격하다　　　　296
서인들의 조직적 공세, 금송 사건　　　　304

◆

8장

소현세자 후손
추대 사건

오삼계의 죽음, 끝나가는 삼번의 난   315
강화도의 변서變書와 송상민의 상소   318
남인 정권을 정리하려는 숙종   332

◆

9장

금기가
되어버린 이름

숙종, 하룻밤 사이에 정권을 교체하다   347
역모 사건의 덫에 걸려드는 허적   361
시대의 우환을 짊어진 죄   371
나라에서 유학자를 왜 죽이는가?   384
공작 정치의 나날들   392
윤휴의 빈자리   394

◆

일러두기

1. 대부분의 사료는 큰따옴표로 묶어 본문 중에 인용하고 그 뒤에 출처를 명기했다.
   그러나 내용상 중요한 사료는 따로 인용문으로 표시하여 강조하고 뒤에 출처를 명
   기했다.
2. 설명이 필요한 단어나 역사적 상황, 그리고 연도에 대해선 따로 주를 달지 않고 본
   문 중에 괄호로 묶어 설명을 달았다.
3. 본문에 사용된 문장 부호는 다음 경우에 맞춰 사용했다.
   『 』: 전서, 총서, 단행본, 또는 그에 상응하는 분량의 책
   「 」: 위 사항의 개별 항목 또는 논문

1장

요동치는 대륙과
북벌의 희망

윤휴, 비밀 상소를 올리다

현종 15년(1674) 7월 초하루.

　윤휴尹鑴는 이른 새벽에 일어나 목욕재계했다. 정성스레 머리를 감고 몸을 닦았다. 다시 태어난 기분이었다. 가묘家廟로 올라갔다. 그의 손에는 여러 날 동안 침식을 잊다시피 하면서 작성한 상소문이 들려 있었다. 윤휴는 상소문의 내용을 가묘에 고했다. 그리고 상소문을 밀봉했다. 이른바 비밀 상소인 밀소密疏였다.

　가묘에서 나와 아들 하제夏濟를 불렀다.

　"이 상소문을 대궐에 나아가 올려라."

　윤하제의 가슴은 떨렸다. 무슨 내용이 담겨 있는지 대략 아는 까닭이었다. 평생을 초야에 은거해오던 부친이 드디어 세상을 향해 말하기 시작한 것이다. 평생 공부하면서 가슴에 품고 있던 뜻이었다. 드디어 그 뜻을 세상에 펼칠 때가 되었다고 결심한 것이었다. 윤휴의 나이 이미 만 57세. 아직 한 번도 벼슬길에 나가지 않은 포의布衣지만 그 이름만은 천하에 드높았다. 서인 영수이자 산림 영수인 송시열宋時烈에 비길 수 있는 유일한 인물이었다. 비록 벼슬은 없지만 거대 집권당인 서인에 맞설 수 있는 학문적 권위를 갖고 있었다. 현종 즉위년에 발생한 기해(1659) 예송논쟁 때 송시열과 맞서자 사방에서 비난이 들끓고, 절교 편지가 잇따랐지만 한 치의 흔들림도 없이 "다만 시대를 개탄할 뿐이다."라고 초연했던 인물이다. 그간 여러 번 벼슬이 내려졌지만 한 번도 응하지 않았던 그가 세상을 향해 말하기 시작한 것이다. 그것이 「대의소大義疏」였다. '큰 의리가 담긴 상소'라는 뜻이다. 밀봉 상소였지만 그 내용이 은밀히 퍼져나가고 있었다. 급기야 조정 대신들도 밀소密疏의 존재를 알게 되었다.

좌의정 정지화鄭知和가 현종에게 물었다.

"들건대 괴이한 소장訴狀이 있다고 합니다. 참으로 그러한 것이 있습니까?"

"그렇다."

윤휴의 상소를 '괴이한 소장'이라고 불렀던 정지화는 현종이 실제로 그런 상소가 있다고 시인하자 크게 놀랐다.

정지화는 윤휴의 상소를 물리치지 않고 받은 승정원을 꾸짖었다.

"그러한 소장을 승정원이 무엇 때문에 받아들였단 말입니까? 필시 국가에 큰일을 일으킬 것입니다." - 『백호연보白湖年譜』

서인 정권의 실세였던 정지화는 윤휴의 상소를 큰일을 발생시킬 위험한 상소로 보았다. 그 이유는 『현종실록』에 조금 더 구체적으로 나온다.

"요즈음 윤휴의 비밀 상소 때문에 밖에서 자못 떠들썩하다고 합니다. 인조조에 청나라와 관계된 일을 말하여 소요를 일으킬 수 있는

◆
윤휴 초상 지금까지 윤휴의 초상으로 알려져 왔으나 소장자의 연구에 의하면
부친인 윤효전(尹孝全, 1563-1619)의 것이라 한다.

상소는 받아들이지 말라는 분부가 있었습니다. 앞으로는 이런 상소에 대해 일체 받아들이지 말라고 거듭 신칙(申飭: 주의)해야 할 것입니다."―『현종실록』 15년 7월 4일

윤휴의 상소는 청나라와 관계된 것이었다. 그것도 청나라와 소요를 일으킬 수 있는 내용이 담겨 있었다. 윤휴의 상소에 이런 위험 요소가 있으니 일체 받아들이면 안 된다는 주장이었다.

윤휴의 상소를 「대의소大義疏」라고 부르는 것은 이유가 있었다. 대의는 북벌北伐을 뜻했다. 윤휴의 대의소는 북벌을 주장하는 상소였다. 그것도 때를 기다리자는 것이 아니라 지금 당장 북벌하자는 상소였다. 지금까지 북벌은 서인西人의 당론이었다. 적어도 표면적으로는 그랬다. 그러나 마음속으로도 북벌을 주장하는 서인 실세는 아무도 없었다.

서인에게 북벌은 당의 선명성을 과시하는 구호에 불과했다. 실제로는 북벌 반대가 서인의 확고한 내부 당론이었다. 겉으로는 북벌을 주창하지만 속으로는 북벌에 철저하게 반대하는 것이 이 무렵 송시열이 이끄는 서인의 두 모습이었다. 말로만 북벌을 내세워 조선 국왕을 압박하는 한편 백성들에게 군림하는 것이 서인의 당략이었다. 그런데 윤휴가 북벌 대의소를 올리자 자신들의 이중성이 드러나게 된 것이었다. 그래서 정지화가 "이런 상소는 일체 받아들여서는 안 된다."고 속마음을 드러내고 만 것이었다. 바로 이 지점이 서인과 윤휴가 속한 청남淸南의 충돌점이었다.

또한 주희(朱熹: 주자)의 해석을 절대적인 도그마로 삼는 송시열과 주희의 해석도 한 선유先儒의 해석일 뿐이라고 여기는 윤휴의 충돌점이기도 했다. 현종 15년(1674) 7월 초하루 윤휴가 올린 북벌소는

말과 행동이 달랐던 선비들에게 던지는 거울이기도 했다. 북벌을 빙자해 서인들을 유일 집권당으로 만들려는 정치 경향과 주희의 권위를 빌려 주자학을 유일사상 체제로 만들려는 학문 경향에 던진 도전장이었다.

집권 서인들은 윤휴 같은 상소를 승정원에서 받지 않는 것으로 이 문제가 현안화하는 것을 막으려고 했다. 윤휴 같은 청남이 진짜 북벌론자라는 사실이 알려지는 것은 불편한 진실이었다. 이때 조정에 허적許積 같은 남인이 없었던 것은 아니지만 그 세는 미약했다. 사실상 서인 일당 집권기였다. 그래서 윤휴의 대의소는 묻히는 것으로 정리되었다. 그러나 윤휴의 상소 내용은 쉬쉬하면서 이 사람 저 사람의 입을 통해 전해지고 있었다.

그러나 서인들이 틀어막는다고 해서 막을 수 있는 것이 아니었다. 조선 땅에서야 서인들이 거의 완벽하게 통제할 수 있지만 자신들이 통제할 수 없는 곳에서 거대한 사건이 발생했기 때문이었다. 윤휴도 이 사건 때문에 환갑이 다 된 노구를 초야에서 일으킬 결심을 한 것이었다. 그것이 바로 '삼번三藩의 난'이라 불리는 중원대란이었다.

오삼계의 거병과
숭정제의 비극

윤휴가 대의소를 올리기 약 7개월 전인 청淸 강희제康熙帝 13년 (1673) 11월 말에서 12월 사이 청나라에서는 제국의 운명을 뒤바꿀 수 있는 대란이 발생했다. 평서왕平西王 오삼계吳三桂가 조정에서 파견한 운남순무雲南巡撫 주국치朱國治와 귀주제독貴州提督 이본심李本深을 살해한 것이다. 청 수립 이후 최대의 위기인 삼번의 난의 시작이었다.

번藩은 제후가 맡아 다스리는 영지를 뜻한다. 고대 주周나라에서 제후들이 다스리는 지역을 번이라고 불렀던 데서 유래한다. 청나라는 만주족이 지배하지만 삼번은 한족漢族 출신들이 다스린다는 특징이 있었다. 평서왕 오삼계는 지금의 운남雲南과 귀주貴州 지역을 다스리고, 평남왕平南王 상가희尙可喜는 광동廣東을, 정남왕靖南王 경중명耿仲明은 복건福建을 다스렸다. 오삼계는 강남 고우高郵 출신이지만 요동遼東이 본적이었고, 한때 계림桂林을 다스렸던 정남왕定南王 공유덕孔有德을 포함해 경중명, 상가희는 모두 지금의 만주 요하遼河 동쪽인 요동 출신이었다. 다들 명나라 장수였다가 청나라로 돌아섰다는 공통점도 있었다. 청 태종은 명나라 출신 문관들과 장수들을 회유하는 데 많은 공을 들였는데, 오삼계 등은 모두 이렇게 청나라에 넘어간 인물이었다. 그러나 각각의 사연은 모두 달랐다.

『청사고淸史稿』「오삼계 열전」에 따르면 그의 부친 오양吳襄은 명나라 말기 현재의 요녕성 금주錦州를 지키는 총병總兵이었다. 오삼계는 부친 덕분에 과거를 치르지 않고 음직蔭職으로 명나라 장교가 되었다. 오삼계는 문관 출신으로 병부상서를 역임한 홍승주洪承疇 휘하에서 청 태종에 맞서 싸웠다. 그런데 홍승주가 송산松山 전투에서 청군에 패한 후 3,000 군사와 함께 포로가 되면서 오삼계의 인생도 격랑으로 빠져든다. 청 태종은 일류급 인물들은 민족을 불문하고 국가 운영에 꼭 필요하다고 생각했다. 만주족만의 역량으로는 천하를 통치하기 어렵다고 보았기 때문이다. 청 태종은 민앙民仰, 변교

變蛟 같은 다른 부장들은 죽였지만 홍승주만은 수하로 끌어들이고 싶었다. 그래서 청 태종은 한족漢族인 범문정范文程을 보내 설득하게 했다. 『청사고』「홍승주 열전」에 따르면 재미있는 일화가 실려 있다. 홍승주는 범문정의 설득을 완강히 거부했는데, 범문정은 그가 옷에 묻은 먼지를 털어내는 것을 보고 느낀 바가 있었다. 범문정은 청 태종에게 "홍승주는 죽지 않을 것입니다. 옷도 그렇게 아끼는데 생명이야 어떻겠습니까?"라고 말했고, 그 말대로 되었다. 홍승주가 청나라에 귀순하면서 오삼계의 입지는 좁아졌다. 오삼계는 또 조대수祖大壽의 조카였는데 조대수도 청나라에 항복하고 말았다. 청 태종은 고립무원의 처지에 빠진 오삼계에게 여러 번 항복을 권했다. 그러나 오삼계는 항복을 거부했다. 오삼계는 예부터 한족과 동이족 사이에서 관문 역할을 하는 만리장성의 동쪽 끝 산해관山海關을 굳건히 지키고 있었다. 오삼계의 군사력이 사실상 명의 마지막 희망이었다.

산해관을 지키며 만주족의 중원 진출을 막아내는 오삼계에게 다른 변수가 발생했다. 농민 출신 봉기군 이자성李自成의 흥기였다. 이자성은 1644년(인조 22년) 정월 초하루 서안에서 황제 즉위식을 갖고 나라 이름을 대순大順이라고 정했다. 2월에는 동정군東征軍을 이끌고 황하를 건너 산서성 태원太原까지 함락시켰다. 인조반정을 일으킨 서인들이 임금의 나라로 섬기는 명나라의 운명은 이래저래 풍전등화였다. 북쪽으로는 청나라가 산해관을 격파하려고 시도하는 가운데 남서쪽에서는 이자성의 농민군이 수도 북경을 노리고 있었다. 이자성은 대주代州에서 결사 항전하는 총병관 주우길周遇吉을 전사시키고 3월 17일에는 북경까지 진격했다.

여기에 명나라 내부 문제도 심각했다. 북경 자금성에는 14만 명

◆
오삼계의 초상

의 군사가 있었지만 대부분 노약자들이었다. 사방에서 발생한 변란
에 군사들을 보냈기 때문이었다. 여기에 의종(毅宗: 숭정제)의 지도력
부족도 큰 문제였다. 의종은 환관들에게 군사 지휘를 맡겼는데, 이들
이 상황 판단을 제대로 하지 못하고 병사들을 가혹하게 대하면서 민
심이 돌아섰다. 돌아선 민심은 명나라 멸망을 부추겼다. 척후병조차
이자성 쪽에 붙었다. 대세가 기운 것을 확인한 환관들도 속속 이자성
에게 투항했다. 이자성에게 붙은 환관 두훈杜勳은 3월 18일 숭정제崇
禎帝에게 선위할 것을 권하기에 이르렀다.

숭정제는 크게 화를 내면서 거절했으나 이미 때는 늦었다. 그날

해 질 무렵 환관의 우두머리인 태감太監 조화순曹化淳이 외성外城의 창의문彰義門을 열고 이자성을 맞아들였다. 조선 유학자들이 끝까지 매달렸던 명나라는 이미 내부에서부터 무너지고 있었다. 이자성의 군사가 물밀듯 쏟아져 들어오자 의종 숭정제는 자금성을 빠져나가 매산(煤山: 지금의 경산)으로 올라갔다. 의종은 무능한 군주였지만 양심까지 팽개치지는 않았다. 명군名君은 아니었지만 망국에 자신의 안위만 도모하는 용군庸君 또한 아니었다. 끝까지 군주의 위엄을 지키려고 노력했다. 또한 마지막까지 군주로서 처신했다. 봉화가 하늘을 뒤덮은 것을 보고 의종은 "나의 백성이 괴로움을 당하는구나!"라고 탄식했다.

다시 건천궁乾淸宮에 돌아온 의종은 태자와 영왕永王과 정왕定王을 척신 주규周奎와 전홍우田弘遇의 집으로 보냈다. 살아남아서 명조의 재건을 도모하라는 뜻이었다. 보름 전 이부시랑 이건태李建泰가 남경으로 천도하는 상소를 올리자 의종은 "임금은 사직에 죽을지언정 짐이 어찌 거기로 가겠는가?"라고 거절했다. 황실 남성들은 피신시켰지만 피할 곳도 없던 황실 여성들이 문제였다. 남겨두면 청군에게 욕을 볼 것을 우려했다. 의종은 황실 여성들에게 자결을 권했다. 황후 주씨周氏와 후비들이 자결했다. 이들 역시 살아서 욕을 볼 생각은 없었다. 문제는 어린 공주들이었다.

의종은 칼을 들고 수녕궁壽寧宮으로 장평長平공주를 찾아갔다. 이때 공주는 만 열다섯에 불과했다. 『명사明史』「장평공주 열전」은 장평공주가 자신을 죽이려는 부친의 옷을 잡으며 통곡하자 의종이 "너는 어찌 내 집에서 태어났느냐?"라면서 내리치자 왼쪽 팔이 떨어져 나갔다고 전한다. 피투성이가 된 공주를 보고 의종은 더 이상 칼을

◆
숭정제의 초상

휘두르지 못했다. 의종은 소인전昭仁殿으로 달려가 소인昭仁공주를
베었다. 만 여섯 살에 불과한 소인공주는 살아남을 수 없었다. 그러나
장평공주는 팔을 하나 잃은 채 살아남았다.

　3월 19일 미명에 의종은 손수 종을 울려 마지막 백관百官회의를
소집했다. 그러나 신하들은 오지 않았다. 다시 매산으로 올라간 의종
은 "황제의 장수를 빈다."는 뜻의 수황정壽皇亭에 올랐다. 여기가 그가
정한 죽음의 장소였다. 황제의 장수를 비는 정자를 자결의 상소로 삼

은 것은 역설이었다.

의종은 탄식했다.

"여러 신하들이 짐을 그르쳤도다."

그러나 그 신하들을 등용한 것은 자신이었다. 그래서 의종은 신하들을 원망했으나 책임까지 모면할 생각은 없었다.

"짐은 죽어서 조종祖宗을 볼 면목이 없으니 관을 벗고 머리카락으로 얼굴을 가리노라. 적이 짐의 시신을 찢게 할지언정 백성은 한 사람도 상하지 않게 하라." -『명사明史』「장렬제 본기莊烈帝本紀」

1644년 3월 19일.

태감太監 왕승은王承恩이 따라 죽었고 대학사大學士 범경문范景文 이하 40여 명도 순사殉死했다. 비참하지만 장렬한 최후였다. 명나라는 16대 277년 만에 멸망했다.

청나라에서 작성했지만 『명사』 사신史臣은 의종에게 동정적이다.

즉위 초 깊은 기지와 독단獨斷으로 간흉과 역적을 제거하고 천하를 평화롭게 다스릴 것을 꿈꾸었으나 애석하도다. 이미 대세가 기울었구나. 쌓인 폐습은 막기 어렵고 조정의 문호는 갈라져 다투며, 국경의 장수는 태만하고 병졸은 나태한데, 사방에서 전쟁이 일어나고 떠도는 도적流寇이 만연했으니…… 가히 불행하다고 할 수 있도다. -『명사』「장렬제 본기」 찬왈贊曰

의종은 확실히 잘못된 시대에 임금이 되었다. 이자성은 때를 잘 만난 것으로 생각했다. 그는 황제의 길을 걸었다. 이자성은 의종이 자결한 당일 옥색 비단 표의縹衣을 입고 솜털로 만든 전립氈笠을 쓰고 까만 얼룩 오박마烏駁馬에 올라 자금성으로 향했다. 승천문(承天門: 천안문)을 당당하게 들어온 이자성은 자신이 천하를 다스릴 것이라고 믿어 의심치 않았다. 황극전皇極殿에 들어가 어좌에 오른 이자성은 새로운 세상이 열렸음을 선포했다. 농민 출신으로서 당대에 성취한 빛나는 성과였다. 그만큼 명나라는 이미 백성들로부터 멀어졌던 것이다. 궁녀 두미의竇美儀를 비妃로 삼은 이자성은 3일 기한으로 명나라 관료들의 귀순을 촉구했고, 3일째 되던 날 많은 관료들은 이자성을 찬양하는 노래를 부르면서 귀순했다. 이자성은 비록 농민 출신이지만 민심을 얻으려면 어떻게 해야 하는지 알고 있었다. 그것이 농민에서 황제 자리까지 오를 수 있었던 비결이기도 했다. 이자성은 숭정제와 그 부인 주씨의 유해를 창평昌平 전귀비田貴妃 묘를 열고 함께 묻어주었다.

이자성의 대순군大順軍이 북경에 들어왔을 때 군사는 불과 2만에 지나지 않았다. 이자성은 군사들에게 "사람을 상하게 하거나 재물을 약탈하거나 부녀자를 겁탈하는 자는 용서하지 않겠다."라고 선포했다. 그런데 두 명의 군사가 점포를 약탈했다. 이자성은 거리에서 그 둘을 능지처참했다. 그러자 북경 사람들이 안도하고 영업을 개시했다. 북경은 정상을 되찾았다. 그러나 자금성 점령이 시급한 것이 아니었다. 자금성 점령은 그야말로 용의 눈에 점을 찍는 화룡점정畵龍點睛이 되어야 했다. 북쪽에서는 아직도 청 태종과 오삼계가 자웅을 겨루고 있었다.

청 태종,
중원을 집어삼키다

이자성이라고 오삼계에 대한 대책이 없었던 것은 아니었다. 더구나 오삼계는 사면초가四面楚歌였다. 의종은 이자성이 태원太原, 영무寧武, 대동大同을 함락하고 지금의 하북성 정정正定인 진정真定을 공격하자 오삼계와 좌량옥左良玉, 당통唐通 등에게 막게 했다. 의종은 오삼계를 평서백平西伯으로 봉하고 좌량옥, 당통 등도 제후로 봉해 명나라에 충성하기를 기대했다. 이들이 이끄는 영원군寧遠軍 50만 명이 명나라의 마지막 무력이었다. 그러나 당통과 백광은白廣恩은 이미 이자성에게 투항하고 북경 북쪽 난주灤州를 공격했다. 오삼계는 과거의 동료 장수들과 치열한 격전을 치러야 했다. 이들을 겨우 격퇴한 오삼계는 동쪽 산해관으로 들어갔다. 그러나 청군만이 문제가 아니었다. 이자성은 이미 북경을 점령했다. 오삼계는 더 이상 버틸 수 없었다. 청나라를 선택하느냐 대순大順을 선택하느냐의 문제였다.

　이민족보다는 같은 한족漢族인 이자성이 나았다. 자금성을 차지한 이자성은 오삼계의 부친 오양에게 귀순을 권하는 편지를 쓰게 했다. 오삼계만 끌어들이면 천하가 대순에 귀순할 것이라고 본 것이었다. 그래서 이자성은 은 4만 냥을 오삼계에게 주면서 북경으로 오라고 회유하고 휘하 장수에게는 군사 2만을 주어 오삼계를 대신해 산해관을 지키라고 명했다. 의종까지 자결한 마당에 더 이상 버틸 수 없다고 생각한 오삼계는 이자성에게 항복하기로 마음먹었다. 그런데 이때 변수가 발생했다. 『청사고』 「오삼계 열전」에 따르면 이자성에게 항복하기로 결심한 오삼계가 병사를 이끌고 난주에 도착했을 때 이

◆ 산해관 만리장성 동쪽 끝 시작 지점으로 예로부터 한족과 동이족 사이의 관문 역할을 했다.

자성의 부장 유종민劉宗敏이 자신의 애첩 진원원陳圓圓을 겁탈했다는 소식을 듣는다. 역사는 때로 한두 실력자의 동태에 따라서 물줄기가 바뀌는 경우가 적지 않은데, 이 경우도 마찬가지였다.

격분한 오삼계는 이자성이 파견한 장수를 죽이고 부장副將 양신楊珅과 유격장遊擊 곽운룡郭雲龍을 청나라의 섭정 예친왕睿親王 다이곤多爾袞에게 보냈다. 군사를 빌려달라는 것이었다. 어제의 적이 군사를 빌려달라고 요청하는 것은 곧 항복하겠다는 뜻이었다. 이 대목에서 천하의 전세가 엇갈렸다. 이자성이 오삼계 회유만 성공했으면 청나라가 산해관을 돌파해 중원을 차지하기는 쉽지 않았을 것이다. 그 사이 이자성이 민심을 얻는다면 산해관을 국경으로 삼아 만주족의 청과 한족의 대순大順이 양립했을 가능성도 크다.

오삼계가 다시 돌아섰다는 소식을 들은 이자성은 강온 양면책을 구사했다. 20만 대군을 보내 오삼계를 진압하게 하는 한편 정부상서政部尚書 왕칙효王則堯를 보내 오삼계의 부친 오양과 가족들을 억류하고 있다는 사실을 다시 전하며 회유하게 했다. 그러나 청나라에 붙기로 결심한 오삼계는 오히려 왕칙효를 잡아두고 돌려보내지 않았다.

『청사고』「오삼계 열전」에 따르면 산해관에서 불과 10리 정도 떨어진 곳에서 이자성의 대군과 오삼계 군이 맞붙게 되었는데, 이자성은 이때까지도 오삼계가 청군에 투항한 사실을 모르고 있었다. 오삼계 군과 이자성 군이 먼저 격돌했는데 승부가 나지 않았다. 청의 섭정 예친왕 다이곤은 두 한족漢族 군대끼리 싸우는 것을 지켜보면서 개입할 기회를 엿보고 있었다. 오후에 갑자기 큰 바람이 불면서 자욱한 먼지가 일어 지척도 보이지 않았다. 바람이 잠시 멎은 틈을 타서 청나라 무영군왕武英郡王 아제격阿濟格과 예군왕豫郡王 다탁多鐸이 이끄는 2만 기병이 오삼계 군의 오른쪽에서 갑자기 나타나 이자성 군에게 돌입했다.

이자성 군사는 크게 놀라 외쳤다.

"만주 군사다此滿洲兵也."

이자성 군은 40리나 도주했고 전투는 끝났다. 청나라는 승전 당일 오삼계를 평서왕平西王으로 봉했다. 영평永平으로 도주한 이자성 군은 오삼계의 부친 오양을 죽이고 다시 북경으로 돌아가서 나머지 가족을 모두 죽였다. 그리고 다시 북경을 버리고 서쪽으로 도주했다. 『명사』「이자성 열전」에 따르면 오삼계 군에게 쫓겨 서안으로, 무창으로, 도주에 도주를 거듭하던 이자성은 순치 2년(인조 23년, 1645) 구궁산九宮山으로 숨어들었다가 촌민들과 싸우던 중 전사하고 말았다. 이렇게 이자성의 황위는 불과 한 달여 만에 끝나고 말았다. 급격한 부상만큼 몰락도 급격했던 일생이었다.

비록 북경을 점령했으나 청이 차지한 지역은 3분의 1에 지나지 않았다. 아직도 과제가 산적했다. 인구도 군사 숫자도 부족했다. 청의 팔기군八旗軍은 용맹을 떨쳤지만 수가 부족했다. 팔기의 기본 부대 단위는 만주어로 니루인데, 화살이란 뜻으로 한자로는 우록牛錄으로 적는다. 니루는 만주족의 수렵 조직 명칭이기도 했다. 명이 멸망하던 해 만주 팔기는 280여 개 니루, 몽골 팔기는 120여 개 니루, 한인漢 人 팔기는 160여 개 니루 정도였다. 니루의 수는 정확하지 않지만 대략 한 니루를 300여 명으로 잡으면 17만여 명이 된다. 이 중에서 여차하면 돌아설 수 있는 몽골 팔기와 한인 팔기를 제외하면 순수 만주 팔기는 8만 4,000 정도밖에 되지 않았다. 이 시기 만주족 인구는 약 100만여 명 정도, 한족은 150배 정도 많은 1억 5,000만 정도로 추산한다. 청나라는 오삼계 등 이른바 한간漢奸들을 중용하지 않을 수 없었다.

청나라가 오삼계의 전향에 힘입어 북경을 점령했지만 이로써 끝난 것이 아니었다. 명나라의 재건을 꿈꾸는 복명復明 세력과 이자성의 잔존 세력 그리고 장헌충張獻忠 세력 등이 청나라의 천하 평정을 위협했다.

먼저 명 황실 잔존 세력은 한족의 정통 왕조라는 명분을 가지고 끈질기게 저항했다. 조선에 구원군을 보냈던 신종神宗 주익균朱翊鈞의 손자가 복왕福王 주유숭朱由崧인데, 양자강 남쪽 남경南京에서 제위에 올라 연호를 홍광弘光이라고 정하면서 명을 재건했다. 그가 홍광제(弘光帝: 재위 1644-1645)인데 양자강 남쪽에서 재건된 명나라 잔존 세력을 남명南明이라고도 한다. 남방에는 복명 세력 외에 장헌충 세력 등이 청에 저항하고 있었다. 섭정왕 다이곤은 자신의 동복형제인 영친왕英親王 아제격(阿濟格: 아지거)을 정원대장군靖遠大將軍으로, 예군왕 다탁多鐸을 정국대장군定國大將軍으로 임명해 강남으로 보냈다. 그런데 중국 남방의 더위는 북방 만주 출신 만주족에게 전쟁 못지않은 골칫거리였다. 그래서 만주 팔기는 일단 화북에 잔류시키고 오삼계, 공유덕 등의 한인 장수와 한인 병사들을 선봉에 내세웠다. 이것이 바로 이들 한인 장수들이 남방에 둥지를 틀게 된 이유였다.

청의 정벌군이 양자강을 건넜으나 남명 왕조는 그 심각성을 느끼지 못하고 동림당東林黨과 반대 당파가 갈려 싸우며 부패하기까지 했다. 물론 끝까지 저항한 명나라 유장遺將도 있었다. 사가법史可法이 그런 장수로서 요충지인 양주揚洲를 장악하고 정국대장군 다탁이 이끄는 청의 대군에 맞서 끝까지 저항했다. 끝내 양주가 함락되자 사가법은 우물에 투신자살했고, 입성한 청군은 양주 백성들에 대한 대학살을 자행했다.

◆
홍광제의 초상 중국 남명의 제1대 황제 (재위 1644-1645). 성은 주朱, 자는 복팔福八, 이름은 유숭由崧이다.

당시에 대학살극에서 극적으로 살아남은 왕수초王秀楚는 『양주십일기揚洲十日記』에서 청 순치順治 2년(1645) 4월 25일부터 5월 5일까지 10일 동안 청군이 양주 백성 대부분을 죽였다고 전하고 있다. 그 직후인 5월 15일 청군은 남경을 함락하고 홍광제를 북경으로 압송해 참수했다.

그러나 이것으로 끝이 아니었다. 그해 윤유월 태조 주원장朱元璋의 23자인 당정왕唐定王 주경朱桱의 8세손인 당왕唐王 주율건朱聿鍵이 남경보다 남쪽의 복주福州에서 다시 명을 재건하고 연호를 융무隆武라고 정했다. 그러나 융무제 주율건도 이듬해 8월 정주汀洲에서 청군에게 체포되었다. 그러자 계왕桂王 주유랑朱由榔이 조경肇慶에서 다시 제위에 올라 연호를 영력永曆으로 정했다. 대세는 이미 기울었지만 영력제永曆帝 주유랑은 끝까지 저항하다가 면전(緬甸: 지금의 미얀마)까지 도주했다. 이때 면전까지 영력제 주유랑을 추격한 인물이 바로 평서왕 오삼계였다. 조선 현종 2년(1661) 오삼계의 군사가 면전에 진입하자, 면전 사람들은 주유랑을 체포해 오삼계에게 바쳤다. 오삼계는 이듬해 1월 곤명昆明에서 영력제를 교살했다. 이로써 복명 세력은 궤멸되고 말았다.

그런데 이때 청조의 주적은 이미 남명보다도 사천四川을 장악한 장헌충이었다. 『명사』「유적流賊 장헌충 열전」에 따르면 장헌충의 인생 유전 또한 범상치 않다. 섬서성陝西省 연안부延安府 출신의 장헌충은 연수진延綏鎮의 군졸이 되었다가 죄를 지어 사형 위기에 처했으나 주장主將 진홍범陳洪範이 그 용모가 기이하게 생겼다고 총관병 왕위王威에게 청해 겨우 목숨을 건졌다. 장헌충은 석방 후 명나라 말기의 대혼란 때 섬서성에서 일어난 왕가윤王嘉胤에게 가담하는 것으로 난

세에 몸을 던졌다. 급속도로 세력을 불린 장헌충은 순치 원년(1644) 6
월에는 사천성 중경重慶을 함락했으며, 그해 10월에는 성도成都까지
함락시키고 제위帝位에 올랐다. 국호는 대서大西라고 정하고 연호는
이자성의 국호였던 대순大順으로 정하고 성도를 서경西京으로 개칭
했다.

　청나라에서 편찬한 『명사』나 『후감록後鑑錄』, 『촉벽蜀碧』 같은 책
들은 "장헌충이 사람 죽이는 것을 즐기는 살인귀였다."는 식으로 비
난하고 있다. 과거를 본다고 속여 사천의 선비들을 모아 죽였으며, 군
사를 사방으로 보내 사람을 죽이는 초살剿殺과 사나운 개를 풀어 개
가 무는 자를 죽이는 천살天殺까지 자행했다는 것이다. 그러나 이런
비난은 사실이라기보다 장헌충이 그만큼 청조에 위협적인 세력이었
다는 뜻이다. 누가 승리할지 알 수 없는 혼란기 때 승리를 거두는 가
장 좋은 방책이 민심 획득이라는 점에서 사람 죽이기를 좋아하고 인
심을 얻었을 리는 없다. 장헌충은 궁궐 앞에 "하늘과 사람이 다 돌아
왔다."는 뜻의 '천여인귀天與人歸'나 "현명한 선비를 모신다."는 뜻의
'초현납사招賢納士' 같은 깃발을 내걸었다. 장헌충은 기를 쓰고 인재
를 끌어모으려 애썼으며, 3년간 백성들로부터 군량을 걷지 않을 것
이라고 선포해 백성들의 환호를 샀다. 이런 장헌충이 극도의 비난을
받은 것은 그가 시행한 정책이 급진적이기 때문일 가능성이 크다. 중
국의 『사해辭海』는 장헌충이 대서국을 건국한 후 "지주 계급의 반항
을 강하게 진압했다."고 쓰고 있다. 그가 토지 소유를 농민에게 돌리
는 친농민적 정책을 시행한 것에 대해 지주 계급이 강하게 저항했고,
이 때문에 지배 계급이 장헌충을 살인귀라고 비난하는 기록을 남겼
을 가능성이 큰 것이다. 친농민 정책에 대한 반감 때문에 지주 계급

은 오히려 오삼계와 손잡고 장헌충 타도에 나섰다.『명사』「장헌충 열전」에 따르면 장헌충은 순치 3년(1646) 11월 사천성 봉황산에서 청군을 만나 화살에 맞고 말에서 떨어져서 참수당했다. 청나라가 복명 세력과 장헌충 등의 봉기 세력을 물리치고 중원을 차지하는 데는 한인 출신 장수들의 역할이 절대적이었다.

영력제를 죽인 오삼계가
복명의 기치를 올리다

청나라는 남방 지역을 장악했지만 이 지역에 직접 팔기군을 주둔시켜 통치하기는 쉽지 않았다. 습하고 더운 기후도 만주 출신들에게 맞지 않았다. 그래서 투항한 한족 출신 장군들에게 이 지역의 지배를 맡긴 것이 삼번의 유래였다. 평서왕 오삼계, 평남왕 상가희, 정남왕 경중명 삼왕三王은 비록 청 황실에 소속되었지만 사실상 독립 왕조나 마찬가지였다. 무엇보다도 관원 임명권을 삼왕이 갖고 있었다. 삼번 중에서도 오삼계의 인사권이 가장 강력했는데 '서선西選'이란 말이 이를 말해준다. '서선'은 평서왕 오삼계가 뽑은 관리라는 뜻이다. 중앙의 이부吏部나 병부兵部에서 임명한 관원도 오삼계의 뜻에 맞지 않으면 인사안이 철회될 정도였다. 강희康熙 5년(1666) '안이부례按吏部例'라는 인사 관리 지침은 운남성과 귀주성의 문관 중 결원이 생길 경우 오삼계에게 후보를 추천하도록 하고 적임자가 없을 경우 오삼계가 직접 지명하도록 했다. 병부도 마찬가지였다. 이것은 운남성과 귀주성에만 국한되는 것이 아니어서『명계패사회편明季稗史匯編』에

"서선 관원들이 천하에 거의 가득 찼다西選之官 幾滿天下."는 말이 있을 정도로 오삼계의 영향력이 전국에 미쳤다. 오삼계는 경제력도 막강했다. 그는 상인들에게 각종 세금을 걷는 한편 명나라 때 세습되던 목씨沐氏 장전莊田 700경頃을 차지해 자신의 번장藩莊으로 만들었다. 그는 무역에도 적극 나서 서장(西藏: 티베트)의 달뢰라마達賴喇嘛 북쪽 승주勝州의 국제 무역 시장 호시互市에서 차茶와 몽골의 말을 교환하고, 만주의 인삼과 사천의 황련黃連, 부자附子 등도 매매해 큰 부를 이뤘다. 삼번은 각자 병력도 갖고 있었는데 그 중 오삼계의 군사는 10만 이하로는 내려가지 않는다는 말이 있을 정도였다. 이렇듯 삼번은 사실상 청 제국 남방의 독립 왕국이었다.

그런데 순치 18년(1661) 순치제의 뒤를 이어 만 7세의 어린 현엽玄燁이 즉위해 강희제 시대를 열자 삼번에도 변화가 생겼다.『청성조실록清聖祖實錄』에 따르면 순치제는 '오배鰲拜' 등 4명의 내內대신에게 "어린 군주를 돕고 정무를 담당하라."는 특명을 내렸는데, 이 중 오배가 나머지 대신을 제거하고 황제 이상의 권력을 휘두르게 되었다. 그러자 강희제는 재위 8년째인 1669년(조선 현종 10년) 오배를 제거하고 친정 체제를 수립하면서 명실상부한 중원의 주인으로 발돋움했다.

『강희제 실록』13년(현종 15년, 1674) 2월조는 강희제가 삼번 문제가 돌출된 후 대학사 등에게 이렇게 말했다고 기록하고 있다.

"짐이 직접 정치를 들으면서부터는 삼번(三藩: 삼번 철폐)과 하무(河務: 황하 치수)와 조운(漕運: 운하 수송)을 삼대사로 삼아 궁의 기둥에 써놓고 새벽부터 밤까지 늘 근심했는데 지금까지 마찬가지다."

강희제가 정치를 직접 듣기 시작한 것은 오배를 제거한 재위 8

강희제(1654-1722) 청나라 제4대 황제로 대내외의 분란을 완전히 평정하고 경제적 안정을 이루어 명실상부한 청 황실의 중국 지배를 완성했다.

년째부터였다. 이때부터 삼번 철폐의 시기를 노리고 있었다는 것이다. 기회를 노리던 강희제에게 드디어 기회가 왔다. 『청사고』에 따르면 강희 12년(1673) 3월 평남왕平南王 상가희가 늙어서 고향 요동으로 돌아가고 싶다면서 자신의 지위를 아들 상지신尚之信에게 물려달라고 주청했다. 자신은 고향 만주로 돌아가지만 아들에게 광동을 계속 다스리게 해달라는 주청이었다. 광동 지역을 대대로 세습하게 해달라는 요구나 마찬가지였다. 그러나 이는 강희제가 어떤 인물인지 모르고 올린 주청이었다. 강희제는 기회를 놓치지 않았다. 상가희가 고향으로 돌아가는 것은 허락하되 아들의 승습承襲은 허가하지 않았다. 그러면서 번병藩兵들을 원래 소속대로 회적回籍시키라고 명했다.

그러자 같은 해 7월에는 오삼계와 경중명의 뒤를 이은 손자 경정충耿精忠도 상가희의 뒤를 따라 철번을 주청하지 않을 수 없었다. 철번할 뜻이 있었던 것이 아니라 강희제의 속을 떠보려던 형식상 주청이었다. 또한 조정에 많은 세력을 심어놨기 때문에 강희제가 철번령을 내리지 못할 것으로 예상했던 것이다. 예상대로 조정에서는 반대론이 들끓었다. 그러나 강희제는 결연했다.

청나라 소련昭槤은 『소정잡록嘯亭雜錄』의 「삼역을 논한다論三逆」 조에서 강희제가 이렇게 말했다고 전한다.

"오삼계, 상가희 등은 흉모를 꾸민 지 오래되었기 때문에 지금 일찍 제거하지 못하면 종기가 커져서 우환이 될 것이니 어떤 것이 먼저이겠는가? 하물며 지금 그 기세가 이미 성하기 때문에 철번해도 반역할 것이고, 철번하지 않아도 반역할 것이다. 먼저 일어나 제압하는 것만 못할 것이다."

그러나 강희제의 철번 단행은 조정의 지지를 받지 못했다. 조정에서 병부상서兵部尚書 명주明珠와 호부상서戶部尚書 미사한米思翰 등 소수 대신들만이 철번을 지지하고 대다수는 철번을 반대했다. 심지어 철번을 주장하는 대신들의 목을 베어 오삼계에게 사죄해야 한다고 주장하는 관료까지 있었다. 그만큼 삼번의 위세는 막강했다. 삼번과 전쟁을 치르면 청나라는 망할 것이라는 우려가 팽배했다. 그러나 강희제는 요동하지 않았다. 강희제는 재위 12년(조선 현종 14년, 1673) 7월 평서왕 오삼계와 정남왕 경정충의 철번을 명했다.

◆
상가희의 조상

오삼계는 충격을 받았다. 길은 두 가지였다. 철번령에 순응해서 운남성과 귀주성을 내주고 고향으로 돌아가든지 아니면 거병하든지 둘 중 하나였다. 거병에는 두 가지 문제가 있었다. 하나는 명분이 필요했다. 어제까지 청나라에 충성한다고 하다가 철번령이 내려지자 거병하는 것은 명분이 약했다. 거병을 정당화할 수 있는 명분이 필요했다. 다른 하나는 아들 오응웅吳應熊 문제였다. 오응웅은 순치제의 공주와 결혼한 상주(尙主: 공주의 남편)로서 강희제의 고모부였다. 그만큼 청 황실이 자신을 신임했던 것인데 이런 자신이 모반하면 아들 오응웅과 손자 오세림吳世霖을 비롯해 혈족들의 목숨이 위태로울 수 있었다.

그러나 오삼계는 어떤 대가를 치르더라도 운귀雲貴를 내놓을 생각이 없었다. 오삼계는 신임하는 인물을 파견해서 운남의 여러 길목을 지키게 했다. 거마車馬와 사람들은 들어오는 것만 허락하고 나가는 것은 허락하지 않아 정보 유출을 막았다. 오삼계의 부하들은 대부분 거병을 촉구했다. 그들 또한 운남에 크고 작은 이권을 갖고 있었다.

유건劉健의 『정문록庭聞錄』에는 여러 부하들이 거병을 부추기자 오삼계는 이렇게 말을 받았다고 전한다.

"이전에 나는 명나라 조정의 후한 은혜를 입어 동쪽 변방의 관리가 되었다. 이자성이 반란을 일으키자 도성을 지키기 위해 할 수 없이 청나라에 군사를 요청해 아버지와 황제의 원수를 갚고 계속해서 운남을 평정해서 운남을 평화롭게 할 수 있었다. 오늘의 부귀는 모두 명나라 조정의 덕분이다. 고군(故君: 세상 떠난 임금)의 능묘가 아직 남아 있으니 우리가 철수하면 누가 고군을 위해 고별할 것인가?"

여기에서 오삼계가 말하는 고군은 바로 자신이 죽인 영력제였다. 11월 21일 오삼계는 선발대를 먼저 출발시키고 자신은 본대를 이끌고 뒤를 따랐다. 운남성 전체가 살기로 휩싸인 가운데, 오삼계의 사위 호국주胡國柱가 조정에서 파견한 운남순무雲南巡撫 주국치朱國治의 관서를 포위하라고 명했다. 순무 주국치는 도주할 틈도 없이 체포되었고, 군사들은 그의 머리를 잘라 오삼계에게 보냈다.

오삼계는 놀라는 척했다.

"너희들이 나를 죽이는구나. 너희들이 나를 죽이는구나."

그러자 장수들이 일제히 "그렇지 않습니다."라고 소리쳤다.

유건의 『정문록』은 이때 오삼계의 처 장씨張氏가 울면서 사위와 조카를 질책했다고 전한다.

"조정이 너희에게 잘못 대우한 것이 무엇인가? 너희들이 결국 이런 반란을 일으켰구나."

오삼계는 급히 사위 곽장도郭壯圖에게 장씨를 장막 안으로 데리고 들어가라고 명했다. 오삼계는 청 왕조를 타도하자는 격문을 작성해 각지에 전달했다. 오삼계는 '원래 산해관을 지키던 총병관으로서…… 명나라를 부흥시키고 오랑캐를 토벌하려는 대장군 오삼계'라고 스스로를 복명復明의 장수로 규정지었다. 오삼계는 "이자성에게 죽임을 당한 숭정제와 황후의 복수를 하기 위해 청나라의 군사 10만을 빌렸다."면서 이렇게 주장했다.

"교활한 오랑캐가 하늘의 뜻을 거스르며 약속을 어기고 우리 내부의 틈을 타서 연도燕都를 차지해 우리 선조의 신기(神器: 임금의 자리)를 도둑질하고 우리 중국의 풍속을 바꾸었다."

영력제를 죽인 오삼계가 복명의 기치를 내걸고 거병한 것이다. 대부분의 장수들이 오삼계에게 돌아섰으나 조정에서 파견한 운귀 총독 감문혼甘文焜은 달랐다. 오삼계가 모반했음을 알게 된 그는 즉각 군사를 소집했으나 군사들은 이미 오삼계 편에 서 있었다. 그는 귀주 제독 이본심李本深에게 격문을 보내 오삼계가 운남에서 귀주로 들어오는 길을 막으라고 요청했다. 그러나 이미 오삼계 편에 선 이본심은 감문혼에게 투항을 권유했다. 『청사고』「감문혼 열전」에 따르면 귀양貴陽을 지키는 것이 불가능하다고 판단한 감문혼은 첩에게 명을 내려 첩이 이끌던 부녀자 7명을 자결하게 하고, 자신은 넷째 아들 감국성甘國城만 거느리고 진원鎭遠으로 달려갔다. 운남과 귀주의 요충지인 진원을 지키면 오삼계 군의 북상을 막을 수 있다고 생각한 것이다. 그러나 진원 수장守將 강의江義는 이미 오삼계에게 돌아선 후였다. 강을 건너 길상사吉祥寺에 도착한 감문혼은 대궐을 향해 재배한 후 자결했다. 그의 아들도 죽음을 당했다. 오삼계는 20만 대군을 이끌고 귀양을 점령했다. 삼번의 난이 이렇게 양자강 남쪽을 휩쓸었다.

　　삼번의 난의 여파는 곧 북경에도 밀어닥쳤다. 『청사고』강희 12년(1673) 12월조는 북경 사람 양기륭楊起隆이란 인물이 주삼태자朱三太子, 즉 숭정제의 셋째아들이라고 속이고 거사를 도모하다가 발각되었는데, 양기륭은 도주하고 그 여당을 체포했다고 적고 있다. 청나라에 여기저기 균열이 생기고 있었다. 중원대란이었다.

　　파란의 정치 인생을
　　시작하는 윤휴

이것은 북벌 군주 효종이 바라고 바랐던 상황이었다. 효종은 14년 전인 재위 10년(1659) 산림 영수 송시열과 기해독대 자리에서 이렇게 말했다.

"오늘 이 자리를 마련한 이유는 현재의 대사(大事: 북벌)를 논의하기 위함이오. 저 오랑캐(청나라)는 반드시 망하게 될 형편에 처해 있소."

효종은 군사를 길러 기회를 엿보다가 압록강을 건너면 중원에서 삼번의 난 같은 민족 분규가 발생하리라고 예견했다.

"오랑캐의 일은 내가 잘 알고 있소. 정예화된 포병砲兵 10만을 길러 자식처럼 사랑하고 위무하여 모두 결사적으로 싸우는 용감한 병사로 만든 다음, 기회를 봐서 오랑캐들이 예기치 못했을 때 곧장 관(關: 산해관)으로 쳐들어갈 계획이오. 그러면 중원의 의사義士와 호걸 중에 어찌 호응하는 자가 없겠소?"

청나라 지배층은 만주족이지만 대부분의 백성들은 한족漢族이었다. 이 민족 모순이 청나라의 아킬레스건이었다. 효종은 이 문제를 정확히 간파하고 있었다. 조선군이 북벌하면 '중원의 의사와 호걸', 즉 한족들이 호응할 것이라는 계획이었다.

"신하들은 모두 내가 군사軍事를 다스리지 않기를 바라지만 나는 그들의 말을 듣지 않고 있소. 왜냐하면 천시天時와 인사人事가 언제 맞을지 모르기 때문이오."

포병 10만 양성은 인사人事였다. 그 후 천명을 기다려 북벌하려는 것이 효종의 계획이었다. 조선군이 북상하기 전에 먼저 한족이 봉기했으니 이것이 바로 천명이었다. 효종은 "나는 이 일을 성사시키기 위해 10년을 기한으로 삼고 있는데, 앞으로 10년이면 내 나이 오십이 된다."라고 말했다. 효종은 북벌에 전념하기 위해 여색도 삼갈 정도였다.

"내가 내전內殿에 들어가는 날은 혈기가 손상될 뿐만 아니라, 지기志氣 또한 해이해져서 일을 처리하는 데 온당치 못한 일이 많아진다. 옛 사람들이 요절하는 경우를 보면 대부분 여색과 관계가 있으니 진실로 무일無逸의 경계와 같다고 할 수 있을 것이다. 그리하여 나는 주색을 끊고 경계하여 가까이하지 않은 결과 늘 정신이 맑고 몸도 건강해졌으니 어찌 앞으로 10년을 보장할 수 없겠는가?"

효종은 실제로 인선왕후 장씨 이외에 안빈安嬪 이씨라는 후궁 한 명만을 두었을 뿐이다. 그러나 효종은 송시열과 독대 한 달 후 갑자기 급서한다. 얼굴에 난 종기가 원인이었는데 그 종기를 침으로 찢는 과정에서 혈관이 터져 급서한 것이다. 종기에 침을 댄 어의 신가귀申可貴는 손을 떠는 수전증이 있었다. 그렇게 효종은 의문사하고 집권 서인들은 2년 전인 송시열이 효종 8년(1657)의 『정유봉사丁酉封事』에서 "주자가 처음에는 효종(남송의 효종)에게 금나라를 쳐서 북벌하는 의리에 대해서 극진히 말하였으나 20년 뒤에는 다시 북벌에 관해 말하지 않았다."라고 말한 대로 다시는 북벌을 언급하지 않았다. 효종이 북벌에 소극적이었으면 국왕을 압박하는 국내 정치용으로 북벌을 주창했겠지만 실제 북벌을 단행하려는 효종에게 크게 당황한 서인들은 효종 의문사 이후 더 이상 북벌을 주창하지 않았다.

효종 사후 14년이 흘러 효종이 예상했던 천시天時가 온 것이다. 1619년생인 효종은 1612년생인 오삼계보다 일곱 살이 적었다. 효종이 살아 있었다면 끝까지 기회를 놓치지 않고 압록강을 건넜을 것이다. 그러나 효종은 이미 세상을 떠났고 설치雪恥가 당론이던 송시열의 산림은 하늘이 준 천시에 약속이나 한 듯이 침묵으로 일관했다.

그러나 중원대란 소식까지 조선을 피해 갈 수는 없었다. 현종 15

년(1674) 3월 2일 북경에 간 사은
사 김수항金壽恒이 역관 김시징金
時徵을 먼저 서울로 보내 소식을
전한 것이다.

"오삼계가 북쪽 고향으로 귀
환하지 않으려고 황제의 사신을
붙잡아놓고 군사를 일으켜 반기를
들었습니다. 그러자 오삼계의 아
들이자 순치제의 매부로서 북경에
서 벼슬하던 오응웅을 청나라 사
람들이 대궐 안에 가두어두었다가
뒤에 결국 목 졸라 죽였습니다."

김수항은 아울러 명나라 황
실의 반청 봉기 움직임도 전했다.

◆
김수항(1629-1689) 김상헌金尙憲
의 손자로 송시열 등과 교유하였
고, 후에 노론의 영수로 활동하
였다.

"주씨朱氏 성을 가진 사람이 숭정제의 셋째아들이라고 자칭하면
서 1만여 명의 무리를 모아 12월 23일에 북경성 안에다 불을 질러 난
을 일으키려고 꾀하였다가 일이 발각되자 도망갔는데, 사방으로 군사
를 나누어 보내 그 당류들을 체포하는 대로 죽이게 하였습니다." -『현
종실록』 15년 3월 2일

현종 15년(1674) 5월 16일 유생 나석좌羅碩佐와 조현기趙顯期 등
이 잇따라 북벌을 주장하는 상소를 올렸다. 나석좌는 서인 계열이고
조현기는 나중에 남인에 의해 등용되는 남인 계열이다.

"오삼계가 중국 남방을 차지하자, 몽골도 북경과 가까이하지 않
고 있으니 천하의 사세 변화가 눈앞에 다가왔습니다. 이 기회를 틈타

군사를 훈련하고 식량을 저축한다면 크게는 복수 설치雪恥를 할 수 있을 것이고, 작게는 나라를 편안히 하고 백성을 보호할 수 있을 것입니다."-『현종실록』15년 5월 16일

『현종실록』은 "그 내용이 누설될까 우려해 비답하지 않았다."라고 전하고 있다. 현종이나 집권 서인이나 모두 북벌은 불가능한 일이라고 여기고 있었다. 나석좌나 조현기는 지방 유생이었다. 윤휴도 지방 유생이기는 마찬가지지만 무게가 달랐다. 송시열과 비교해 전혀 뒤지지 않는 명망을 갖고 있었다.

그런 윤휴가 같은 해 7월 1일 「대의소」를 올린 것이었다.

오호라! 병자, 정축년의 일은 하늘이 우리를 돌봐주지 않아서 금수가 사람을 핍박해 우리를 회계산(會稽山: 월왕〔越王〕 구천〔勾踐〕이 오왕〔吳王〕 부차〔夫差〕에게 패전한 산. 여기서는 남한산성)의 치욕을 주고 청성(靑城: 삼전도)의 재앙을 주었으며, 우리 백성을 도륙하고 우리 의관衣冠을 갈기갈기 찢어버렸습니다. 당시 우리 선왕께서는 종사를 위해 한 번 죽음을 참으시고 만백성을 위해 수치심을 버렸습니다. 피를 흘리며 울음을 삼키고 수치를 머금고 마음을 어루만지셨습니다.

윤휴는 지금이 바로 북벌의 호기라고 바라보았다.

추악한 무리들이 도둑질한 지 오래되어 중국의 원망과 분노가 일어나서 오삼계는 서쪽에서 일어나고 공유덕은 남쪽에서 연합하고 달단(韃靼: 몽골)은 북쪽에서 엿보고 정경鄭經은 동쪽에서 노리고 있으니 …… 천하의 대세를 알 수 있습니다.

윤휴는 대륙은 물론 대만의 정세를 간파하고 있었다. 오삼계와 공유덕뿐만 아니라 정경 부자의 동태까지 파악하고 있었던 것이다. 정성공鄭成功, 정경 부자는 대만의 왕이었다. 정성공은 1661년(현종 2년) 2만 5,000명의 병력을 거느리고 네덜란드인들을 몰아내고 대만을 장악했다. 정성공은 이듬해 6월 사망했지만 그 아들 정경이 뒤를 이어서 대만을 장악했다. 청나라는 순치 9년(1652)부터 11년까지 세 번이나 사신을 보내 정성공을 해징공海澄公으로 봉했으나 거부

◆
정성공의 초상　청나라에 저항하여 명의 부흥을 추진했으며 대만을 장악했다.

했다. 정경도 마찬가지로 청나라의 신하가 될 수 없다고 거부했다. 삼번의 난에 정경까지 가세했으므로 청나라가 뿌리째 흔들리는 상황이었다.

오호라! 효종 대왕께서는 10년 동안 왕위에 계시면서 새벽부터 주무실 때까지 선비를 불러 군사에 대해 묻고 어둡고 비 내리는 것에 빈틈없이 대비하셨으니 어찌 일찍이 북쪽으로 향하는 마음을 하루라도 잊으셨겠습니까? …… 하늘이 돕지 않아 중도에 승하하시어

웅장한 계획과 큰 뜻을 천추에 한으로 남기고 말았습니다. 이는 천시天時가 아직 이르지 않아서 그런 것으로 전하께서 근심하셔야 합니다. …… 때는 쫓아갈 수 없으니 기회를 놓쳐서는 안 됩니다. 시기를 이용하고 사세를 틈타 자신을 보존하는 계책도 여기에 있는 것입니다. 지志에 "때가 왔는데도 결단을 내리지 않으면 도리어 어지러움을 당하게 되고 하늘이 주는데도 가지지 않으면 도리어 재앙을 받는다時至不斷, 反受其亂, 天與不取, 反受其殃."고 했는데, 지금이 바로 그런 때입니다.

"때가 왔는데도 결단을 내리지 않으면 도리어 어지러움을 당하게 되고 하늘이 주는데도 가지지 않으면 도리어 재앙을 받는다."는 말은 의미심장했다. 지금 결단하지 않고 천시를 이용하지 않으면 도리어 재앙을 받는다는 뜻이었다.

윤휴는 북벌의 구체적인 전략까지 제시했다.

우리나라의 정예 군사와 강한 화살勁矢은 천하에 소문이 났는데 여기에 화포와 조총까지 곁들이면 진격하기 충분합니다. 병사 1만 대隊를 뽑아 북쪽의 수도 연산(燕山: 북경)으로 나아가 그 등을 치고 목을 조이면서 바닷길을 터 정경과 약조를 맺고 함께 병립하면서 그 중심부를 어지럽히는 것입니다.

윤휴가 제시하는 대전략은 반청 연합 전선이었다. 북경 서북쪽의 연주燕州, 계주薊州, 요하遼河 등과 산동반도의 청주青州, 제齊는 물론 중국 남방의 회淮, 절浙 등지의 한족과 소수민족과도 연합해야 한다고 주장했다. 누가 연합 전선을 주도하는가가 중요했다.

> 우리는 의려(醫閭: 중국 요녕성 북진에 있는 산. 의무려산)에 가로질러 웅거하고서 유주(幽州: 북경)와 심양을 압박하면서 천하에 명을 청한다면 제실帝室을 위했던 제齊나라 환공桓公이나 진晉나라 문공文公이 될 수 있습니다. -『현종실록』15년 7월 1일, 『백호전서白湖全書』부록 행장 상上

윤휴가 제 환공이나 진 문공이 될 수 있다고 한 말은 중요한 의미가 있다. 조선이 반청 연합 전선을 주도한다는 뜻이기 때문이다. 또한 윤휴의 북벌론이 허황한 공상이 아니라 현실적인 계산 끝에 나왔다는 뜻도 된다. 제나라 환공은 관중管仲을 등용해 국가를 부강시키고 존왕尊王을 명분으로 여러 제후들과 동맹했던 춘추시대 첫 번째 패왕霸王이었다. 진 문공도 주周 양왕襄王을 복위시키고 존왕尊王을 주창한 춘추시대 패왕이었다. 주 양왕의 복위를 명분 삼아 진 문공이 천하를 제패했던 것이다. 윤휴는 반청 연합 전선으로 청나라를 무너뜨리고 조선이 패자 역할을 해야 한다고 주장하는 것이었다.

> 때가 이르렀으니 일을 할 수 있는데 결단으로써 행하는 것은 성상의 한 마음에 달려 있습니다. …… 신의 말을 거듭 들으시고 깊게 유념하셔서 …… 용맹한 장수를 등용하고 인걸을 두루 초빙하여 성상의 뜻을 돕게 하되 망설이지도, 주저하지도 마시고 마침내 대업을 끝마치소서. 그러면 실로 천하의 깊은 다행이고 종사의 깊은 다행이겠습니다. -『현종실록』15년 7월 1일, 『백호전서』「갑인봉사소」

윤휴의 상소는 밀봉한 봉사封事였다. "결단으로써 행하는 것은 성상의 한 마음에 달려 있다."는 구절은 자신이 북벌론자임을 떠들썩하게 알리려는 시위성 상소가 아니라는 뜻이었다. 윤휴는 스스로를 벼슬 없는 포의 신布衣臣이라고 낮췄지만 실제로는 여러 차례 벼슬이 내려졌었다. 효종 때 이미 세자시강원 진선(進善: 정4품)이 제수되었지만 사양했다. 현종 때도 공조정랑(正郎: 정5품)과 사헌부 지평(持平: 정5품) 등에 제수되었지만 거부했다. 현종 때 사양한 것은 그 의미가 남달랐다. 잘못된 조정에는 나가지 않겠다는 적극적 의지의 표현이었기 때문이다. 효종의 국상 때 참최복(斬衰服: 3년복)이 아니라 기년복(朞年服: 1년복)을 입는 조정을 거부한 것이었다. 효종의 국상 때 자의대비 조씨의 상복 착용 기간을 두고 제1차 예송논쟁이 벌어졌는데 서인 영수 송시열은 1년복을 주장한 반면 윤휴는 3년복을 주장했다. 논쟁이 1년복설로 정리되자 조선 왕실을 모독한 것이라며 출사를 거부했던 것이다. 그리고 내려지는 벼슬을 사양하며 은거한 지 15년, 드디어 대의소로 세상에 다시 말하기 시작한 것이었다.

윤휴의 북벌 상소에 대해서 현종은 비답하지 않았다. 그러나 그 내용이 누출되면서 논란이 일어났다. 좌의정 정지화가 "앞으로는 이런 상소는 일체 봉입하지 말라고 단단히 타이르는 것이 옳습니다."라고 말한 것처럼 서인 정권에게 북벌은 논의 자체가 금기였다. 삼번의 난이 아니라 더한 일이 일어나도 '북벌'은 꿈도 꿀 수 없다는 것이 집권 서인의 당론이었다. 서인 영수 송시열은 '홍원구洪元九가 손자 주석疇錫에게 보낸 운韻'을 평하면서 오삼계의 난에 대해 이렇게 언급했다.

전하는 말에는 회계공이	傳聞會稽公
중국 동쪽과 남쪽에서 군사를 일으켰다는데	杖鉞東南路
조선은 간장 물 바칠 길도 끊겨서	本朝絶壺漿
함께하지 못했네	不與共吞吐

오삼계의 성이 오吳씨이고 과거 오나라 서울이 회계였으므로 오삼계를 회계공이라고 일컬은 것이다. 또한 '간장 물 바칠 길도 끊겨서'라는 구절은 『맹자孟子』「양혜왕梁惠王」편의 "임금이 가서 치시면 백성들은 '대나무 그릇의 밥과 간장 물로 왕의 군사를 맞을 것이다簞食壺漿以迎王師.'"라는 구절에서 따온 말로서 미력하나마 토벌에 함께한다는 뜻이었다. 송시열의 시는 결국 삼번의 난에 함께하지 못한다는 변명이었다. 송시열 북벌의 허구성은 이미 효종의 북벌 추진을 발목 잡은 것으로 허구라는 것이 훤히 드러난 상황이기도 했다. 현종은 비답이 없고 집권 서인은 북벌론 자체를 금지하는 것이 당론이므로 윤휴의 대의소도 그냥 묻히는 형국이었다. 이때 이변이 발생한다. 효종의 부인 인선왕후 장씨가 돌아가면서 제2차 예송논쟁이 발생한 것이다. 2차 예송 와중에 윤휴는 조정에 출사해 파란의 정치 인생을 시작한다. 윤휴의 등장은 조정은 물론 조선 후기의 정치 지형을 바꾸어놓을 정도로 큰 사건이었다. 윤휴는 어떤 인물이었을까?

2장

주자를 거부하고

진리를 탐구하다

아버지의 신원을 위해
상언하다

백호 윤휴는 어릴 때의 자가 희중希仲으로서 본관은 남원南原이다. 윤
휴의 직계 조상들은 그다지 현달하지 못했다. 고조부 윤관尹寬이 충
익부도사忠翊府都事를 역임했고, 증조부 윤호尹虎가 약관의 나이에 사
마시에 합격했으나 29세에 요절했으며, 조부 윤희손尹喜孫도 벼슬 없
이 33세에 요절했다. 부친 윤효전尹孝全 때 와서야 비로소 의미 있는
관직에 오르게 된다. 윤효전은 원래 이름이 윤효선尹孝先이었는데, 선
조 때 사간원 정언, 사헌부 지평, 이조좌랑 등 청요직淸要職을 역임했
다. 윤효전은 광해군조에 임금을 보호하기 위해 노력했다. 그래서 많
은 물의를 일으켰던 광해군의 형 임해군이 제거된 후 익사공신翼社功
臣 2등에 책록되었다. 윤효전은 광해군 5년 사헌부 대사헌이 되는 등
요직에 올랐으나 자주 사직을 요청하거나 지방관으로 나가기를 원했
다. 그래서 광해군 6년 이듬해 공홍도(公洪道: 충청도) 관찰사로 나갔

윤희손 윤휴의 조부로 벼슬 없이 서른셋의 나이로 요절 했다.

다가 이듬해 대원군帶原君으로 봉군 封君되면서 지의금부사가 되어 서 울로 복귀했다. 그러나 다시 지방관 으로 나가기를 청해서 광해군 9년 (1617) 2월 경주 부윤으로 나갔는데, 그해 10월 윤휴가 경주에서 태어났 다. 윤휴가 태어나는 날 마침 한강 寒岡 정구鄭逑가 방문했다. 윤효전이 '대현大賢께서 방문하시자 아이가 태어났으니 경사'라면서 기뻐했고, 정구는 아명兒名을 두괴斗魁라고 지 어주었다.

　부친이 윤휴가 두 살인 때 광 해군 11년(1619) 2월 경주에서 사망 하면서 윤휴는 사실상 유복자와 다 름없게 되었다. 그후 인조반정이 일 어나 서인들이 집권하면서 윤효전의 광해군 때 행적에 대해 비판하 기 시작했다. 서인들이 작성한 『광해군일기』는 줄기에서 "윤효전은 겉으로는 유학자같이 행세했지만 속으로는 음모와 술수가 있었고, 임해군의 옥사 때는 유희분(柳希奮: 광해군의 처남)이 시키는 대로 제일 먼저 상소하더니 마침내 원훈元勳의 반열에 들었다."라고 익사공신에 오른 것을 비난하고 있다. 그러나 『광해군일기』도 윤효전이 인목대비 폐위에 관련되었다고는 쓰지 못한 것을 보거나, 폐모론을 비판했던 한강 정구가 윤효전의 상사에 "만년에 아름답게 몸 닦기를 좋아해서/

가을 난초를 이토록 길렀구나 晩好脩姱 秋蘭是紉.”라고 조곡弔哭한 것을 보면 인목대비 폐위에는 가담하지 않았을 것이다.

경주에서 세상을 떠났으니 장례가 보통 복잡한 것이 아니었다. 윤휴의 모친 경주 김씨는 시어머니 이씨까지 모시고 여주驪州 선영先塋까지 가서 장사 지냈다. 그리고 서울의 성동城東의 옛집으로 돌아갔다.

어린 윤휴가 서울에서 공부하던 광해군 15년(1623) 3월 인조반정이 일어났다. 조선 후기 역사의 물줄기를 바꾼 최대의 사건이었다. 율곡 이이의 제자들인 서인들이 선조의 서자庶子 정원군의 아들 능양군과 손잡고 광해군과 북인들을 내쫓은 쿠데타였다. 왕조 국가에서 군부君父라고 불리는 임금을 쫓아내기로 결심한 서인들은 자신들의 임금은 조선 국왕이 아니라 명나라 황제라는 논리를 만들어냈다. 그런데 광해군이 명과 청 사이에 등거리 외교를 자행함으로써 명나라 황제에 대해 불충을 저질렀으니 광해군을 내쫓는 것이 명나라 임금에 대한 충성이란 논리였다. 인조반정 후 이덕온李德溫이 윤휴의 부친 윤효전을 공격하고 나섰다. 선조가 세상을 떠날 무렵 선조의 계비 인목왕후 김씨 소속의 궁녀들이 이미 세상을 떠난 의인왕후懿仁王后 박씨를 저주한 사건이 발생했는데 윤효전이 대사헌으로서 그 일을 바로잡지 못했다고 주장한 것이다. 그래서 이미 사망한 윤효전은 삭탈관작당했다. 이듬해인 인조 2년(1624) 1월 이괄李适이 난을 일으켜 서울을 점령하자 모친 김씨는 일곱 살짜리 윤휴를 데리고 여주로 피난했다가 다시 서울로 돌아왔다. 이런 경험들이 윤휴로 하여금 어린 시절부터 역사와 국가에 눈뜨게 했는지도 모른다. 윤휴는 뚜렷한 스승이 없었다. 일정한 스승이 없다는 것은 단점도 있지만 장점도 컸다. 특정 사고에 갇히지 않을 수 있다는 것이 큰 장점이었다.

아홉 살 때 외할아버지인 첨지중추僉知中樞 김덕민金德民이 갓 떠오르는 보름달을 보고 시구를 지어보라고 말했다.

"옛사람이 해를 임금에 비유하였는데 그렇다면 달은 신하에 비유할 수 있습니까?"

외할아버지가 그렇다고 답하자 윤휴는 즉석에서 시를 지었다.

달이 동쪽 산 위로 떠오르니	月出東山上
온 나라가 같은 달빛이구나	萬國同一色
자고로 명군明君과 양신良臣이 만나면	自古明良遇
휘황하게 밝음이 이와 같았다	光輝應如斯

아홉 살 소년이 지을 수 있는 시구가 아니었기에 외조부는 기이하게 여겼다. 그렇게 윤휴는 아홉 살 소년 시절부터 좋은 신하良臣로서 밝은 임금明君을 만나 세상에 밝은 빛을 비추기를 원했다.

정묘호란은 열 살 때 일어났다. 청군이 황해도 평산平山까지 밀고 내려오자 인조는 강화도로 몽진했고, 윤휴는 어머니 김씨와 보은報恩 삼산三山의 외가댁으로 다시 피란 가야 했다. 열 살 어린 나이에 벌써 두 번째 겪는 피란길이었다.

피란길에서 윤휴는 다시 시를 지었다.

걷고 걸어 한강 상류에 이르렀는데	行行至水上
물 위로 푸른 산이 높이 솟았네	水上靑山出
흰 쌀밥 마주하여 먹으려니	白飯對之飡
멀리 임금을 그리는 마음 떠오르네	思想生迢忽

보은 삼산에서 피신해 있을 때 외할아버지 김덕민은 깜짝 놀랐다. 윤휴가 『황극경세서皇極經世書』를 배우겠다고 청하자 "어린아이가 배울 만한 책이 아니다."라고 만류한 것이다. 송나라 소옹邵雍이 지은 『황극경세서』는 홍범구주洪範九疇의 황극을 가지고, 중국 역대 왕조의 흥망성쇠를 태극太極의 원리에 따라 저술한 책이었다. 조선에서는 선조의 부마인 동양위東陽尉 신익성申翊聖이 인조 22년(1644) 여기에 "단군이 나라를 창건했다."는 등의 내용을 보강해 『황극경세서 동사보편皇極經世書東史補編』을 지은 적이 있었다. 열 살짜리 아이가 배울 책이 아니라는 말을 들은 윤휴는 한동안 보이지 않았다. 외할아버지가 여종에게 행방을 묻자 옛날 대곡大谷 성운成運이 공부하던 죽헌竹軒에 있다고 답했다. 시냇가의 으슥한 골짜기에 있는 죽헌을 찾아가자 윤휴가 『황극경세서』를 보고 있는데, 창밖에서 발자국 소리가 나는 것도 알지 못할 정도로 집중해서 보고 있었다. 그래서 딸에게 윤휴를 칭찬했다.

"네가 일찍 과수(寡守: 과부)가 되었지만 너의 가문에 복록이 이루 말할 수 없을 것이다."

윤휴는 만 12세 때인 인조 7년(1629) 세상 사람들이 깜짝 놀랄 일을 한다. 인조반정 후 삭탈관작당한 부친 윤효전을 신원하기 위해 상언한 것이다.

저의 아비 신臣 모某는 반정 초기에 전 승지 이덕온의 상소로 인하여 생시의 관작을 삭탈당했는데, 이덕온의 상소는 대개 목릉(穆陵: 의인왕후 박씨 릉) 무고 사건을 지적한 것입니다. 저는 매우 애통하고 억울합니다.

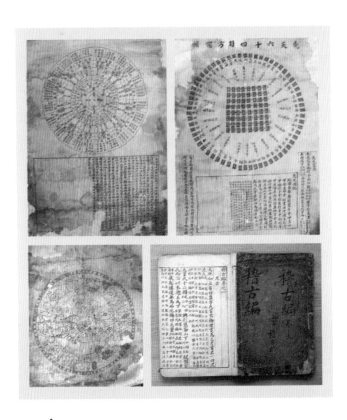

◆ **윤휴의 학문 세계** 윤휴는 유학뿐 아니라 천문, 지리, 한국 고대사에도 통달해 있었다.

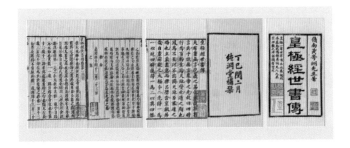

◆ 『황극경세서』 중국 역대 왕조의 흥망성쇠를 태극의 원리에 따라 저술한 책이다.

목릉은 선조의 비 의인왕후 박씨의 릉이었다. 『광해군일기』 5년 (1613) 5월 16일에 따르면 선왕(선조)이 병에 걸리자 인목왕후 쪽 사람들이 그 이유를 의인왕후 박씨에게 돌렸다고 전한다. 그래서 인목왕후 쪽 사람과 무당들이 목릉에 가서 산 고양이를 묻어 저주하는 사건이 발생했다. 인목왕후 쪽 사람들이 의인왕후를 저주한 이 사건은 인목왕후 폐위의 한 구실이 되기도 했다. 대사헌 윤효전은 이 사건을 주요 대신들과 함께 처리했는데 윤효전만 삭탈관작되었던 것이다. 열두 살 윤휴의 상언은 바로 이 점을 지적하고 있었다.

제 아비의 마음은 태양에 맹세할 수 있는 것으로써 조금도 딴마음이 없었습니다. 어찌 오늘에 와서 거꾸로 저의 아비 홀로 죄를 받을 줄이야 생각이나 했겠습니까. 만일 이것을 가지고 죄목을 삼는다면 당시의 대신 이덕형李德馨, 이항복李恒福, 대사간 이호신李好信, 예조판서 이정귀李廷龜 등도 과연 모두 똑같이 죄책이 있는 것입니까? 그런데 추삭(追削: 죽은 자의 벼슬을 깎는 것)하는 명이 백골이 된 저의 아비에게만 미쳤으니 이는 설사 죄가 있다고 하더라도 이른바, "죄는 같은데 형벌은 다르다."는 것입니다.

윤휴는 상언에서 이덕온이 부친을 겨냥해 공격한 이유도 밝혔다.

이덕온이 이런 상소를 올린 것은 저의 아비가 전에 지평持平으로 있을 때 덕온이 승지에 제수되었는데 저의 아비가 평소에 그의 사람됨을 천하게 여겨 탄핵하여 파면시켰습니다. 이에 덕온은 늘 원한을 품고서 이를 갈며 여러 해 동안 원한을 갚으려고 하였으나, 손을 대

지 못한 것은 꼬투리를 잡을 만한 것이 없었기 때문입니다. -『백호전
서』12권「상언」

윤휴는 "저는 어리고 약한 고아로서 죄 없는 아비를 애통하게 여
겨 만 번 죽을 것을 각오하고 진달합니다."라고 상언을 마쳤다. 어린
아이의 말이었지만 윤휴의 논리는 흠잡을 데가 없었다. 왜 윤효전만
삭탈관작 되었느냐는 항변은 타당했기 때문이다. 그래서 조정은 윤
효전의 관작을 회복시켜주지 않을 수 없었다.

18세 때인 인조 13년(1635) 3월 참판 권첩權怗의 딸이자 판서 권
징權徵의 손녀인 안동 권씨와 혼례를 치렀다. 그리고 그해 가을 과거
에 응시했으나 낙방했다. 어머니의 분부에 따라 치른 과거였다.

복수 설치를 꿈꾸던
아름다운 시절

이듬해가 병자년이었다. 만주족이 세운 후금은 인조 5년(1627) 정묘
호란 때 조선과 형제 관계를 맺고 철군했다. 조선도 급했지만 전통
의 숙적이던 몽골족 문제도 해결해야 했기 때문이다. 후금은 8년 후
인 인조 13년(1635년)에는 몽골의 챠하르察哈爾를 정벌해 전 몽골족
을 병합시켰다. 후금은 이듬해 4월 국호를 청淸으로 개칭하면서 황제
皇帝를 자칭했다. 청 태종은 조선을 '너의 나라爾國'라고 비하하는 국
서를 보내고, 형제 관계를 군신 관계로 바꾸자고 요구했다. 조선의 조
야에는 전쟁 불사론이 횡행했다. 정묘호란이 끝난 지 9년이 지났지만

조선은 여전히 입만 있었지 군사가 없었다. 9년 만에 말로만의 주전론이 또 횡행했다.

이때 인조가 내외에 구언求言하자 윤휴는 만언소萬言疏를 작성했다.

◆
청 태종의 초상

> 정묘년에 저들과 강화한 이후로는 묘당廟堂의 계모가 구차하게 안일만을 취하여 수어(守禦: 지켜 막는 것)에 아무런 계책이 없었습니다. 또한 강도(江都: 강화도)만 보장保障으로 삼고서는 다른

관문이나 산하의 수비나 국경 방어 문제는 아예 생각조차 하지 않고 있습니다.

이것은 인조 정권의 대청對淸 정책을 정확히 지적한 것이었다. 청군이 남하하면 왕실과 조정은 강화도로 들어가고 나머지는 청군의 말발굽 아래 짓밟히도록 사실상 방치하는 것이었다. 고려 무신정권 때 몽골군의 침략에 맞서 조정은 강화도로 들어가고 나머지 백성들은 몽골군에게 신음한 것에서 아무런 교훈도 얻지 못하고 그대로 반복하려는 것이었다. 윤휴의 상소는 이 점을 지적하고 있었다.

만약 오랑캐 기병騎兵이 쳐들어와 팔도八道를 유린한다면 성상께서 강도江都를 보전해 지키시더라도 그곳에서 어디로 갈 수 있겠습니까? …… 따라서 강도만 수비한다는 계책을 혁파하고 서로(西路: 평안도와 황해도)에서 보장保障이 될 만한 지역을 선택하여 성상께서 마땅히 급하게 이주하시고, 또한 주변의 고을 중 식량이 넉넉하고 성곽城郭이 완벽한 곳을 가려 장수 및 재상들을 나누어 보내 의거하게 하소서.

강화도로 들어가 농성한다는 계책은 백성들을 버려둔 채 지배층만 살겠다는 도주형 수비책이었다. 반면 평안도의 험한 지역으로 국왕이 이주해 항전 거점으로 삼고 주변의 튼튼한 성들을 장군과 재상들이 차지해 호응하자는 윤휴의 계책은 공세형 방어책이었다.

오랑캐 군대가 쳐들어올 경우에는 성벽을 굳게 지키면서 들녘의 곡식을 모두 거두어들이고, 저들과 교전하지 말고 스스로 지쳐 돌아갈 때를 기다렸다가 그들의 후미를 좇아 양쪽에서 공격한다면 반드시 승리할 것입니다. -『백호전서』

고구려 전통의 청야전술淸野戰術을 주장했다. 모든 백성과 식량을 산성으로 들여보내어 적군이 현지에서 식량을 얻을 수 없게 만든 다음 농성하다가 적들이 지쳐 돌아가면 양쪽에서 습격해 최후의 승리를 거두자는 방책이었다. 윤휴는 젊은 시절부터 병법에 깊은 관심을 갖고 있었다. 그러나 이 만언소는 올리지 못했다. 모친이 "어린 나이에 말을 삼가야지 국가의 중대한 일을 논하는 것은 부당하다."고

타일렀기 때문이다. 어머니를 모시고 보은 삼산으로 피란 간 윤휴는 조정 소식이 궁금했다. 그러나 전쟁으로 길이 끊겨 소식을 알 수 없었다. 이때 송시열이 보은 속리산 근처의 친척을 방문하러 왔다는 소식이 들렸다. 송시열은 남한산성에 있다가 인조가 항복하면서 성을 나와 속리산을 방문했던 것이다. 송시열은 윤휴가 보은 삼산의 외가에서 지낼 때부터 알던 사이였다. 윤휴는 이류李와 함께 복천사福泉寺 앞에서 송시열을 만났다. 복천사는 속리산 법주사의 말사로서 복천福泉이라는 샘물이 있어서 붙여진 이름이었다.

송시열에게 인조가 항복하는 정황을 들은 윤휴는 송시열의 손을 잡고 통곡하면서 이렇게 말했다.

"지금 이후로는 다시는 과거에 응시하지 않을 것이오. 그리고 좋은 때를 만나 벼슬을 하더라도 오늘의 치욕을 잊지 않을 것이오."

그러면서 어머니에게 앞으로는 과거에 응시하지 않겠다고 말했다. 어머니도 더 이상 과거를 보라고 강요하지 않았다. 이때부터 윤휴는 문을 닫고 학문만 강구했다. 『소학小學』, 『대학大學』, 『효경孝經』, 『논어論語』, 『맹자孟子』, 『중용』, 『시경詩經』, 『서경書經』, 『의례儀禮』, 『주례周禮』, 『예기禮記』, 『춘추春秋』, 『주역周易』 같은 경서經書는 물론 병서兵書 또한 중요하게 공부했다.

윤휴는 친구들을 만날 때마다 이렇게 말했다.

"지금이야말로 사대부들이 무기를 베고 자고, 눈물을

◆
복천암각 속리산 복천사 복천 암각

흘리면서 대의大義를 천하에 밝힐 때이다."

윤휴가 병서를 공부한 것은 바로 대의, 곧 북벌을 위한 것이었
다. 윤휴는 만 21세 때인 인조 16년(1638) 어머니를 모시고 공주公州
유성현儒城縣 유천柳川의 선산 아래로 이사했다. 윤휴는 한적한 곳에
서 경서를 읽고 또 읽고, 생각하고 또 생각했다. 의문이 생기면 의문
이 풀릴 때까지 읽고 생각했다. 윤휴는 특정한 스승이 없었다. 경서를
통해서 직접 공부하니 공자가 스승이고 맹자가 스승인 셈이었다. 주
희의 책도 보았지만 송시열을 비롯한 서인계 학자들과는 달리 주희
의 눈으로만 경서를 보지는 않았다. 주희의 해석을 절대적으로 따르
지도 않았다.

"옛날 스승과 제자들도 묻고 대답하는 도리가 있었다. 옛날에 물은 것은 행하려고 묻는 것이었는데 오늘날 묻는 것은 단지 알려고만 하는 것이다. 예를 들어 공자의 문인들이 인仁에 대해서 물은 것은 인을 행하는 방법을 알려고 한 것이었는데, 후대 사람들은 단지 인이란 글자의 뜻만을 알려고 묻는다. 이것이 바로 묻고 대답하는 데 있어 옛날과 지금이 다른 것이니, 스승과 제자들은 각자 경계할 줄을 알아야 한다."

◆
주희의 초상

경서의 세계에 침잠한 윤휴의 학문 실력이 소문나면서 많은 사대부들이 찾아와 교제를 청했다. 휴재休齋 권시權諰, 석호石湖 윤문거尹文擧, 미촌美村 윤선거尹宣擧, 월천月川 권준權儁, 시남市南 유계俞棨는 물론 훗날 정적이 되는 우암尤庵 송시열, 동춘당同春堂 송준길宋浚吉, 초려草廬 이유태李惟泰 등도 이때는 함께 어울려 학문과 시사를 논했다. 재야의 젊은 학자들이 한적한 시골에 모여 유학의 진리를 논하고, 복수 설치를 꿈꾸던 아름다운 장면이었다. 이들이 훗날 서로 죽고 죽이는 비극을 연출할 줄은 아무도 몰랐을 것이다.

의리는
주자의 독점물이 아니다

윤휴는 경전의 뜻을 파고 또 팠다. 만 21세 때 「사단칠정인심도심설
四端七情人心道心說」을 짓고, 만 24세 때는 자신의 이름을 고치고 「개
명설改名說」을 지었다. 당초 윤휴의 이름은 尹鑴이었다. 鎭 자는 정,
경, 갱 등 여러 음으로 발음된다. 그래서 윤휴는 「개명설」에서 부친이
"경鎭은 본시 갱鎭 자로서 음이 맞지 않고 정貞으로 부를 경우 괜찮지
만 이정李挺이란 인물의 이름과 음이 같다는 문제점이 있다."고 말했
다고 적었다. 이정은 광해군 때 폐모론을 주장한 인물이기 때문에 부
친이 미워했다는 뜻이다. 윤휴는 스스로 鎭 자를 鑴(휴)라고 고쳤다.
윤휴는 "휴 자는 큰 종大鍾이란 뜻이고 또한 솥이란 뜻이다. 글자를
만든 뜻을 캐보면, 말처럼 생긴 특이한 짐승이 하루에 천리를 달리는
것을 휴鑴라 한다. 이것은 매우 큰 짐승으로서 휴鑴 자가 큰 종인 것
도 이 때문이다. 그래서 큰 종이란 뜻을 따라서 이름을 휴鑴 자로 고
친다."고 말했다. 24세 때(1642)는 「홍범설洪範說」을 짓고, 26세 때는
「주례설周禮說」을 지었다. 27세 때는 어머니를 모시고 다시 여주로
돌아왔는데 집 근처에 백호白湖가 있었기 때문에 호로 삼았다. 윤휴
『연보』에 따르면 윤휴가 여주로 돌아간다는 말을 듣고 송시열이 찾
아와 "지금 멀리 이별하게 되었기에 섭섭한 심정을 금할 수 없다."라
고 말했다고 전한다. 그러나 같은 해 윤휴가 「중용설中庸說」을 지으면
서 훗날 송시열과 큰 싸움이 벌어진다.

　윤휴가 만 32세 때인 1649년 4월 인조가 세상을 뜨고 효종이 즉
위했다. 윤휴는 두 해 전에 어머니를 모시고 서울 옛집으로 갔다가

◆ 백호白湖 자리 사진 앞부분에 보이는 보리밭이 백호 자리였다. 현 경기도 여주 금사 2리

이듬해 다시 여주로 돌아왔다. 흉년이 들어 사방에 도적이 발생해 서울로 피난 갔던 것이다. 양반 사대부 집의 안전조차 보증받지 못할 정도로 안팎으로 혼란한 시기였다. 사방에 도적이 발생하고 유민이 창궐했다. 윤휴와 송시열의 평생에 걸친 싸움은 이런 혼란을 어떻게 극복할 것인가에 대한 견해의 충돌이기도 했다. 송시열의 스승인 김장생(金長生, 1548-1631), 김집(金集, 1574-1656) 등은 예론을 강화하는 것으로 이런 위기에 대응하려 했다. 양반 사대부 중심의 신분 질서를 더욱 공고히 해서 혼란을 극복해야 한다는 것이었다. 예론은 흔들리는 사회 질서를 양반 사대부의 계급적 이해를 극대화하는 쪽으로 극복하자는 것이었다. 김장생, 송시열 등이 주희를 절대화한 이유가 여

기에 있었다. 주희 성리학에는 양반 사대부의 계급적 특권을 절대시할 수 있는 사상이 담겨 있기 때문이었다. 이런 사상이 윤휴의 경전 해석과 부딪치면서 파열음을 내게 된 것이다.

송시열의 『연보』에는 송시열이 46세 때인 효종 4년(1653) 종질從姪 송기후宋基厚의 집에 갔다가 윤휴가 지은 『중용신주中庸新註』가 있자 땅에 던지면서 크게 책망했다고 전한다.

"윤휴가 어떤 놈이기에 감히 이런 짓을 했으며, 너는 또 어찌 감히 이런 책을 가지고 있느냐?" —『송자연보』 숭정崇禎 26년 제사

『중용신주』는 윤휴가 『중용』에 자신의 주석을 붙인 책이었다. 윤휴의 『행장』에는 송기후가 송시열에게 "윤휴의 논설이 앞사람이 미처 펴지 못한 것을 발명했다고 이를 만하기에 내 마음에 들어 스스로 그칠 수 없다."고 답하자 송시열이, "이 책은 바로 주자의 논의에 어긋나는 것으로서 후학을 그르치는 책인데 무엇 때문에 읽는가?"라고 비판하면서 이단異端이라고 배척했다고 전한다.

『중용』은 『대학』, 『논어』, 『맹자』와 더불어 사서四書라고 높여지지만 『논어』, 『맹자』와 달리 고대부터 유학의 경전은 아니었다. 『중용』과 『대학』은 원래 『예기禮記』 49편 중의 한 편씩이었는데, 남송의 주희가 따로 떼어내어 독립된 책으로 만들고 『논어』, 『맹자』와 같은 사서의 반열에 올린 것이었다. 현재 『백호전서』 35권에는 「중용지도中庸之圖」가 실려 있고 36권에는 『독서기讀書記』로서 『중용中庸』이 실려 있지만, 송시열이 비판했던 『중용신주中庸新註』, 즉 『중용설中庸說』은 전해지지 않는다.

송시열이 비판한 이유는 주자의 논의에 어긋난다는 것 때문이었다. 『중용』이 『예기』의 한 편으로 실려 있을 때는 장章과 절節의 구

분이 없었다. 주희는 이를 33장으로 나누고 장의 끝에 장하주章下註라는 이름으로 해석을 붙이고 다시 130개의 절로 나누었다. 윤휴는 이런 주희의 장절章節 구분을 따르지 않고 10장 28절로 나누었다. 윤휴는 『중용 독서기』에서 중용을 「천명天命」, 「중용中庸」, 「비은費隱」, 「행원行遠」, 「문왕文王」, 「박학博學」, 「자성自成」, 「성인聖人」, 「중니仲尼」, 「상경尙絅」의 10장으로 나누어 서술하고, "이상『중용장구』차례를 이와 같이 교정하였다."라고 밝히고 있다. 하지만 윤휴가『중용 독서기』에서 주희의 설을 직접적으로 비판한 것은 아니었다. 주희와 다른 장절 구분을 했다는 이유만으로 사문난적斯文亂賊으로 몰렸던 것이다.

송시열의 제자 이간李柬은 이렇게 말했다.

"선생(송시열)이 일찍이 이르기를, '하늘이 주자를 낸 것은 실상 공자를 낸 마음에서였다.'라고 말했다." -『송자대전宋子大全』「부록」「기술잡록記述雜錄」

송시열은 주희를 성현의 반열에 올려놓고 그의 말이나 글은 일점일획도 고쳐서는 안 된다고 생각했던 '주자 절대 추종론자'였다. 그러나 윤휴는 달랐다. 그러자 효종 4년(1653) 송시열은 윤휴를 직접 공격하고 나섰다. 윤휴는 만 36세, 송시열은 46세였다.

같은 해 윤7월 21일 송시열은 연기燕岐에서 배를 타고 강물을 따라 내려가 유계를 방문하고 함께 황산서원黃山書院으로 갔다. 황산서원은 서인의 종주인 율곡 이이, 우계 성혼成渾, 사계 김장생 등을 추모하기 위해 만든 서원으로서 현종 6년(1665)에 '죽림竹林'이라 사액되면서 죽림서원이 되는데, 현재 충남 논산시 강경읍 황산리에 있다. 송시열과 유계뿐만 아니라 윤선거, 윤원거尹元擧를 비롯해서 여산礪

◆
옛 황산서원인 죽림서원의 모습 율곡 이이, 우계 성혼, 사계 김장생을 추모하기 위해
만든 서원으로 충남 강경에 있다. 이곳에서 송시열과 윤선거는 윤휴의 학설을 놓고
격렬한 논쟁을 벌인다.

山 현감 권성원權聖源, 은진恩津 현감 이정기李廷夔 등 지방관들도 함
께 배를 타고 술을 마시면서 즐거운 때를 보냈다. 그날 밤 서원 재실
齋室에서 묶으면서 송시열이 윤선거에게 윤휴 일을 꺼냈다. 윤선거가
윤휴의 학설을 옳다고 여긴다는 사실을 알고 있는 송시열은 먼저 윤
선거의 생각을 돌려놓아 윤휴를 고립시킬 생각이었다.

　"하늘이 공자에 이어 주자를 낳은 것은 진실로 만세의 도통道統
을 위한 것이오. 주자 이후에는 드러나지 않은 이치가 하나도 없고
명백해지지 않은 글이 하나도 없는데, 윤휴가 감히 자기 견해를 내세
워 방자하게 억설(臆說: 억지로 하는 설)을 하는 것이오. 공公은 우계(牛
溪: 성혼)의 외손이면서도 도리어 당(黨: 윤휴 무리)을 도와 주문(朱門: 주

윤선거를 주희에 반대하는 윤휴의 졸개라고 비판한 것이었다.
사대부로서 졸도라는 표현까지 들었으니 굴욕적일 수밖에 없었다.
『송자연보』에서 "그제야 윤선거가 윤휴를 조금 비난하는 말을 했다."
고 전하고 있듯이 윤선거는 송시열에게 정면에서 맞서지는 않았다.
그렇다고 송시열이 바르다고 수긍하지도 않았다. 그래서 윤선거는,
"우리는 심오한 부분을 알기에 부족하다."고 윤휴를 옹호했다. 윤휴의
학문이 자신이나 송시열보다 낫다는 말이었다.

『백호연보』에서는 한 해 전 가을 윤선거가 서울 두모포豆毛浦의
촌가에 기숙하고 있던 윤휴를 만나고 난 후 자신의 일기에, "희중(希
仲: 윤휴)은 젊은 나이에 스스로 깨닫고서 학문에 뜻을 가졌는데, 그의
마음가짐과 행실은 동류들보다 훨씬 뛰어났고 그의 언론과 식견은
실제로 탁월한 조예가 있어서 다른 사람이 따라갈 수 없다."라고 적
었다고 기록하고 있다. 윤선거는 송시열에게 정면으로 맞서지는 못
했지만 가능한 한 윤휴를 옹호했다.

"의리는 천하의 공물公物인데 지금 희중에게 감히 말하지 못하
게 하려 함은 무슨 일인가. 주자 이후에는 말을 할 수 없다면, 북계北
溪와 신안新安은 왜 말을 했고 그 말이 경전에도 나와 있는가?"

윤선거의 반박은 중요한 의미가 있었다. 천하의 공물인 의리를
왜 주희 혼자 독차지해야 하느냐는 뜻이다. 북계는 송나라의 학자이
자 주희의 제자인 진순陳淳을 뜻하고, 신안은 원나라 학자 진역陳櫟을
뜻한다. 진순은 『논맹학용의論孟學庸義』같은 저술을 남겼고, 진역은
『상서집전찬소尚書集傳纂疏』,『예기집의禮記集義』등을 저술했다. 이들

은 자신의 이론을 저술했는데 윤휴는 왜 자신의 시각으로 경서를 볼 수 없느냐는 반박이다.

송시열이 재차 반박했다.

"진씨陳氏의 여러 가지 설이 진실로 많지만 이는 모두 주자의 말을 부연해서 설명한 것이다. 어찌 일찍이 윤휴처럼 주자의 장구章句를 치워버리고 스스로 새 주석을 내서 마치 승부를 겨루어 앞서려고 한 것과 같겠는가."

"이는 희중이 너무 고명하기 때문이다."

윤휴의 학문이 고명하기 때문에 주희와 다른 장구章句를 만들 수 있다는 말에 송시열의 분노가 폭발했다.

"공은 주자는 고명하지 못하고 윤휴가 도리어 더 낫다고 여기는 것인가?"

이미 학술 이론이 아니라 도그마였다. 송시열은 윤휴를 격렬하게 비판했다.

"또한 윤휴 같은 참적(僭賊: 참람한 역적)을 고명하다고 한다면, 왕망王莽, 동탁董卓, 조조曹操, 유유劉裕도 모두 고명하기 때문인가? 윤휴는 진실로 사문난적斯文亂賊으로서 무릇 혈기 있는 자라면 누구나 마땅히 그 죄를 성토해야 한다. 춘추의 법이 난신亂臣과 적자賊子를 다스릴 때는 반드시 먼저 그 당여(黨與: 추종자)를 다스리는 법이니 왕자王者가 나타나면 공이 마땅히 윤휴보다 먼저 법을 받게 될 것이다."

－『송자대전 부록』 제2권 「연보」1 숭정 26년

학문적 견해 차이를 '참적', '사문난적', '난신', '적자' 등으로 성토하는 것이었다.

왕자가 법을 집행할 때 윤선거를 먼저 다스릴 것이라고까지 비

◆ 송시열이 주자의 명언으로 만든 십곡병풍

판했음에도 윤선거는 굽히지 않았다.

"그대가 너무 지나치게 희중을 겁내는 것이다."

윤선거는 주희가 "스스로 싸우는 단서를 만들어 변장자卞莊子의 이용거리가 되게 할 것은 없다."고 말한 것을 예로 들어 윤휴를 옹호하기도 했다. 변장자는 춘추 시대 노魯나라 대부大夫인데 용력이 대단했다. 한번은 범을 잡으려 하자 옆에서 "범 두 마리가 소를 잡아먹는 중인데 둘이 분명히 다툴 것이다. 다투면 큰 놈은 상처가 나고 작은 놈은 죽을 것이니 나중에 상처 난 놈을 찌르면 한 번에 범 두 마리를 잡았다는 말을 듣게 될 것이다."라면서 말렸다. 변장자가 이 말을 듣고 잠시 기다리자 두 범이 실제로 싸웠고 변장자는 상처 난 범을 찔러 단번에 범 두 마리를 잡았다는 이야기가 『사기史記』 「진진陳軫열전」과 『논어』 「헌문憲問」 편에 나오는데, 주희도 『논어집주論語集註』에서 이 말을 인용한 적이 있었다.

윤선거는 송시열이나 윤휴를 모두 고명한 유학자로 지칭하면서 서로 싸워서 남의 이용거리가 되게 할 것은 없다고 만류하는 것이었다. 그러나 이미 도그마에 빠진 송시열이 이를 용인할 리 없어서 송시열과 윤선거의 논쟁은 밤새 끝나지 않았다. 논쟁을 지켜보던 사대

◆ 윤선거 고택 충청남도 논산에 있으며 전형적인 양반 가옥이다.

부들은 한 명, 두 명 잠이 들고 유계만 남았는데 유계도 두 사람의 논
쟁에 지쳤다.

"나도 피곤하니 그만 자야겠다."

이렇게 황산서원의 논쟁은 결론을 내지 못하고 끝이 났다.

이때만 해도 송시열의 윤휴 공격은 큰 호응을 얻지 못하고 있었
다. 윤휴의 학문이 고명하다는 사실은 주지의 사실이었다. 또한 이때
만 해도 주희의 학설만이 절대적 진리라는 생각이 모든 사대부들 사
이에 확고한 지지를 얻고 있지도 못했다. 송시열을 비롯해 몇몇 인물
들이 주희의 학설을 신성불가침의 영역으로 만들려고 획책했을 뿐이
다. 나중 윤휴가 사형당하면서 주희의 학설은 신성불가침의 도그마

가 된 것이다.

송시열과 윤선거가 황산 서원에서 싸우던 해에 송시열의 문인이기도 한 노봉老峯 민정중(閔鼎重, 1628-1692)이 백호白湖 곁에 집을 지을 정도로 송시열의 윤휴 공격은 큰 지지를 받지 못했다. 민정중은 인조 27년(1649) 정시 문과에 장

◆ 민정중이 쓴 간찰

원으로 급제해 효종 4년(1653)에는 사간원 정언을 거쳐 청요직인 홍문관 교리로 재직하고 있었다. 민정중은 윤휴에게 "사인의 돛배를 타고서/초부에게 와서 인사하네掛却舍人帆/來爲樵夫拜."란 시를 헌정하기도 했다. 맛있는 음식이 생기면 반드시 윤휴에게 올렸다고 『백호연보』는 전하기도 한다.

민정중이 윤휴를 기리는 시는 이뿐만이 아니었다.

세상은 어찌 이리도 적막한지   宇宙何寥濶
강호에 유일의 선비가 살고 있네   江湖有逸人
······
누가 알겠는가 안자顏子가 사는 마을에는   誰知顏氏巷
사계절 언제나 봄기운이 감도는 것을   留得四時春

윤휴를 안빈낙도安貧樂道의 안자顏子에 비유한 민정중이 훗날 윤휴를 죽이자고 나설 줄이야 서로 꿈에도 몰랐을 것이다.

서인들,
예송논쟁에서 계략을 쓰다

효종 6년(1655) 윤휴는 다시 서울 성동 옛집으로 이사했다. 모친이 도적이 들끓는 시골 생활을 불편해했기 때문이다. 이듬해 윤휴는 장남 윤의제尹義濟를 데리고 공주로 내려갔다. 의제를 세자시강원 진선進善 권시의 딸과 혼인시키기 위해서였다. 이때까지도 신랑이 신부 집으로 가서 혼인하는 풍습이 계속되고 있었다. 권시는 사람들이 안자顔子에 비유했던 인물로서 효종 때 공조좌랑으로 벼슬길에 나가 사헌부 집의 등 여러 벼슬을 역임하고 있었다. 윤휴는 여관旅館을 빌려 아들의 혼인식을 치렀다. 그런데 아직 귀경하지도 않은 윤휴에게 효종이 정7품 세자시강원 자의諮議를 제수했다. 윤휴는 서울로 올라와 사양 상소를 올리고 승정원에 교지를 도로 봉해 바쳤다. 2월에는 다시 종6품 종부시 주부를 제수했으나 다시 사양했고, 그해 윤오월에는 정6품 공조좌랑을 제수했으나 역시 사양했다. 이때 벼슬에 나갔어도 곧 그만두어야 할 운명이었다. 그 다음 달 모친이 사망했기 때문에 3년간 시묘살이를 해야 했다. 윤휴는 비록 벼슬 없는 백두지만 효종은 부의賻儀를 하사했다. 그만큼 저명한 산림 인사라는 뜻이었다. 윤휴는 상복을 벗고 뜰에서 절하면서 효종이 내리는 물품을 받았다. 또한 특별히 제전祭奠을 설치해 효종이 내린 부의 물품을 진열해놓고 곡哭하면서 모친의 영령에 고했다.

효종은 윤휴를 만나보고 싶었다. 효종은 함께 북벌을 논의하고 추진할 선비를 찾고 있었다. 그래서 효종은 특별히 사복士服 차림으로 조정에 들어와도 좋다고 허락했다. 그러나 윤휴는 들어가지 않았다. 효종 9년(1658) 8월 윤휴가 3년상을 마치자 효종은 정4품 세자시 강원 진선을 제수했다. 윤휴는 역시 사양했다. 만약 이때 윤휴가 출사했다면 어떤 일이 벌어졌을까? 월왕 구천이 범려范蠡의 도움으로 끝내 오나라를 멸망시킨 것처럼 복수 설치를 단행할 수 있었을까? 효종은 북벌 의지를 불태웠지만 양송(兩宋: 송시열, 송준길)으로 대표되는 서인들의 사보타주 때문에 큰 곤란을 겪고 있었다. 양송은 군사를 기르는 양병養兵보다 백성들을 살리는 양민養民이 중요하다는 이유로 효종의 군비 강화책에 사사건건 발목을 잡았다. 그러면서 정작 양민에 가장 중요한 대동법 확대 실시도 기를 쓰고 반대했다. 남인들은 아직 서인을 대체할 만한 당력을 갖추고 있지 못했다. 무엇보다도 청나라는 빈틈을 보이지 않고 있었다. 내부가 정리되지 않은 상황에서 몇 배나 더 강한 적을 상대로 싸울 수는 없는 노릇이었다.

북벌을 둘러싼 효종과 서인의 갈등은 수면 아래에서 꿈틀대고 있었다. 서인들의 사보타주에 밀린 효종은 양송에게 정권의 상당 부분을 넘겼다. 대신 책임지고 북벌을 추진하라는 조건을 달았다. 효종은 재위 10년(기해년, 1659) 3월 이조판서 송시열과 그 유명한 기해독대己亥獨對를 실시했다. 이 자리에서 효종은 양송에게 정권을 다 줄 테니 대신 책임지고 북벌을

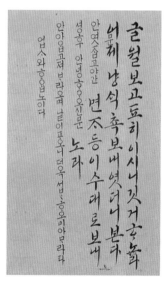

◆ 효종과 셋째딸 숙명공주가 주고 받은 편지.

●
77세 때의 송시열 효종이 선물
한 털모자를 쓰고 있다.

추진하라고 제안했다. 북벌을 불가
능한 꿈이라고 생각했던 송시열은
진퇴양난의 어려움에 빠져 북벌 추
진 책임을 정태화에게 넘기려고 했
으나 정태화 역시 교묘하게 빠져나
갔다. 송시열이 곤란에 봉착해 있
던 상황에서 급변이 발생했다. 송시
열과 독대한 지 한 달 반 만인 그해
5월 초 효종이 갑자기 붕어한 것이
었다. 얼굴에 난 종기가 원인이었는
데, 어의 신가귀가 고름을 짜낸다고
침을 댄 것이 문제였다.『효종실록』
10년 5월 4일에 "피가 그치지 않고 계속 솟아 나왔는데 이는 침이 혈
락血絡을 범했기 때문이었다."라고 기록된 대로 침이 혈관을 터뜨려
급서한 것이었다. 조사해보니 신가귀는 손을 떠는 수전증까지 있었
다. 수전증이 있는 인물이 어의가 된 것도 의문이었고, 이런 어의가
용안에 침을 댄 것도 의문이었다. 송시열과 독대할 때 효종은 앞으로
10년 동안은 건강에 아무 문제가 없을 것이라고 말했는데, 이런 국왕
이 하루아침에 죽었으니 큰 소동이 일지 않을 수 없었다.

　　문제는 그뿐만이 아니었다. 효종의 죽음을 둘러싸고 예송논쟁이
발생했다. 윤휴는 어쩔 수 없이 이 논쟁에 말려들게 되었다. 효종 국
상 때 인조의 계비繼妃 자의대비慈懿大妃 조씨의 상복 착용 기간 여부
를 놓고 논쟁이 발생한 것이었다. 이를 기해예송己亥禮訟, 또는 기해
복제己亥服制라고 한다. 5월 5일 국장 주관 부서인 예조판서 윤강尹絳

◆
영릉 조선 17대 왕인 효종(1619~1659)의 묘. 경기도 여주에 있다.

과 참판 윤순지尹順之 등이 자의대비의 복제 문제를 물음으로써 사건
이 시작되었다.

"자의대비께서 상복을 입으셔야 하는데 『국조오례의國朝五禮儀』
에 자세한 내용이 실려 있지 않습니다. 혹은 3년복을 입으셔야 한다
고 하고 혹은 1년복을 입으셔야 한다고 하는데, 상고할 만한 근거가
없으니 대신들에게 의논케 하소서."

새 임금 현종의 나이 만 18세였다. 영의정 정태화, 좌의정 심지
원沈之源, 영돈녕부사 이경석李景奭, 연양부원군延陽府院君 이시백李時
白, 완남부원군完南府院君 이후원李厚源, 영중추領中樞 원두표元斗杓 등
이 복제 문제를 상의한 후 헌의했다.

"신 등이 옛 예법에 능통하지는 못하지만 시왕時王의 제도로 상고해보니 대왕대비께서는 기년복朞年服을 입으시는 것이 마땅할 것 같습니다."

자의대비 복제가 1년복이 마땅하다는 주장이었다. 왕조 국가에서 국왕이 사망했는데 1년복설을 주장했다는 것 자체가 문제였다. 일반 사대부가에서는 장남이 먼저 죽으면 부모가 3년복을 입고 차남이하는 1년복을 입는데, 왕실에 사가의 예법을 적용한 것이었다. 자의대비 복제를 1년복으로 결정한 인물들은 대부분 서인 중진들이었다. 이들은 명나라 왕실만 특수한 존재이지 조선 왕실은 자신들과 마찬가지 신분이라는 생각을 갖고 있었다.

이조판서 송시열과 우참찬 송준길도 마찬가지였다.

"여러 대신들이 이미 시왕의 제도(時王之制: 시대와 실정에 맞게 실행되던 법과 제도)로 결정하기로 의논했으니 신 등은 감히 다른 말을 할 수 없습니다."

영의정 등 대신들은 물론 산림 영수인 양송兩宋까지 기년복설이 바르다고 동의하자 현종은 그대로 따를 수밖에 없었다. 그런데 왕조 국가에서 국왕이 승하했는데 1년복을 입는 사람이 있다는 것은 아무래도 이상할 수밖에 없었다. 혹시 다른 반론이 나올 수도 있었다. 그래서 이들은 윤휴의 견해를 물어보았다. 윤휴의 『행장』과 『연보』에 따르면 송시열과 송준길이 교관敎官 송규정宋奎禎을 보내 윤휴의 견해를 물어보았다고 전한다.

"대행대왕의 상사에 대왕대비께서 3년복을 입으셔야 하는지 여부를 두 분 선생(송시열, 송준길)께서 저에게 물어보라고 하였습니다……."

송규정은 양송의 제자이자 윤휴의 이종제姨從弟였다. 그래서 그를 연결 통로로 삼은 것이다. 윤휴는 사적인 견해를 전제로 답변했다. 백두 신분으로서 나랏일에 함부로 나설 수 없다고 생각한 것이다.

"평소 예를 강구하지 못했기에 감히 대답할 수 없지만 아우가 사사로이 물은 이상 침묵할 수만도 없네. 일찍이 『가례家禮』를 보니 '내종內宗은 임금을 위하여 참최(斬衰: 3년)를 입는다.'는 말이 있었는데, 해설자가 말하기를, '임금과 친척이 되는 남녀는 모두 참최를 입는다.'라고 하였다. 이 뜻을 추측해보면 해당되는 데가 있을 듯하다."

"임금과 친척이 되는 남녀는 모두 참최를 입는다."는 것은 대비 조씨가 참최 3년복을 입어야 한다는 뜻이었다. 윤휴가 이런 답장을 써서 마침 같은 자리에 있던 사람들에게 보이니 반응이 한결같았다.

"참으로 옳습니다. 대사를 마땅히 바로잡도록 강구해야 합니다."

윤휴의 편지를 본 송시열이 다시 편지를 보내 물었다.

"보여준 뜻은 잘 알았소. 그러나 『의례儀禮』에 3년복을 입을 수 없는 사종지설四種之說이 있는데, 오늘날 대왕대비의 복제를 반드시 3년으로 해야 하는지는 알 수 없소."

사종지설은 자식이 죽었을 때 부모가 3년복을 입지 않는 네 가지 경우를 뜻한다. 첫 번째가 장자가 병이 있어 제사를 받들지 못한 경우이고, 두 번째가 서손庶孫이 후사를 이은 경우, 세 번째가 체이부정體而不正으로서 서자를 후사로 삼은 경우이다. 송시열은 바로 이 대목을 염두에 두고 1년복설을 주장한 것이다. 효종이 비록 왕위를 이었지만 둘째아들이기 때문에 1년복을 입어야 한다는 것이었다. 네 번째가 정이부체正而不體로 적손嫡孫이 후사를 이은 경우이다. 할아버지는 손자의 상에 3년복을 입지 않는다는 뜻이다.

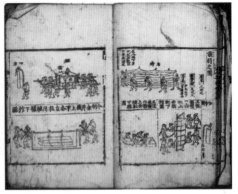

『상례비요』『주자가례朱子家禮』를 주로 하고, 그 밖의 예설禮設을 참고하여 장례에 관한 내용을 상세히 밝힌 책. 조선 중기에 신의경申義慶이 저술했다.

송시열의 편지가 왔을 때 취규就規 이류, 박세채朴世采 등이 윤휴와 함께 있었다.

윤휴가 송시열의 편지를 보이자 취규 이류가 웃으면서 말했다.

"이 사람은『상례비요喪禮備要』를 배워야 할 사람이요."

박세채가 물었다.

"무엇 때문입니까?"

"사종지설은 원래 사서가士庶家의 예법이니 어찌 오늘의 일에 대해서 말할 수 있겠소?"

윤휴도 여기에 동의하고 송시열에게 편지를 보내 답했다.

"제왕가에서는 종통宗統을 중하게 여기니 사종지설은 적용하기는 어려울 것 같습니다."

윤휴는 자세한 설명은 하지 않았다. 윤휴의『연보』는 윤휴가 그 단서만을 먼저 제시해 송시열과 다시 토론하려는 의도였다고 말한다. 송시열도 다시 편지를 보내 토론하려고 했으나 문제가 발생했다. 송준길과 유계 등이 일이 늦어지기 때문에 다시 의논할 시간이 없다고 말한 것이다. 그래서 대비의 복제는 기년복期年服으로 결정되었다. 그러나 취규 이류의 말처럼 왕가에 '사서가士庶家의 예법'을 적용한 이 조치는 큰 시비를 낳을 수밖에 없었다. 조선 왕실을 왕실로 인정하지 않으려는 서인들의 내심이 내재해 있었기 때문이다.

윤휴의 말대로 왕가의 예법은 무엇보다도 종통을 중시했다. 종통의 최고봉은 왕위 계승의 정통성이었다. 왕조 국가에서 왕위를 계승한 임금에게 둘째아들이니 손자니를 따져 복제를 정하자는 것 자체가 종통 부정으로 몰릴 수밖에 없었다. 서인 중에서도 이런 우려를 한 인물이 있었다. 영의정 정태화였다.

송시열이 서자가 후사가 된 체이부정體而不正을 효종의 국상에 적용해 1년복으로 의정하려 하자 정태화가 깜짝 놀라 손사래를 치며 말렸다.

"예로부터 왕가의 일은 처음에는 아주 작은 데서 비롯되더라도 나중에는 큰 화를 이룬 것이 한둘이 아니오. 만일 훗날에 간사한 자가 나타나 '체이부정體而不正'이란 말을 가지고 화단禍端을 만든다면, 우리는 말할 것도 없거니와 우리가 화를 당한 후에도 나라 일이 어디에 이를지 알 수 없소."

문제는 정태화도 1년복설 자체를 반대한 것은 아니라는 점이다. 다만 그 논리를 체이부정이 아니라 다른 곳에서 찾았을 뿐이다.

"지금 소현세자의 아들이 살아 있는데 어찌 감히 체이부정으로 예를 논하겠소. 『예경禮經』의 깊은 뜻은 내가 잘 알 수 없지만 우리나라가 개국한 이래 아들의 상사에는 부모가 다 기년복을 입었소. 내 생각에는 『국제(國制: 경국대전)』를 따르는 것이 좋겠소."

효종이 인조의 왕위를 이었음에도 3년복을 입을 수 없다면 결국 종통을 부정하는 것일 수밖에 없었다. 왕위는 소현세자에게 갔어야 한다는 말이나 다름없었다. 정태화의 말대로 소현세자의 아들이 살아 있었으니 이런 논리라면 왕위는 소현세자의 아들에게 돌아가야 했다. 그렇다고 해서 서인들이 소현세자의 아들을 적통으로 생각한 것도 아니었다. 청나라를 인정하자는 인식을 갖고 있던 소현세자는 죽어 마땅하다고 생각했다. 소현세자가 의문사했을 때 인조는 3년복은커녕 1년복으로 정했다가 한 달을 하루로 치는 역월제를 사용해 12일 만에 끝내버리려 했다. 그러나 그것조차 다 지키지 않았어도 서인들은 문제 제기를 하지 않았다. 다만 서인들은 명 황실의 관점에서 조선 왕실을 제수, 즉 신하라는 관점으로 본 것뿐이었다.

송시열은 효종이 인조의 둘째아들이니 1년복을 입어야 한다고 생각했다.

"대행대왕(효종)이 비록 왕통王統을 이었으나 순서로 따지면 다음 적자嫡子 서열이니 대왕대비의 복제는 1년을 넘을 수 없습니다."

-『송자대전』「연보」숭정 32년 기해

효종이 왕통을 이었다 할지라도 장자인 소현세자 다음의 차자次子이니 자의대비는 3년복이 아니라 1년복을 입어야 한다는 주장이었다. 조선 왕실의 특수성을 인정할 수 없다는 논리였다. 비록 사종지설이 아니라 『경국대전經國大典』을 인용했지만 자의대비의 복제를 1년으로 정한 것은 큰 화란의 씨앗을 담고 있을 수밖에 없었다.

『현종실록』은 이때의 논쟁에 대해 이렇게 기록하고 있다.

처음에 국상이 나자 예를 논의하는 자들이 각기 자신의 설을 유지해 혹은 왕대비가 대행대왕의 국상에 마땅히 차장자次長子의 3년복을 입어야 한다고도 하고, 혹은 임금을 위해 마땅히 참최복斬衰服을 입어야 한다고 말했는데, 임금을 위해 참최복을 입어야 한다고 주장한 자는 전 지평 윤휴의 예설이었다. -『현종실록』 즉위년 5월 5일

전 지평이라고 썼지만 윤휴는 한 번도 벼슬하지 않은 백두였다. 그런 백두의 신분으로 집권 서인 전체에 맞서 3년복설을 제기한 것이었다. 그러나 백두 신분이기 때문에 공개적으로 주장하지는 않았다. 이때 서인들이 윤휴의 설을 받아들여 3년복으로 다시 결정했다면 예송논쟁은 일어나지 않았을 것이고, 그만큼 조선 왕실의 권위는 높아졌을 것이다. 그러나 이는 인조반정을 주도한 서인들이 바라는 바가 아니었다. 서인들은 이율배반적이었다. 왕실에는 사가의 예법을 적용하면서 사대부들의 계급적 이익은 더욱 강화하려고 한 것이다. 서인들이 조선 후기 성리학의 중심 이론을 예론禮論으로 가져간 이유는 바로 이 때문이었다. 김장생, 김집, 송시열 등 서인들은 양란(兩亂: 임진, 병자호란) 이후 흔들리는 신분제 질서를 고수하기 위해 예론을 주창했다. 임란 때 노비를 비롯한 하층민들이 궁궐을 불태우고 일본군에 대거 가담하자 영의정이자 도체찰사였던 서애 류성룡柳成龍은 하층민의 신분 상승을 법적으로 보장하는 면천법免賤法을 통과시켰다. 노비 출신들이 일본군의 머리를 베어 오면 양인은 물론 양반까지 될 수 있게 한 법이 면천법이었다. 면천법 덕분에 하층민들이 대거 의병에 가담하면서 전세를 뒤집을 수 있었다. 그러나 종전과 동시에 유성룡이 실각하면서 면천법은 무효화되었고, 노비를 비롯한 하

층민들의 체제에 대한 불만은 높아갔다. 그러자 서인 중심의 양반 사대부들은 하층민들의 반발을 억누르고 신분적 특권을 계속 누리기 위해 예론을 주창한 것이었다.

송시열은 3년설을 주장하는 윤휴를 회유할 필요가 있었다. 그래서 그해 9월 윤휴를 사헌부 지평으로 추천했다. 윤휴『연보』는 "(송시열이) 이조판서가 되어 선생을 지평에 의망擬望하여 낙점落點을 받았다."고 전하고 있다. 그러나 윤휴는 이때도 벼슬을 거절했다.

자의대비 복제는 기년복으로 결정된 가운데 해를 넘겨 현종 원년(1660)이 되었다. 이때 윤휴는 반수(泮水: 성균관을 흐르는 물) 동쪽 쌍계동雙溪洞에 이주했다. 예송논쟁 때 3년설을 주장한 또 한 명의 학자가 미수眉叟 허목許穆이었다. 처음 예송논쟁이 일어났을 때 허목이 윤휴를 찾아와 어떤 상복이 맞느냐고 물었다. 윤휴는 『의례儀禮』를 인용해 3년복이 바르다고 설명하는 도중에 다른 방문객이 찾아왔다. 그래서 더 깊은 대화는 나누지 못했다. 그러나 소상(小祥: 죽은 지 1년 만에 지내는 제사)이 다가오자 허목이 기년복이 그르다고 상소하면서 다시 논란이 시작되었다. 그러자 송시열 등은 윤휴가 배후에 있는 것 아니냐고 의심했다. 그런데 이번에는 효종과 함께 북벌을 추진했던 좌상 원두표가 참최복이 옳다고 주장하면서 서인 내부가 갈라졌다. 원두표는 복제에 그리 밝지 못했으나 윤휴의 3년복설에 대한 이론을 듣고는 돌아섰던 것이다. 현종은 윤휴에게 예조의 신하를 보내 복제에 대해 물었다.

그러나 윤휴는 직접 답하지 않았다.

"미천한 신에게 갑자기 예에 대해 물으시니 두렵고 떨려서 억지로 말할 수 없습니다. 이 일은 국가의 중대한 예로서 대소의 신하들이 함께 논의한 것이 있으니, 성상께서 마음속으로 인심에 적합하고 정대한 법칙을 생각하시고 선왕先王의 예에 위배되지 않는 것을 선택하시어 시행하시는 데에 달려 있을 뿐입니다. 하찮은 신이 이 논의에 참여하여 조정을 욕되게 할 수 없습니다."

송시열(1607-1689) 송자宋子라 불리기까지 하며 최고의 칭송을 듣던 서인의 거두, 조선 중기 이후 그를 의식하지 않는 정치가는 없었다.

윤휴는 포의 신분이므로 직접 3년설이 바르다고 말하지는 않았다. 마치 "그 자리에 있지 않으면 그 정사를 논하지 말라不在其位不謨其政."는 『논어』 「태백泰伯」 편의 말을 실천하려는 것 같았다. 그러나 '인심에 적합하고 정대한 법칙'이란 말 속에 답변이 들어 있었다. 송시열의 1년복설에 대해 민심이 불만을 갖고 있었기 때문이다. 국왕 상사에 1년복을 입는 것은 그 자체로 왕가의 권위를 크게 해친 것이란 생각들이 팽배했다. 다만 송시열 등의 비난이 두려워 공개적으로 말하지 못하는 것뿐이었다.

허목은 상소문을 윤휴에게도 보내 의견을 물었다. 윤휴는 예송 초기 송시열이 이종제 송규정을 보내 질문하자 사적인 견해를 전제로 답변한 것처럼 허목의 상소문에도 마찬가지로 의견을 개진했다.

"부부夫婦가 낳은 소생을 부정不正이라고 하는 것은 실로 옳지 않습니다. 게다가 이것은 특별히 사서가士庶家와 제왕가帝王家의 자

손으로서 종통을 계승하지 못한 경우를 말한 것입니다. 이미 종통을 계승하여 즉위했을 경우에는 모후(母后: 대비)도 사군(嗣君: 새로 즉위한 임금)을 위하여 지존至尊의 복을 입어야 하는 것이니, 어떻게 장자와 유자(幼子: 장자 아닌 아들), 적자와 서자庶子를 논할 수 있겠습니까? 이것이 바로 『예경』에 이른바 '천왕天王을 위하여 참최복(3년복)을 입는다.'고 하고, 또 '제후諸侯의 형제들도 모두 참최복을 입는다.'고 말한 것입니다. 태후(太后: 대비)는 비록 천하의 어머니

◆
허목(1595-1682) 산림山林에서 정승까지 승진한 흔하지 않은 인물로 윤휴와 더불어 청남의 영수로 정치 활동을 하였다.

지만 마땅히 지존의 복을 입어야 하는데, 어떻게 그대로 기년복(1년복)을 입어 사서士庶의 예로 낮추어 같게 할 수 있겠습니까?"

이때만 해도 조정의 기류는 둘로 나뉘었다. 송시열과 송준길이 1년복설을 주장했고 이들이 정권을 잡고 있었기 때문에 표면상 기년복을 지지했지만 내심으로는 참최복으로 개정해야 한다는 의견이 세를 얻고 있었다. 이런 와중에 윤선도尹善道의 상소가 나오면서 상황이 급변했다.

현종 1년(1660) 4월 18일 호군護軍 윤선도가 상소를 올려 1년복설을 격렬하게 통박했다.

"적통을 이어받은 아들은 할아버지와 체體가 되는데, 아버지가

적자의 상에 복제를 반드시 참최 3년을 입는 것은 자식을 위해서가 아니라 바로 조종祖宗의 적통을 이어받기 때문인 것입니다. 사가私家에서도 이렇게 하는데 하물며 국가이겠습니까?" -『현종실록』1년 4월 18일

윤선도는 서인들을 정치적으로 통박했다.

"차장자가 아버지의 가르침을 받고 하늘의 명령을 받아 할아버지의 체로서 살림을 맡은 뒤에도 적통이 되지 못하고 적통은 오히려 타인에게 있다고 한다면, 가세자假世子란 말입니까? 섭황제攝皇帝란 말입니까?" -『현종실록』1년 4월 18일

윤선도의 상소는 1년복설의 모순을 정확히 지적했다. 효종이 인조의 적통이라면 당연히 자의대비는 3년복을 입어야 했다. 그렇지 않다면 서인들은 1년복설의 정확한 논리를 제시해야 했다. 속으로는 사가의 예법을 적용해놓고 겉으로는『경국대전』을 핑계로 왕가의 예법을 적용한 것처럼 미봉했으니 인심이 승복하지 않았던 것이다. 그러나 윤선도의 거친 공격은 되레 서인들의 격렬한 반발을 불러일으켰다. 내심 윤휴의 예설이 옳다고 생각했던 서인들도 일제히 태도를 바꿔 윤선도를 공격했다. 윤선도가 "송시열이 잘못 인용한 학설에 대하여 신이 그 중요한 부분을 추려 하나하나 논변하겠습니다."라면서 송시열을 직접 겨냥한 것이 불에 기름을 부은 격이었다. 『당의통략黨議通略』이 "윤선도의 상소를 보고 남인들이 이를 빌미로 송시열을 죽이고 서인들을 축출하려는 것을 알았다."고 적고 있듯이 서인들은 윤선도의 상소가 예송을 이용해 정권을 장악하려는 남인들의 정치 공세라고 단정한 것이다. 윤선도는 상소 말미에 "신은 이 상소가 받아들여지는가와 이 말대로 실현되는가를 두고 주세(主勢: 국왕의 형세)가 굳건한지 여부와 국조(國祚: 나라의 복)가 연장되고 안 되는지 여부

◆
윤선도 사당 전남 해남에 위치한 윤선도 사당 전경.

를 점칠 것입니다."라고 말했다. 윤선도의 말은 논리에 맞았으나 정치
는 논리만으로 움직여지는 것은 아니었다. 적어도 서인들이 겉으로
는 조선 왕실의 신하를 자칭하는 한, "서인들이 적통을 다른 곳에 두
려 한다."는 윤선도의 주장은 입증하기 쉽지 않았다. 현종은 "중한 법
으로 다스려야 마땅하겠으나 차마 죄주지 못할 사정이 있으니, 그냥
가벼운 법을 적용하여 관작을 삭탈하고 시골로 내쫓으라."고 명했다.
『현종실록』은 그 이유에 대해 '윤선도가 일찍이 효종 잠저潛邸 시절
의 사부였기 때문'이라고 설명하고 있다.
    총공세에 나선 서인들은 윤선도에게 반좌율反坐律을 적용해야

한다고 주장했다. 대사간 이경억李慶億 등은 "꼭 죽여야 하고 용서할 수 없는 이유도 바로 여기 있다."면서 윤선도를 사형시켜야 한다고까지 공격했다. 서인들은 논리 싸움을 하는 것이 아니었다. 지금 윤선도를 죽이지 않으면 훗날 자신들이 윤선도가 주장한 혐의를 그대로 받을 수 있다고 여겼다. 사방의 서인들이 윤선도를 죽여야 한다고 주장했다. 그때 우윤右尹 권시가 나서서 윤선도를 옹호했다. 윤휴와 사돈 관계를 맺었으며 사람들이 안자라고 비유했다는 그 인물이었다. 권시는 "지금 윤선도 상소문을 보면 식은땀이 등을 적시는 것을 모를 정도입니다."라고 윤선도의 상소가 과격하다는 점은 인정했다. 그러나 권시는 "자기 신상에 틀림없이 화가 닥치리라는 것도 계산하지 않고 남들이 감히 말하지 못하고 있는 것을 말한 점을 봐서는, 역시 할 말은 하는 선비입니다."라며 윤선도의 3년설을 옹호했다. 윤선도의 상소를 두고 서인들이 일제히 들고 일어나 죽여야 한다고 주장하는 것은 어떤 의미에서 윤선도의 상소가 서인들의 감추고 싶은 속내를 드러냈기 때문이기도 했다. 국왕을 비난한 것도 아닌 상소 한 장으로 벼슬아치를 죽여야 한다고 주장하는 자체가 비정상적인 상황을 설명해주고 있었다. 언로를 중시했던 조선에서 역모가 아닌데도 상소를 올린 사대부를 죽여야 한다고 주장했던 적은 없었다.

권시는 바로 그런 상황을 적시했다.

"신은 까닭 없이 백성을 죽이면 사(土: 선비)가 떠나야 하고, 까닭 없이 사士를 죽이면 대부大夫가 떠나야 한다고 들었습니다. 지금 여항(閭巷: 마을)에서는 송시열, 송준길의 잘못에 대하여 속으로는 틀렸다고 비방하지만 입으로는 감히 말을 못하는데, 이것이 태평한 시대의 기상이겠습니까?" -『현종실록』 1년 4월 24일

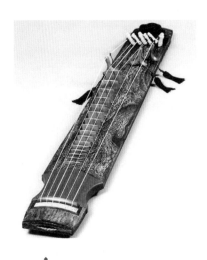
윤선도가 생전에 타던 거문고 아양峨洋

취규 이류가 송시열이 사종지설을 언급하자 '『상례비요』를 공부해야 할 사람'이라고 말한 것처럼 왕가의 국상에 사가의 예법을 적용한 것에 대한 불만이 팽배해 있었다. 다만 양송兩宋이 두려워 틀린 것을 알면서도 말을 하지 못하고 있을 뿐이었다. 인조반정으로 광해군이 쫓겨난 이후 왕실은 이미 왕실이 아니었다. 서인들은 이제 권시까지 일제히 공격하고 나섰다. 윤휴도 더 이상 침묵하고 있을 수만은 없었다.

날아드는 절교장과
학문 세계로의 침잠

윤휴는 자신의 역할이 양자를 중재하는 데 있다고 생각했다. 이 문제로 서로 죽고 죽일 필요까지는 없다고 본 것이다.

"윤선도의 상소가 사람들을 놀라게 했지만 3년복설은 이치에 맞는 것으로서 빼앗을 수 없으니 단점을 버리고 장점을 취해야 합니다."

윤휴는 송시열과 송준길에게 편지를 보내 3년복설을 받아들이라고 설득하려 했다. 그러나 윤선도의 상소 때문에 두 사람은 이미 벼슬을 내놓고 시골로 돌아갔다.

그래서 윤휴는 양송과 친한 이유태에게 대신 편지를 보내 양송을 설득하라고 권유했다.

"태왕太王의 종통이 왕계王季에게 전해지고 한漢나라의 종통이 무릉(茂陵: 한 무제)에게 전해졌는데, 종통이 있는 곳이 복제服制가 높은 것입니다. 그런데 장자, 서자의 설을 주장하며 종통의 중한 것을 모호하게 만들었고, 또 여염집의 예로써 왕조의 전례典禮를 논하니, 나는 그것이 옳은 일인지 모르겠습니다." -『백호연보』

윤휴가 주장하는 핵심 사항도 왕실의 예법을 여염집의 예로 정할 수 있느냐는 의문이었다. 송시열 등을 비롯한 서인들이 조선 국왕을 임금으로 여기고 있다면 간단하게 풀리는 문제였다. 왕가에는 왕가의 예법을 적용하면 되는 것이었다. 그러나 인조반정을 주도한 서인들에게는 자신들과 같은 명 황제의 신하였다. 당초 조선이 명 황제에게 칭신한 것은 명과 공존하기 위한 외교 정책일 뿐이었다. 왕위세습의 절대적 독립성이 보장되고, 국왕에게 인사권과 군사권과 외교권이 있는 나라가 속국일 수는 없었다. 그러나 광해군이 명 황제에게 불충을 저질렀으니 광해군을 내쫓은 자신들의 쿠데타를 명 황제에 대한 충성이라고 주장하는 서인들은 이를 인정하지 않으려 했다. 예송논쟁은 바로 이 두 견해가 충돌한 것이었다. 조선 왕실을 절대적인 왕실로 인정하는 남인들의 견해와 조선 왕실을 명 황실의 신하로 인정하는 서인들의 견해가 복제를 계기로 드러난 것이었다. 윤휴와 허목, 윤선도, 권시 등에게 자신들의 임금은 조선 국왕이었다. 그러나 현실은 서인들이 장악하고 있어서 윤선도는 함경도 삼수군에 안치되어야 했고, 윤선도를 옹호했던 권시는 벼슬을 내놓고 낙향해야 했다.

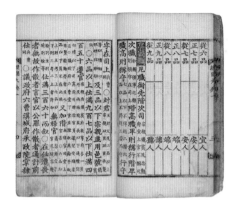

그래도 서인들은 만족하지 못했다. 진사 이혜李嵇를 비롯한 142명이 다시 윤선도를 공격하는 등 공세가 계속되었다. 고심하던 현종은 드디어 예송 자체를 금지시켰다. 기년복제는 국제(國制: 경국대전)에 따른 것이지 차자로 대우한 고례古禮를 따른 것이 아니라는 논리였다. 이렇게 1차 예송은 외견상 송시열을 비롯한 서인들의 승리로 끝났다. 현종은 "만일 다시 복제를 갖고 서로 모함하는 자가 있으면 중형을 쓰겠다."며 거론 자체를 금지시켰다. 그러나 왕권은 이미 심각한 타격을 받았다. 국왕의 복제를 두고 신하들이 싸운다는 것 자체가 왕권의 추락이었다.

예송논쟁에서 윤휴는 직접 상소를 올리지 않았다. 그는 백두 신분에 맞게 조정사에 직접 관여하기보다 지인들에게 편지를 보내는 방식으로 자신의 견해를 피력했다. 3년설이 옳다는 이론을 양송도 받아들여 예송논쟁이 평화적으로 종결되기를 바랐다. 그러나 양송은 그렇게 하고 싶은 생각이 없었다. 이미 이론 논쟁이 아니라 정치 논쟁이며 권력 논리가 되었기 때문이었다.

현종이 논쟁 자체를 금지하자 윤휴는 다시 학문 탐구의 길로 돌아갔다. 쌍계동 서재 이름을 하헌夏軒이라고 짓고 학문에 몰두했다.

윤휴는 그야말로 '문을 닫고 빈객을 사절하면서 천하의 서책을 모두 읽고 천하의 이치를 모두 연구'했다. 이른 새벽부터 등불을 켜고 책을 읽었다. 날이 샐 무렵이면 비로소 세수하고 머리를 빗은 다음 한 아들을 데리고 가묘家廟에 올라갔다. 그다음 다시 하루 종일 책을 보면서 저술을 했다. 윤휴는 음악에도 조예가 깊었다. 고금古琴, 석경石磬, 생황笙簧, 비파 등의 악기를 갖춰놓고 때로는 거문고를 타거나 시를 읊었다. 직접 작곡도 하고 연주도 했다. 학문과 음악이 둘이 아니었다. 또한 윤휴는 여성들에게도 학문을 가르쳤다. 『효경孝經』과 『시경詩經』의 「주남周南」, 「소남召南」 등을 가르쳤다. 성리학이 남존여비의 이론적 무기로 변해가던 조선 후기에 여성들에게도 경전을 가르친 것이다. 조선 초 권근權近은 『시경』 주석서인 『시천견록詩淺見錄』의 첫머리에서 "「주남」은 규문(閨門: 여성의 거처)의 일로부터 시작해 천하의 일에 통달하는 것이요, 「소남」은 천하의 일로부터 말미암아 규문의 일에 근본을 둔다."라고 설명하고 있다. 「주남」, 「소남」은 여성들에게 삼종지도를 강요하는 책이 아니라 가정사와 천하의 일이 하나임을 말해주는 책이었다. 성리학 이외의 학문이 이단으로 몰리던 시대, 사회의 요구와는 달리 신분제가 되레 강해지던 시대, 남녀 차별이 마치 하늘의 원칙인 것처럼 호도되던 시대에 윤휴는 그런 사회 흐름이 옛 성현의 생각과는 다르다는 사실을 알고 있었다. 유학의 옛 성인 중 그 누구도 그런 주장을 하지 않았다. 그들은 유학을 빙자해 자신들의 권력과 계급적 이익을 추구할 뿐이라는 사실을 옛 성현들은 말해주고 있었다.

예송논쟁 때 윤휴는 한 번도 공개적으로 자신의 견해를 피력한 적이 없었다. 의견을 물어오면 견해를 밝혔을 뿐이다. 이때도 사견

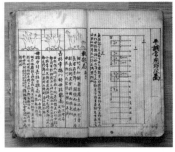

◆

『양금신보梁琴新報』 윤휴는 음악에도 조예가 깊어 거문고를 타거나 시를 즐겨 읊었다. 위의 『양금신보』는 그가 즐겨 연주하던 거문고 악곡집이다.

을 전제했다. 그리고 편지를 보내 3년설을 따르기를 권고했을 뿐이다. 그러나 이런 윤휴에게 절교장이 날아들기 시작했다. 『백호연보』는 "이때 평생 교유하던 친구들이 스스로 논설을 지어 변명하면서 편지를 보내어 절교할 것을 통고하였다."고 전하고 있다. 수많은 절교장이 윤휴의 집에 쌓였다. 그러나 모두가 그런 것은 아니었다. 『백호연보』는 "오직 취규 이류만은 옛 우의를 바꾸지 않았고, 숙함叔涵 장선충張善冲도 왕래를 끊지 않았다."고 전하고 있다. 송시열에게 『상례비요』를 배워야 할 사람이라고 말했던 취규 이류는 윤휴를 버리지 않았다. 하루는 윤휴가 윤선도 옹호 상소를 올렸던 탄옹炭翁 권시를 비롯해 교유를 끊지 않은 몇몇 사람들과 이류의 집에서 술을 마셨다.

윤휴는 벽에다 글을 썼다.

"술 마시는 맛이 술을 마시지 않는 맛보다 길지 못하다飮之爲味不若不飮之爲味長也."

윤휴는 대구對句를 쓰라고 말했다. 그러나 대구를 쓰는 사람이 없었다.

윤휴가 다시 붓을 잡았다.

"말을 하는 뜻이 말을 하지 않는 뜻보다 깊지 못하다言之爲趣 不言之爲趣深也."

그제야 사람들은 윤휴의 뜻을 알아차렸다. 다시는 천하의 일에 대해서 말하지 않겠다는 뜻이었다. 이렇게 윤휴는 학문에 침잠했다. 그렇게 현종 3년(1662) 『효경장구고이孝經章句考異』를 지었다. 이 무렵 기상 이변과 재난이 집중되었다. 가뭄, 홍수, 냉해, 태풍, 병충해 등 오재五災가 한꺼번에 발생했다. 16~19세기의 세계적인 소빙하기가 조선에도 본격적으로 전개된 때였다.

현종은 재위 5년 10월 홍문관 부제학 이경억 등을 만나 이렇게 말했다.

"홍수와 가뭄과 기근이 없는 해가 없으니 내 마음이 기쁜 적이 한 번도 없었다. 지금 변이變異가 겹쳐 나타나는 것은 보아하니 진실로 나의 거친 정치 때문에 하늘의 죄를 얻은 것이다." -『현종실록』 5년 10월 12일

기근으로 수많은 백성들이 죽어갔다. 그러나 이 무렵 양반 사대부들의 가장 큰 관심사는 누가 윤휴와 절교했는가 여부였다. 윤선거까지 그 대열에 끼었다는 것이 윤휴에게는 뼈저렸을 것이다. 과거 "천하의 공물인 의리가 어찌 주자 혼자의 것이냐."면서 송시열에 맞서 윤휴를 옹호했던 윤선거까지 돌아선 것이었다. 『백호연보』는 "송시열의 문도인 아들 윤증尹拯의 계속된 권유를 받고 (윤선거가) 기년복설을 따르게 되었다."고 전하고 있다. 윤선거는 윤휴의 3년복설이 틀렸다고 생각해서 기존의 생각을 바꾼 것이 아니었다. 윤선거는 윤휴가 처세에 소활(疏闊: 꼼꼼하지 못함)해서 위기에 빠져들기 쉽다는 생

각에서 장문의 편지를 보내 설득했다. 윤휴의 3년복설은 말은 맞지만 자칫 위험에 빠질 수 있다는 뜻이었다. 그러나 윤휴는 이런 설득을 받아들일 수 없었다. 윤휴는 답서에서 "타이른 말이 매우 준절하여 사람으로 하여금 감동하게 하고, 또한 그대가 남을 걱정하기를 자신이 고통을 겪는 것처럼 하는 것을 알 수 있습니다."라고 인정했다. 그러나 이는 처세의 문제가 아니라 의리 문제였다. 그래서 윤휴는 "이해利害와 성패成敗를 따지는 생각은 애당초 마음에 지니지도 않았습니다. …… 군자가 되고 소인이 되는 것은 하늘에 있는 귀신과 후대의 사람들에게 맡길 뿐입니다……"라고 답한 것이다.

이 무렵 양송兩宋을 비롯한 서인들은 일종의 전체주의에 빠져 있었다. 자신과 견해가 다르면 죽이겠다고 덤비는 한편 견해가 다른 사람과 교류하는 사람들까지도 핍박했다. 윤선거는 이런 핍박을 견디지 못하고 윤휴를 설득하려고 하다가 실패했던 것이다. 윤선거가 윤휴와 실제로 절교했는지 여부가 당시 사대부 사회의 하나의 화젯거리가 될 정도로 당시 사대부들은 유학자의 본분에서 심하게 일탈해 있었다. 대기근과 전염병으로 백성들이 죽어가는데 사대부들이라고 계속 안전지대에 머물 수는 없었다. 현종 6년(1665) 상여相如 이여우李汝愚, 수부秀夫 권준權儁 등 윤휴의 지기들이 잇달아 죽었다. 그해 10월 윤선거는 윤휴에게 이들의 죽음을 알리는 편지를 보내면서, "그대가 권차인權次仁에게 '내가 그대를 배척했다.'고 말했다고 하니, 나는 의아하게 여깁니다."라는 편지를 보냈다. 자신은 윤휴와 절교한 것이 아니라는 변명이었다. 그러나 윤선거의 태도가 과거와 달라졌음을 윤휴만큼 피부로 느낄 수 있는 인물은 없었다.

윤휴는 윤선거에게 답서를 보냈다.

"치아가 빠지려 하고 흰 머리털이 듬성듬성합니다. 옛사람은 이 나이면 이미 덕德이 서고 도道가 서서 온갖 것이 눈앞에서 변하고 교차하더라도 마음에 동요가 없었습니다. 그런데 지금 우리는 비난과 칭찬에 두려운 생각이 들 뿐 아니라 영예와 치욕이 마음에 서로 얽히며, 군자와 소인의 구별과 옳고 그름과 좋고 나쁨의 실정을 마음속에 분명히 알지 못하고 있으니, 어찌 슬프고 부끄러운 일이 아니겠습니까?"

옛 선비들은 이 나이면 덕과 도가 서서 어떤 것이 눈앞에 펼쳐지더라도 동요하지 않았는데 지금 사람들은 무엇이 옳고 그른지 자체를 모른다는 것이었다. 그것이 슬프고 부끄럽다는 것이었다. 3년복설이 옳다고 생각하다가 윤선도의 상소 이후에 1년복으로 돌아선 인물 중에는 박세채朴世采도 있었다. 박세채는 참최복설과 기년복설이 한창일 때 윤휴에게 『통전通典』 1권을 보낸 적이 있었다. 『통전』 「참최조斬衰條」에 "황태후皇太后가 사군(嗣君: 뒤를 이은 임금)을 위하여 중한 복을 입는다."는 조문이 있었다. 윤휴의 3년복설이 맞다는 이야기였다. 그러나 윤선도의 상소 후 박세채도 기년복으

◆
박세채(1631-1695) 자의대비의 복상 문제에 대하여 남인 계열의 3년설을 반대하고 송시열, 송준길의 기년설을 지지하였다.

로 돌아섰다. 유계도 처음에는 3년복설이 옳다고 했으나 윤선도의 상소 이후 태도를 바꾸었다.

이들의 논리는 유계가 권시의 아들 대간大諫 권기權愭에게 보낸 편지가 잘 말해주고 있다.

"3년복이 옳다는 사실은 누가 모르겠는가만 오늘날 흉악한 말이 퍼지고 사화士禍가 일어나려고 하니, 우리들이 서로 협력하고 같은 말을 하여 기년복의 논의를 함께 주장하여야만 사림士林의 화난을 구제할 수 있고 참소하는 자의 입을 막을 수 있을 것이다."

유계가 권시의 아들에게 편지를 보낸 이유는 부친에게 기년복에 동조하도록 설득하라고 말하기 위해서였다. 예송논쟁은 이미 옳고 그름을 떠나 정치 문제가 되었다는 뜻이다. 정치 문제가 되었으면 옳고 그름을 떠나서 무조건 당락에 유리한 쪽으로 견해를 통일해야 한다는 몰지성적 사고가 팽배해 있었다. 이미 성리학은 권력을 위한 화장품으로 전락한 것이었다.

이런 큰 조류가 시대를 덮쳤지만 윤휴는 흔들리지 않았다.

이런 윤휴에게 장선충이 물었다.

"온 세상 사람들이 모두 그대의 주장을 그르다고 하는데, 그대는 어떻게 마음이 동요하지 않을 수 있는가?"

윤휴의 대답은 간단했다.

"내 마음이 동요할 것이 무엇이 있겠는가. 단지 이 시대를 위하여 개탄할 뿐이다."

윤휴에게 3년복설은 왕조의 정통성에 대한 문제였다. 송시열의 이론이 틀렸다면 "자신이 잘못 봤다."고 시인하면 되는 것이었다. 다만 조선 왕조의 정통성이나 효종 종통을 부인할 생각은 전혀 없었다

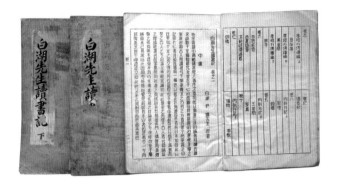

◆
『백호선생독서기』 윤휴는 전체주의적 억압이 판치는 사회에서 학문
으로써 탈출구를 삼았다.

고 덧붙이면 되는 것이었다. 효종의 종통을 부인할 의도가 없었다면
최소한의 처벌에 그칠 것이었다. 그러나 양송은 그럴 생각이 전혀 없
었다. 서인도 마찬가지였다. 그래서 3년복설이 옳지만 3년복설을 주
장하는 인물은 죽어야 하고 귀양 가야 하고 고립되어야 하는 것이었
다. 양송을 비롯해 서인 누구도 졸지에 서자로 전락한 효종을 생각하
지 않았다. 자신들이 한때 군부로 모셨던 효종은 양송의 권위를 위해
서 서자로 전락해야 하는 것이었다. 윤휴는 이런 시대를 개탄했다. 나
라보다 당이 중시되는 시대. 군부보다 당수가 중시되는 시대, 국왕보
다 스승이 중시되는 시대. 옳고 그름보다 유불리가 중시되는 시대. 윤
휴는 이런 시대를 개탄했다. 전체주의적 억압이 판치는 사회에서 고
립된 윤휴에게 유일한 피안의 언덕은 학문이었다.

　이 시기 윤휴의 지기는 취규 이류를 비롯해 극소수에 지나지 않
았다. 윤휴는 이런 시대를 떠나 경전의 세계로 들어갔다. 그곳에는 성
인과 현인들이 기다리고 있었다. 그런 성인, 현인들과 대화하며 윤휴

는 읽고 썼다. 50세 때인 현종 8년(1667) 『대학설大學說』을 짓고, 이듬해에는 다시 『중용장구보록서中庸章句補錄序』를 지었다. 윤휴의 『대학독서기大學讀書記』는 윤휴가 주희와는 다른 사고를 갖고 있었음을 알수 있다. 『대학』은 『예기』 49편 중 제42편이었던 것을 남송의 정호程顥, 정이程頤 형제와 주희가 따로 떼어내 한 권의 책으로 만들고 사서四書의 반열에 올려놓은 것이다. 그러면서 이들은 일부 글자를 바꾸어놓았다. 원래 『예기禮記』의 42편이었을 때는 "대학의 도는 밝은 덕을 밝히는 데 있으며 백성과 친한 데 있으며在親民 지극한 선에 지止함에 있다大學之道 在明明德 在親民 在止於至善."였다.

이렇게 원래 '백성과 친하다親民'로 되어 있던 원문을 정이, 정호형제와 주희가 '백성을 새롭게 한다新民'로 바꾸었던 것이다. 그래서명나라의 왕양명王陽明은 『전습록傳習錄』 「서애록徐愛錄」에서 주자학자들이 친민親民을 마음대로 신민新民으로 바꾸어놓았다고 비판했던것이다. 윤휴도 신민이 아니라 친민이 바르다고 생각했다.

윤휴는 '백성과 친한 데 있으며在親民'라고 원래 『예기』대로 환원시키고 이렇게 설명했다.

"친親 자를 정자程子는 마땅히 신新 자여야 한다고 했다. 민民은자기 자신 이외의 천하를 말한다. 어진 이仁人의 마음이란 자기가 서고 싶으면 남을 세워주고, 자기가 영달하고 싶으면 남을 영달하게 해주는 것이다. 신新은 잘못된 옛 습관을 고치고 선한 쪽으로 가게 하여 제각기 자기 밝은 덕을 밝히도록 해주는 것이다. 공자가 '자기 몸을 닦고修己 백성을 편안하게 한다.'라고 말한 것과 맹자가 이른바 '사람들 모두가 제각기 자기 어버이를 어버이로 섬기고 자기 어른을 어른으로 모신다면親其親長其長 천하가 태평할 것이다.'라고 한 말이 그 말이다. 혹자는, '대인의 길은大人之道 어버이를 섬기고 백성을 사랑하는親親而仁民 것으로서 중국을 한 사람으로 여기고, 사해四海를 한 가정으로 여기기 때문에 친親이라고 한 것이다.'라고 말하기도 한다."

– 『대학 독서기』

주자학자들은 사대부 계급의 이익을 관철하기 위해 백성을 교화의 대상으로 전락시켰다. 그러나 윤휴는 독서기에서 백성을 교화의 대상이 아니라 자신 이외의 천하라고 여겼다. 자신과 백성 사이에 계급적 차별이 없는 것이었다. 그런 관점으로 천하 사해의 모든 백성을 한 가정처럼 여긴다는 사해동포주의의 발상이 친민에 담겨 있었다. 주자학자들이 백성을 교화의 대상으로 떨어뜨려놓은 이유는 지배 대상으로 삼기 위해서였다. 윤휴는 그런 계급적 차별을 거부했다. 윤휴는 머릿속으로만 그렇게 생각한 것이 아니었다. 그는 서형제庶兄弟들을 한 식구처럼 대했다. 서형庶兄 윤영尹鍈과는 따로 살지 않고 평생 함께 살았다. 부친 윤효전의 첩은 충무공 이순신의 서녀庶女였다. 나라를 위기에서 구한 인물의 핏줄이었다. 뿐만 아니었다. 서숙庶叔 윤효광尹孝光의 아들 윤건尹鍵이 통영統營에서 죽자 밭을 팔고 말을 세내어 선산先山 곁에 장사 지내게 하고 3년상을 마치도록 제물을 마련해주었다. 부친이 양육했던 서재종형 윤질尹鋅도 집으로 데려와 함께 살았다. 그의 아들에게도 토지를 떼어주어 생업을 갖게 했다.

윤휴의 학문은 사변적인 것만이 아니었다. 윤휴는 민간에서 살면서 백성들의 질고를 수없이 목도했다. 그 결과 만 53세이던 현종 11년(1670) 윤휴는 이사법里社法을 완성했다. 이사법은 백성들의 큰 폐단인 환곡 개선책이었다. 국가에서 곡식이 떨어진 춘궁기에 백성들에게 빌려주었다가 추수 후에 되돌려 받던 복지 제도의 하나가 환

◆
윤휴 집안 묘 대전시 중구 문화동에 있다.

곡이었으나 이 무렵에는 강제 고리대로 변질되어 있었다. 윤휴는 주
희의 사창법社倉法을 근간으로 삼으면서 조선 현실에 맞게 일부 조
항을 증감해 마을 단위의 환곡 제도를 구상했다. 마을에 창고를 설치
하고 근면 성실한 사람을 뽑아 이를 주관하게 하는 방법이었다. 봄에
관아에서 빌린 곡식을 백성들에게 나누어주고 가을에 이자와 함께
받아들이되 원곡元穀만 관아에 상환하고 이자는 마을로 돌려 공동
자금으로 사용하자는 방안이었다. 국가가 백성들에게 이자를 받아서
는 안 되지만 백성으로서는 빌린 곡식에 이자가 없을 수가 없으니 이
자는 마을 공동의 경비로 쓰자는 것이었다.
　　윤휴가 이사법을 완성하기 한 해 전인 현종 10년(1669) 8월 윤
선거가 서울에서 사망했다. 상여가 집 근처를 지나가게 되자 윤휴는

아들 윤하제尹夏濟 편에 제문祭文을 보냈다. 윤선거의 아들 윤증은 윤휴의 제문을 사절하려다가 조문까지 거절하는 것은 심하다는 생각에서 받아들였다. 윤휴는 제문에서 "내가 젊었을 때부터 그대와 교유했는데 지금 흰머리가 되었다."면서 생전의 관계를 담담하게 기술했다. 윤휴는 "예송禮訟이 일어나자 다른 논의를 주장하는 자가 많았는데 다행하게도 그대는 나와 주장이 같았다. 그런데 갑자기 한 통의 편지에 온갖 사연을 썼는데 너무도 심각하게 나를 걱정하였고 매우 준절하게 나를 책망하였다."라고 말했다. 윤선거가 참최복설을 기년복설로 바꾼 이야기를 "너무도 심각하게 나를 걱정했다."고 은유적으로 표현한 것이다.

"어쩌면 그대는 타산지석他山之石이 되려고 한 것이었는데 나의 편협한 마음이 순화馴化되지 못했던 것인가. 이에 그대는 나에게 함부로 화란을 초래한다고 하였고 나는 그대에게 자신의 주장을 지키지 못한다고 편지로 서로 논란하며 얼굴을 붉히고 노여워도 하였다."

윤휴는 윤선거가 1년복설로 견해를 바꾼 것을 이렇게 은유적으로 표현한 후 "길보(吉甫: 윤선거)가 세상에서 자신(윤휴)보다 더 친애하는 사람이 있고, 자신 또한 길보보다 더 친애하는 사람이 있겠는가."라는 말로 두 사람의 우정은 절교 후에도 마음속으로 계속되었다고 말했다.

"아, 길보는 노중련(魯仲連: 전국 시대 제나라의 절개 높은 충신)의 고상한 기풍을 지녔고 옛날 은자의 숭고한 지조를 지녔으며, 옛날의 도를 배우는 성의와 오늘날의 시세를 통달한 지식과 순박한 용모와 풍부한 문장을 지녔는데, 지금 이 사람을 다시 볼 수 없어라."

윤증이 윤휴의 제문을 받아들였다는 말을 들은 송시열은 분노

●
윤증의 초상 아버지 윤선거의
비문 문제를 계기로 송시열과 절
교한 후 소론의 영수가 되었다.

했다. 이 사건으로 송시열은 윤선
거, 윤증 부자를 심하게 배척하기
시작했다. 윤선거의 비문 문제, 노
론, 소론 분당 문제 등의 싹이 이
때 이미 싹텄던 것이다.

서인 중에서도 극소수지만
윤휴의 3년복설을 끝까지 지지
한 인물도 있었다. 김상용金尙容
의 종손從孫 김수홍金壽弘이 그런
인물이었다. 김수홍은 현종 7년
(1666) "안동 후인(安東後人: 본관)
김수홍은 삼가 장자長子와 서자庶
子를 분별하고 논하는 글월 1통을

멀리 송이상(宋二相: 송시열, 송준길) 합하閤下에게 올립니다."-『현종실
록』7년 2월 21일 라고 시작하는 글을 올렸다. 김수홍은 이 글에서 1년복
설이 잘못이고 3년복설이 바르다고 주장했다. 그는 이 때문에 사판仕
版에서 삭제되는 형벌을 받았다. 왕조 국가에서 왕통을 높이는 3년복
설을 주장하면 사판에서 삭제되는 형국이었다. 김수홍은 숙종이 즉
위년(1674) 사헌부 장령으로 임명하면서 벼슬길에 나오는데『숙종실
록』의 사관은 "(김수홍은) 늙고 고단함이 이미 극에 달했는데도 양양하
게 함부로 나오니 세상 사람들이 모두 타매(唾罵: 침 뱉고 꾸짖음)했다."
고 극도로 비난했다. 사관은 또 "(김수홍은) 글머리에 청인淸人의 연호
를 써서 복수復讎의 의리를 풍자하고 기롱해서 크게 일세一世의 천대
를 받았다."고 공격했다. 실제 그랬다면 말로는 북벌을 외치면서 실제

로는 북벌을 발목 잡는 양송兩宋의 정치 행태를 풍자한 것이리라.

예송논쟁이 그치지 않는 가운데 자연재해는 계속되었고 흉년은 연례행사가 되었다. 사대부인 윤휴도 굶을 때가 많았으니 백성들이나 그의 종들은 더 말할 나위가 없었을 것이다. 이런 상황에서 현종 15년(1674)이 열렸다. 그해 2월 현종의 모후 인선왕후 장씨가 세상을 떠나면서 제2차 예송논쟁이 발생했다. 그 결과 조정의 정치 지형에 커다란 변화가 생겼고, 그 변화는 윤휴를 요구했다. 그렇게 시대는 새로운 사고를 지닌 윤휴를 요구하고 있었다.

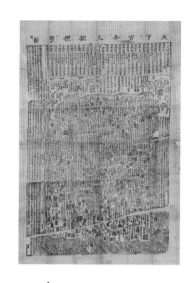

◆
천하고금대총편람도天下古今大總便覽圖 김수홍이 그린 세계지도이다.

3장

시대의 혁명아,
출사를 결심하다

제2차 예송논쟁과
서인들의 후퇴

현종 15년(1674) 2월 20일 현종의 모후母后 인선왕후 장씨의 병세가 위독해졌다. 가래가 심해 가슴이 답답해지는 담화痰火가 한 달 넘게 계속되었다.

현종은 이것이 장씨의 지병이라고 말했다.

"자전慈殿의 병환은 10년 전부터 있었는데, 지금과 같은 증세가 있을까봐 항상 깊이 염려해왔다."

다음 날 내의원에서는 시약청侍藥廳 설치를 요청했다. 여의사 정옥正玉이 여러 해 동안 시중들었으나, 약방에서는 미덥지 못하다는 이유로 의약에 밝았던 창성군昌城君 이필李佖에게 진료하게 하자고 청했다. 종친이므로 외간 신하들과는 다르다는 이유였다. 그래서 이필과 외척인 김석주金錫胄가 대궐에서 숙직하면서 간병했다. 22일에 정수리 중앙인 백회혈百會穴에 뜸을 떴으나 효과가 없었고 병세가 급격히 악화되었다. 종묘 사직과 여러 산천에 중신들을 보내어 기도하게 하고, 죄수들을 관대하게 처결하라고 명했으나 시행 전에 장씨가 세상을 떠났다.

2월 23일 왕대비 장씨는 축시(丑時: 오전 1시~3시)에 만 56세의 나이로 회상전會祥殿에서 승하했다. 그때 만 50세였던 인조의 계비 자의대비 조씨가 살아 있었기 때문에 제2차 예송논쟁이 발생한다. 장씨는 자신의 죽음이 예송논쟁을 부를 것을 예고라도 하듯이 저승길이 그리 편하지 못했다. 평소에 약물을 많이 복용했기 때문에 부기浮氣가 점점 심해졌던 것이다. 원래 3일 후에 소렴小斂을 해야 했지만 3일까지 기다릴 수 없었다. 현종이 단안을 내려 24일 묘시(卯時: 오전 5시-7시)에 소렴을 단행했다. 27일에는 대렴大斂을 단행했다. 그런데 15년 전 효종의 시신이 커서 재궁(梓宮: 관)이 맞지 않았던 것과 비슷한 상황이 발생했다. 재궁의 넓이가 부족해 지난해 능을 옮길 때 별도로 준비해놓은 관을 사용했다. 이런 상황에서 제2차 예송논쟁이 발생했다.

27일 예조에서 복제의 문제를 제기한 것이 시초였다.

"신들이 어제 복제服制 절목 가운데 대왕대비께서 입을 복제를 기년복(朞年服: 1년복)으로 작정해 재가를 받았습니다. 그런데 『가례복도家禮服圖』와 시왕時王의 제도에 며느리의 복은 기년복과 대공복(大功: 9개월복)으로 구분되어 있었으며 기해년(효종 국상) 때도 대왕대비께서 기년복을 입으셨습니다. 이로써 본다면 이번 복제는 대공복임이 의심할 것 없는데, 다급한 사이에 자세히 살피지 못하여 가벼이 어긋나는 잘못을 했으니 황공함을 이길 수 없습니다. 원래 절목에다 대공복으로 개부표改付標해서 올리겠다는 뜻을 감히 아룁니다." - 『현종

　　임금의 재가를 받은 문서 중에서 일부분을 고쳐야 할 때 고칠 부분에 누런 부전을 붙여서 올리는 것이 개부표였다. 복제 절목 중에서 1년복으로 되어 있는 부분을 9개월복으로 고치겠다는 뜻이었다. 현종은 승정원에 "대왕대비의 복제가 과연 이러하다면 어찌 지금에야 표지를 붙여 들인단 말인가?"라고 물었고, 승정원은 예조 당상과 낭청을 추고하기를 청했다. 이런 과정을 거쳐 당초 1년복으로 의정되었던 자의대비의 복제는 9개월복으로 낮추어졌다. 현종은 무언가 미심쩍었으나 경황이 없었으므로 그냥 넘어갔다. 그러나 5개월 후인 7월 6일 대구 유생 도신징都愼徵이 이 문제를 정면에서 거론하면서 되살아났다.

　　인선왕후 장씨의 발인은 5월 28일에 끝났다. 도신징은 발인 전에 이 문제를 제기하려고 서울로 향했으나 이미 환갑을 넘은 나이에 더위를 무릅쓰고 상경하다가 중도에서 병이 나 한 달 이상 지체하고 말았다. 서울에 도착했을 때는 이미 발인은 끝난 뒤였다. 도신징은 대공복이 잘못되었다는 상소문을 올렸으나 서인들이 장악한 승정원은 봉입을 거부했다. 도신징은 한 달 반 이상을 대궐문 앞에서 머리를 조아린 끝에 겨우 상소문을 현종에게 전달할 수 있었다. 승정원은 15년 전의 1차 예송논쟁 때 복제에 대한 논쟁을 금지한다는 현종의 명령을 거부 사유로 들었다. 그러나 그것은 15년 전 효종 국상 때 기년복으로 의정하면서 더 이상의 3년복이냐 기년복이냐의 논쟁을 금지시킨 것이지 지금의 복제 논쟁을 금지시킨 것은 아니었다.

　　"대왕대비께서 인선왕후를 위해 입는 복에 대해 처음에는 기년복으로 정했다가 나중에 대공복으로 고쳤는데 이는 어떤 전례典禮를 좋은 것입니까? 무릇 큰아들과 큰며느리의 복제는 모두 기년의 제도로 되어 있으니 이는 국조國朝 『경전(經典:『경국대전』)』에 기록되어 있습니다. 기해년(1차 예송) 국상 때 대왕대비께서 기년복을 입으시는 것에 대해 '국조 전례(典禮:『경국대전』)에 따라 거행한다.'고 했는데, 오늘의 대공복은 국조 전례 밖에서 나왔으니 왜 이렇게 앞뒤가 다르단 말입니까." –『현종실록』 15년 7월 6일

도신징은 15년 전과 지금의 모순점을 예리하게 지적하고 있었다. 『경국대전』 「예전禮典」 「오복五服」 조항에 따르면 아들이 먼저 세상을 떠났을 때 부모는 장남과 차남의 구별 없이 기년복을 입는다고 기록되어 있다. 반면 중국의 고례는 사대부가의 경우 장남의 상에는 참최복(3년복), 차남 이하는 기년복(1년복)을 입는다고 구분하고 있다. 1차 예송 때 송시열, 송준길 등은 내심으로는 효종에게 사대부가의 예법을 적용해 기년복으로 의정해놓고 현종에게는 장자와 차자의 구별이 없는 『경국대전』에 따라 기년복으로 의정한 것이라고 보고했다. 그래서 현종은 효종의 국상 때 차자로 대우해 기년복으로 의정한 것이 아니라 『경국대전』에 따라 기년복으로 의정한 것으로 받아들였다. 양송兩宋은 효종에게 왕가가 아닌 사대부가의 예법을 적용해 기년복으로 의정한 것이었다. 인조반정을 일으킨 서인들은 명나라 황실만이 제실帝室이고 조선 왕실은 그 신하인 제후에 지나지 않는다고 생각했다. 그래서 조선 왕실은 자신들과 같은 사대부가의 예법을 적용해야 한다고 생각했다. 조선 국왕은 사대부들과 다른 계급이 아니라는 생각이었다. 그래서 1차 예송논쟁 때 효종을 둘째아들로 대접해 기년복을 주장하면서, 그렇게 주장할 수는 없으니까 장차남의 구별이 없는 『경국대전』을 인용해 속마음을 위장했던 것이다.

『경국대전』이 장자와 차자에 대해선 구별 없이 기년복으로 규정하고 있었지만, 며느리의 복제는 달리 규정하면서 서인들의 이런 속마음이 노출된 것이었다. 장자처(長子妻: 맏며느리)는 기년복으로, 중자처(衆子妻: 맏며느리 외의 다른 며느리)는 대공복(9개월복)이라고 구분하고 있었다.

예조판서 조형趙珩이 처음에는 장자처의 예를 적용해 기년복으로 의정했다가 다시 대공복으로 바꾸어 의정하자 소문이 무성했다. 송시열 등의 지시를 받고 대공복으로 바꾸었다는 소문이었다.『경국대전』에 따르면 이는 중자처의 복제였으므로 인선왕후 장씨를 둘째 며느리로 대하고 있는 것이 분명해졌다. 그래서 지존至尊이 입을 복이 아니라는 불만들이 많았지만 송시열의 위세에 눌려 거론하지 못하고 있었다. 이런 상황에서 유생 도신징이 그 모순점을 정면에서 지적한 것이었다.

도신징은 이때의 상황을 이렇게 말했다.

"안으로는 울분을 품고도 겉으로는 서로 경계하고 조심하면서 아직 한 사람도 전하를 위해 입을 열어 말하는 자가 없으니 어찌 나라에 사람이 있다고 할 수 있겠습니까?"

정면에서 문제가 제기된 이상 현종이 이 문제를 유야무야 넘어갈 수는 없었다. 현종은 일주일간 복제를 검토하면서 자신의 견해를 정립했다. 이때 중요한 역할을 한 인물이 현종의 장인 김우명金佑明의 조카로서 현종과는 외사촌 관계인 김석주였다. 조선 후기 이건창李建昌은『당의통략黨議通略』에서 "김석주는 서인이면서도 송시열을 원망하여 남인인 허목 등과 더불어 깊이 결탁했다."라고 쓰고 있다. 김석주는 현종에게 1차 예송논쟁 당시 참최복(3년복)설을 주장했던

허목의 상소, 3년복설을 주장했던 영남 유림 유세철柳世哲과 1,400여 명의 연명 상소, 3년복을 규정하고 있는 『의례주소儀禮註疏』의 「참최장斬衰章」 등을 현종에게 보고했다. 15년 전 효종의 국상 때 참최복이 맞았다는 견해들을 주로 보고한 것이다. 서인 김석주가 사실상 남인 편을 들고 나온 것이다. 김석주는 대동법 시행을 반대하는 송시열과 치열하게 싸운 김육金堉의 손자였다. 또한 김육의 장사 때 수도隧道를 썼다고 송시열이 비난하고 나섰던 구원舊怨도

◆
김석주(1634-1688)의 초상 현종과 외사촌 사이로 2차 예송 때에는 남인을 지지했으나, 그 이후에는 송시열과 서인 편에 섰다.

있었다. 수도란 묘소에 석실石室을 만들거나 산허리를 잘라 길을 내는 것으로 왕실 외에는 사용하지 못하게 되어 있는 형식이었다. 이런 연유로 김석주는 2차 예송논쟁 때 남인들의 견해를 지지하고 나섰던 것이다. 이렇게 서인 외척 김석주와 남인의 연합 전선이 형성되고 있었다.

드디어 7월 13일 일주일간 견해를 정리한 현종이 대신들을 불렀다. 현종은 영의정 김수흥金壽興에게 물었다. 김수흥은 송시열의 제자였다.

"대왕대비의 복제에 대해 예조에서 처음에는 기년복으로 정하여 올렸다가 바꾸어서 대공복으로 고친 것은 무슨 곡절 때문인가?"

"기해년 복제를 기년복으로 정해 행했기 때문입니다."

이미 15년 전의 소년 국왕 현종이 아니었다.

"15년 전의 일을 다 기억은 못하지만 고례(古禮: 고대 중국의 예)가 아닌 국제(國制:『경국대전』)를 써 1년복으로 정했다고 기억한다. …… 오늘의 대공복도 국제에 따라 정한 것인가?"

국제에 따라 대공복으로 의정했다면 둘째며느리로 대우한 것이었다. 즉 사대부가의 예법을 사용한 것으로서 효종 부부를 국왕으로 인정하지 않았다는 뜻이 된다. 대답이 궁색해진 김수흥은 중국의 고례와 국제를 뒤섞어 설명했다. 논리가 명쾌하지 않으니 내용이 장황할 수밖에 없었다.

현종이 단도직입적으로 물었다.

"이번 국상에 고례를 쓰면 대왕대비의 복제는 무엇이 되겠는가?"

김수흥은 대공복이라고 대답할 수밖에 없었다. 국제, 즉『경국대전』을 쓰면 기년복이 될 수밖에 없기 때문에 고례를 끌어냈다. 15년 전 내심으로는 둘째아들로 대우했으면서도 외면적으로는 국제에 따라 장남으로 의정했다고 내세웠던 모순이 적나라하게 드러난 것이다. 자기 함정에 빠진 셈이었다. 조선 왕실을 천명을 받은 왕실로 인정하지 않고 명나라 황제의 자리에서 보아 일개 제후로 전락시킨 모순이 표출된 것이다.

현종이 재차 물었다.

"기해년에는 시왕의 제도時王之制를 사용하고 지금은 고례를 사용하니 어찌 앞뒤가 서로 다른가?"

부왕의 급서에 허둥대던 18세 청년 국왕이 아니었다. 현종은 다시 "이번 복제를 국제대로 하면 어떻게 되는가?"라고 묻자, 김수흥은

◆ 『선원보감璿源寶鑑』에 실린 현
종의 초상

'기년복'이라고 대답할 수밖에 없
었다.

그러자 현종은 되물었다.

"그렇다면 오늘의 복제는 국
제와 어떤 관계가 있단 말인가?
해괴한 일이다."

김수흥은 위기를 모면하기
위해 "기해년에 고례로 결정했으
므로 다투는 사람이 저렇게 많았
습니다."라고 말했다.

현종은 그 모순을 놓치지 않
았다.

"고례대로 한다면 장자의 복은 어
떠한가?"

김수흥은 "참최 3년복입니다."라고 답하지 않을 수 없었다. 그제
야 현종은 도신징의 상소를 김수흥에게 건네주면서 "기해년에 과연
차장자(둘째)로 의정한 것인가?"라고 되물었다. 그때 좌부승지 김석주
가 "송시열의 수의收議에 '효종대왕을 인조대왕의 서자(庶子: 장자 외의
여러 아들)로 보아도 괜찮다.'고 하였습니다."라고 거들었다. 송시열이
효종을 인조를 계승한 승통承統으로 보지 않고 여러 아들 중의 하나
로 봤다는 뜻이었다.

그러자 김수흥이 시간 벌기에 나섰다.

"기해년의 일에 대해 자세히 상고해본 다음에 품처(稟處: 보고해
처리하는 것)하는 것이 옳은 듯합니다."

시간을 달라는 김수흥의 요청을 현종은 거절했다.

"육경六卿이 반드시 오늘 안으로 모여 의논해야 할 것이다."

충청도 회덕에 있는 송시열의 지시를 받을 것을 염려했던 것이다. 호조판서 민유중이, "오늘은 너무나 급한 것 같습니다."라고 시간을 더 달라고 했으나 현종은 재차 거부했다.

"천연(遷延: 지체함)은 불가하다. 속히 결정해야 한다."

그래서 다시 영의정 김수흥, 판중추부사 김수항, 이조판서 홍처량洪處亮 같은 대신들이 모여서 회의한 후 계사를 올렸는데 곤혹함이 묻어났다. 기해년에 기년복으로 정한 근거만 장황하게 써 올린 것이다.

현종은 승전색(承傳色: 왕명을 전하는 내시)을 시켜 다시 지시했다.

"대왕대비께서 기년복을 입어야 하는지 대공복을 입어야 하는지 지적하여 결말지은 곳이 없다. …… 다시 의정해 보고하라."

현종은 이제 서인들의 속내를 정확하게 파악하고 있었다.

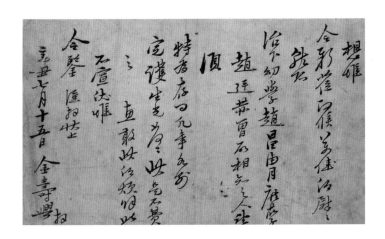

◆
김수흥(1626-1690)의 편지 글씨 김수흥은 2차 예송논쟁 당시 영의정이었다.

현종이 원하는 대답은 이것이었다.

"대왕대비께서는 국제國制에 따라 기년복을 입으셔야 합니다. 기해년에 국제에 따라 기년복을 입으셨듯이 지금(갑인년)도 국제에 따라 기년복을 입으시는 것입니다."

그러나 이렇게 되면 남편과 아내의 복제가 같아지게 된다. 남녀차별을 극대화하는 서인으로서 이는 받아들일 수 없었다. 서인들은 끝내 '기년복'이란 대답을 원하는 현종의 바람을 외면했다. 서인에게 효종은 둘째아들이었고, 인선왕후도 중자처에 불과했다. 무엇보다도 조선 왕실은 명나라의 신하이기에 왕가의 예법을 사용해서는 안 되었다. 현종이 몇 차례나 기회를 주었음에도 불구하고 서인들은 끝내 '기년복'이란 말을 하지 않았다. 그것이 서인의 당론이었다. 김수홍은 "지금 예조가 대공복으로 의정해 올린 것이 맞는 것 같다."고 보고했다.

이틀 후 현종의 분노가 폭발했다.

"이 계사를 보고 나도 모르게 무상한 점에 대해 매우 놀랐다. …… 경들은 모두 선왕의 은혜를 입은 자들인데, …… 임금에게 이렇게 박하게 하면서 어느 곳何地에 후하게 하려는 것인가." -『현종실록』 15년 7월 15일

'어느 곳'은 바로 송시열을 뜻하는 것이었다. 현종은 이것이 왕실과 서인 사대부의 싸움이란 사실을 알고 있었다. 서인 사대부는 조선 왕실의 절대성을 부인하고 자신들과 같은 사대부 계급으로 보는 것이었다. 자의대비는 효종의 상에는 둘째아들의 상복인 기년복을 입어야 하고 인선왕후의 상에는 둘째며느리의 상복인 대공복을 입어야 했다.

현종은 단안을 내렸다.

"국전(國典:『경국대전』)에 따라 정해진 자의대비 복제를 기년복으로 실행하라."

현종은 예조판서 조형을 비롯한 예조 관료들을 투옥하고, 다음 날(7월 16일)에는 영의정 김수흥을 춘천에 부처付處했다.

"선왕의 은혜를 잊고 다른 의논에 빌붙은 죄를 결코 다스리지 아니할 수 없다."

'다른 의논'이란 물론 송시열의 예론을 뜻한다. 승정원과 홍문관이 일제히 김수흥 구하기에 나섰다.

그러나 현종은 평소답지 않게 단호했다.

"내 심기가 매우 불편한데 대면을 청한 것은 무슨 일 때문인가. 대신을 위해서가 아닌가. 군신의 의리가 매우 엄한 것인데 너희는 전혀 생각도 안 한다는 말이냐?" -『현종실록』 15년 7월 16일

승정원과 홍문관의 김수흥 구하기가 불발로 끝나자 이번에는 사헌부가 나섰다.

현종은 사헌부도 질책했다.

"직책을 제대로 수행하지 못하는 자를 살펴 탄핵하는 것이 대간(臺諫: 사헌부)의 직책인데 오히려 남을 두둔하며 구하기에 급급하구나."

이 무렵 조정 관료들은 국가의 관료가 아니라 서인 당에서 파견한 당인들에 불과했다. 현종은 사헌부 관리들도 삭탈관작하고 도성에서 내쫓았다. 현종은 서인 정권을 갈아치우지 않는 한 이 문제가 해결되지 않을 것이라고 생각했다. 현종은 김수흥을 부처한 날 장선징張善澂을 예조판서, 권대운權大運을 판의금, 이하진李夏鎭을 사간으로 삼는 등 남인들을 대거 등용했다. 7월 17일에는 "대왕대비께서 기

년복으로 고쳐 입는다고 삭제朔祭 때 사유를 고하고 거행하라."고 명했다. 드디어 자의대비 조씨의 복이 기년복으로 확정된 것이다. 서인 대신들은 대죄待罪할 수밖에 없었다.

7월 25일 경기감사가 급한 사항이 있을 때 보고하는 치계馳啓를 올렸다.

"판부사 송시열이 이달 23일에 음성陰城에서 죽산竹山 경내에 도착하여 종의 이름으로 장계를 올려 대죄하려고 길을 나섰다가 병이 위독하다고 합니다."

이럴 때 드러눕는 것은 송시열의 장기였다.

현종은 다음 날인 7월 26일 남인 허적을 영의정으로 삼고, 8월 1일에는 대왕대비의 복제를 기년으로 고쳐 성복했다. 그런데 정권을 남인으로 갈아치우기 시작할 무렵부터 현종은 뚜렷한 원인을 알 수 없는 병이 생겼다. 8월 7일 현종은 기운이 몹시 지쳐 인삼차를 연거푸 들고 비국(備局: 비변사)의 여러 재신을 인견하려다가 스스로 몸을 가누지 못할 정도가 되었다. 다음 날에는 온몸이 불덩이처럼 달아올라 신음했다. 그러나 8월 13일 약방에서 시약청 설치를 청하자 설치하지 말라고 답했다. 증세가 조금 호전된 것이었다. 14일에는 창성군 이필과 김석주가 시령탕柴苓湯을 연이어 복용하면 효과가 있을 것이라고 처방했다. 시호柴胡, 반하半夏, 생강生薑, 인삼, 저령豬苓, 계피桂枝, 황금黃芩, 대추, 감초 등이 주성분인 시령탕은 감기나 급성 위장염, 또는 종기 제거 등에 쓰이는 약이었다. 현종의 증상은 복통, 감기, 그리고 종기였다. 그러나 15일부터 병세가 위급해졌다. 『현종실록』 8월 17일자는 현종이 "의관을 갖추어 입고 영의정 허적을 인견했다."고 적고 있다. 그리고 그 다음 날 세상을 떠났다. 불과 서른넷의 청춘

이있다. 정권을 갈아치우던 와중에 당한 의문의 죽음이었다. 재위 15년 동안 각종 재해에 시달렸던 현종이 처음으로 칼을 뽑아 정권을 교체하는 와중에 급서한 것이다. 조선 스물일곱 임금 중에 유일하게 후궁을 한 명도 두지 않는 군주의 의문사였다.

현종의 후사는 열네 살에 불과한 숙종이었다. 남인의 집권은 일장춘몽이고 서인의 재집권은 시간문제로 보였다. 그러나 숙종은 그리 만만하지 않았다.

소년 숙종의 즉위와
뜻밖의 선택

14세의 어린 숙종이 효종과 현종에게 정면에서 맞서던 서인들을 통제한다는 것은 불가능해 보였다. 국상 다음 날 숙종은 영의정 허적을 원상院相으로 삼았다. 어린 임금을 보좌하며 정무를 보는 것이 원상이었다. 아직 즉위하기 전의 세자는 세자시강원 필선弼善 안후安垕를 송시열에게 보냈다. 송시열도 끌어들이려는 심산이었다. 송시열은 "임금이 승하해 혼미昏迷하고 내 병 또한 죽을 지경에 이르러, 대답할 바를 알지 못하겠다."고 거절했다. 영의정 허적은 세자에게 송시열도 원상으로 삼자고 건의했다. 숙종은 사관史官을 송시열에게 보내 원상으로 삼겠다는 뜻을 전하게 했다.

그러나 송시열은 다시 거절했다.

"죄를 범한 것이 지극히 중해서 서울 가까운 곳에서 대죄한 지가 이미 한 달이 되었습니다. 선침(仙寢: 선왕의 시신)이 아직 식지도 않

허적(1610~1680) 탁남의 영수.
2차 예송논쟁의 승리로 영의
정이 되어 남인 정권을 이룩하
였다.

았는데, 어찌 차마 갑자기 무죄로
자처하면서 임금 계신 곳에 드나들
수가 있겠습니까?"

　대죄하고 있기 때문에 원상을
맡을 수 없다는 명분이었지만 속셈
은 달랐다. 8월 23일 숙종은 다시
사관을 보내 송시열을 들어오라고
명했으나, 송시열은 "부고訃告를 조
금 더디게 들었고 성복成服의 일수
日數가 차지 않았으며, 또 차마 갑
자기 여러 신하들과 같이 들어와
곡哭하는 반열에 참가할 수 없습니
다."면서 다시 거절했다.

　서인 계열 성균관 유생 이심李
藩 등이 송시열을 '덕을 쌓은 유학
의 종주宿德儒宗'라면서 극진하게 모셔야 한다고 주장하는 상소를 올
렸다.

　"현자賢者의 진퇴는 구차스럽게 할 수 없지만 군주의 정성스러
운 예절이 어떠한가에도 달려 있으니 정성스런 예절을 다해 정사를
보필하게 해야 합니다."

　신임 국왕 길들이기였다. 불과 며칠 전에 송시열이 주도한 예론
때문에 정권이 뒤바뀌고 송시열이 대죄하고 있었다는 사실은 까맣게
잊은 듯한 형국이었다. 같은 날 양사(兩司: 사헌부와 사간원)에서 주청한
대로 전 영의정 김수흥과 그를 구원하다 유배형에 처해졌던 간관諫官

들에 대한 처벌도 모두 무효화되었다. 다시 송시열의 세상이 돌아오는 것으로 여겨졌다. 불과 한 달 전쯤에 현종이 "임금에게 이렇게 박하게 하면서 어느 곳何地에 후하게 하려는 것인가!"라고 꾸짖은 것이 무색해졌다. 24일에는 숙종이 가주서假注書 이윤李綸을 다시 송시열에게 보내 서울로 돌아오라고 말했으나 송시열은 벌써 시골로 되돌아가버렸다. 얼마 전 죽을병에 걸렸다거나 대죄하고 있다는 등등의 말들은 모두 사실이 아님을 스스로 말해주고 있었다. 가주서 이윤은 급히 그를 뒤따라가서 숙종의 말을 전할 수밖에 없었다. 그러나 송시열에게 숙종의 말은 고려 사항이 아니었다. 송시열은 광주廣州를 거쳐 수원으로 가버렸다.

숙종은 다시 송시열을 타이르면서 현종의 능 지문誌文을 지으라고 명했으나 송시열은 또 거부했다.

"얼마 전 여러 신하들이 득죄得罪한 것은 그 근원이 신에게서 나왔습니다. 선왕께서 여러 신하들을 벌할 때 신의 죄상이 여러 번 전교에 나왔지만 특별히 그 성명姓名을 들지 않았을 뿐입니다." -『숙종실록』 즉위년 9월 8일

국왕의 잘못을 시인하고 예송으로 처벌받은 신하들을 모두 사면하라는 요구였다. 그의 말대로 현종은 영의정 김수흥은 처벌했지만 송시열은 이름도 적시하지 못한 상대였다. 현종의 급서로 생긴 공백은 송시열이 아니면 메울 수 없는 것처럼 보였다. 권력의 공백을 차지할 인물은 68세의 송시열이지 14세의 숙종이 아닌 것처럼 보였다.

그러나 9월 17일 작은 변화가 감지되었다. 정치화鄭致和를 정1품 영중추領中樞로 승진시키면서 영중추 송시열을 종1품 판중추判中樞로 강등한 것이다. 정치화는 서인이었지만 제1차 예송논쟁 때 송시

열에게 왕가의 일에 체이부정體而不正 같은 용어를 사용하지 말라고 충고했던 영의정 정태화의 동생이었다. 18일에는 장인 김만기를 호위대장으로 삼고, 19일에는 인선왕후 국상 때 기년복(1년복)을 대공복(9개월복)으로 고쳐 올린 예조판서 조형을 비롯한 예조의 주요 관료들을 모두 귀양 보냈다. 그러자 의문이 증폭되었다. 한편으로는 송시열에게 계속 들어오라고 말하면서 다른 한편으로는 송시열의 요구를 거절하고 예송에 관련된 관료들을 귀양 보낸 것이었다.

숙종의 속마음에 대한 의구심이 증폭된 와중인 9월 25일 진주 유생 곽세건郭世楗의 상소가 올라왔다.

대행대왕(大行大王: 현종)께서 대공복의 그릇됨을 바로잡으시고 적서嫡庶를 변별하셔서 다른 생각을 고집하는 여러 신하들을 다스리셨는데, 불행히 세상을 떠나셔서 왕법을 다 밝히지 못하셨습니다. 이제 우리 전하께서 선왕의 뜻에 따르는 달효(達孝: 극진한 효)를 독실히 하실 때입니다.

곽세건이 말하는 달효는 송시열 처벌이었다.

그런데 아직 사람의 뜻을 크게 만족시키지 못하는 것이 있으니, 판부사 송시열에게 선왕의 지문誌文을 지어 올리게 한 것입니다. 왜 그러냐 하면 지난날 미혹迷惑을 고집하는 의논으로 대공복을 바른 것이라고 주장해 선왕의 명령을 거역한 자이기 때문입니다. 기해년에 서자의 기년복으로 조술祖述했는데 서자란 이야기는 실로 송시열이 이끈 것입니다. 사론邪論에 붙은 김수흥도 오히려 유배 명단에 이름이 올랐는데 사론을 이끈 송시열이 어찌 헌장(憲章: 왕법)에서 빠진단 말입니까?

곽세건은 예송을 잘못 이끈 송시열을 처벌해야 한다고 주장했다.

먼저 가지를 다스리고 뒤에 뿌리를 다스리는 것이 법을 집행하는 상규常規이니 (선왕께서) 송시열의 큰 죄를 용서한 것이 아닙니다. 일단 대공복의 잘못을 바로잡았으면 예법을 무너뜨리고 큰 줄기를 문란하게 한 죄를 송시열은 스스로 변명할 수 없을 것입니다.

곽세건은 송시열을 효종의 죄인이고 현종의 죄인이라고 공격했다.

송시열은 효묘(孝廟: 효종)의 죄인이고, 선왕(현종)의 죄인이니, 왕법을 시행하여 흔들리지 않는 것이 전하의 책무입니다. 어찌 두 조정의 죄인에게 외람되게 붓을 쥐게 하여 선왕의 성덕盛德을 더럽히게 하겠습니까? -『숙종실록』즉위년 9월 25일

송시열은 효종과 현종 두 조정의 죄인이라는 비난이었다. 도신 징의 상소가 승정원에서 기각당해 현종에게 전달되지 못했던 것처럼 곽세건도 현종이 살아 있을 때인 지난 5월 상소를 올렸지만 병조에서 기각했던 적이 있었다. 그 후에도 곽세건은 낙향하지 않고 계속 서울에서 머물다가 다시 상소를 올린 것이었다. 곽세건의 상소에 놀란 승정원은 '곽세건이 삼조(三朝: 인조, 효종, 현종)에서 예우하던 재야

의 늙은 신하를 불측한 곳에 빠뜨리려는 것'이라고 비판하는 소회를 전달했다. 승정원의 이 반박 계사啓辭는 좌승지 김석주가 작성한 것이라고 실록은 전하고 있다. 숙종은 김석주의 말이면 대부분 들으므로 대부분 숙종이 곧 곽세건을 처벌하고 송시열을 위로할 것으로 예상했다.

그러나 숙종의 대답은 심상했다.

"알았다."

곽세건의 상소에 대해서도 역시 "알았다."고만 대답했다. 『숙종실록』은 "승정원의 계달이 김석주에게서 나왔으므로 사람들이 다 시원하게 여겼으나 이때 임금은 이미 마음에 들어온 것이 있어서 (곽세건의 상소를) 끝내 엄히 배척하지 않았다."고 적고 있다. 다음 날 대사헌 민시중閔蓍重 등이 곽세건을 엄하게 국문鞫問하자고 청했다. 곽세건을 국문해 엄하게 다스림으로써 이런 여론의 확산을 막으려는 속셈이었다.

그러나 숙종의 반응은 서인들의 예상과는 달랐다.

"금일 유생의 상소는 (그 말을) 쓰느냐 안 쓰느냐에 달려 있을 뿐이다."

그러자 좌의정 김수항이 곽세건의 상소는 자신의 형 김수홍을 배척한 것이라면서 사직했으나, 숙종은 반려했다. 이런 상황에서 남인 영의정 허적이 서인의 예론을 비판하면서 곽세건도 처벌해야 한다는 양비론兩非論을 들고 나왔다. 허적은 당적은 남인이었지만 그처신이나 생각은 서인과 크게 다를 바가 없었고, 또한 김석주의 후원을 입고 있었다. 허적은 1차 예송 때 기년복으로 의정한 것이나 2차 예송 때 대공복으로 의정한 것은 잘못이지만 이것이 '효종대왕을 폄하하거나 박하게 대우하는 것은 아니'라는 모호한 태도를 취했다. 그러면서 '이제 곽세건이 송시열을 공격하고 배척하면서 이를 예론에 가탁(假托: 거짓으로 핑계를 댐)했으니 심술心術이 그른 자'라고 곽세건도 공격했다. 허적의 이런 행태는 앞으로 보여줄 정치 행적의 서막에 불과했다.

김수항이 다시 곽세건을 처벌해야 한다고 주장하자 숙종이 "재궁(梓宮: 임금의 관)이 빈전殯殿에 있어서 선침이 아직 식지도 않은 때에 어찌 이다지도 시끄럽게 다투는가?"라고 거절했다. 그러자 허적이 다시 "성상께서 처음에 만약 곽세건을 물리치는 분부를 내리셨다면, 대간臺諫의 말도 나오지 않았을 것입니다."라고 곽세건을 비판했다.

그러나 숙종의 의사는 분명했다.

"유소(儒疏: 유학자의 상소)는 쓰면 쓰고, 안 쓰면 안 쓰는 것이다. 어찌 국문하는 일이 있겠는가?"

그러자 허적은 국문은 그르지만 처벌하지 않을 수는 없다고 주장했다. 이는 유벌儒罰을 내려야 한다는 뜻이었다. 유벌은 대개 정거停擧, 곧 과거 응시를 금지하는 것이었다. 김석주가 "이 사람은 유벌로 다스려서는 안 된다."고 더 강한 징벌을 해야 한다고 나섰다. 허적이 현종 7년 송시열의 예론이 틀렸다고 논박한 영남 유생 유세철柳世哲도 유벌로 다스렸다는 사례를 들어서 곽세건도 정거로 낙찰되었다. 현종 7년 승문원 부정자副正字 강석빈姜碩賓은 "경전의 글을 어찌 속일 수 있겠는가?"라면서 송시열을 비난하고 유세철을 옹호했다가 대사헌 조복양趙復陽 등의 주청에 따라 사판(仕版: 벼슬아치의 명단)에서 삭제되는 형벌을 받았던 것이다.

이때 사신史臣은 강석빈의 사판 삭제를 이렇게 비난했다.

"대간이 일의 시비와 이치의 옳고 그름도 따져보지 않고 일이 송시열과 관계되면 무조건 사판에서 삭제해야 한다고 논죄하는 것으로 재갈을 물려 억누르고 위협한 지가 오래되었다. 강석빈의 강직함이 아니라면 누가 능히 그 칼날을 건드리겠는가?" -『현종실록』7년 5월 2일

현종 때 이미 송시열을 비판하면 사판에서 삭제되는 형벌이 시행되었다. 이런 방식으로 송시열을 비판하는 것은 금기가 되어갔다. 서인들은 계속 공세를 펼쳤다. 경기 유생 이필익李必益 등이 상소해서 송시열을 옹호하고 곽세건을 먼 변방으로 내치라고 요구하고 나선 것이다. 숙종은 거꾸로 이필익을 먼 변방으로 유배 보냈다. 이 조치에 대사간 정석鄭晳과 관학 유생 이윤악李胤岳 등 90여 인이 항의하고 나섰다.

숙종은 정석 등을 꾸짖었다.

"내가 어린 임금幼主이라고 그러는 것이냐? 내가 심히 통탄스럽고 해괴해서 똑바로 보지 못하겠다."

숙종의 속마음이 점점 확연해지고 있었다.

송시열의 빈자리를 채울
유일한 대안, 윤휴

숙종의 속마음이 드러나고 있었다. 그는 문관의 인사권이 있는 이조吏曹에 기해년(1차 예송) 이후에 버려진 신하들을 천거하라고 명했다. 기해년 이후에 버려진 신하들은 대부분 송시열의 기년설을 비판하다가 쫓겨나거나 사판에서 삭제된 남인계 인사들이었다. 이때 윤휴도

허목과 함께 천거되어 정3품 예빈시정禮賓寺正에 제수되었다. 그러나 숙종은 곧 윤휴를 사헌부 장령掌令으로 바꾸어 제수했다. 장령은 정 4품으로서 한 등급은 낮지만 예빈시가 손님과 종친들을 접대하는 기 관인 데 비해 장령은 백관에 대한 탄핵권과 수사권이 있기 때문에 훨 씬 힘이 있는 직책이었다. 윤휴는 이미 늙었고 병이 많다는 이유로 계속 사양했다. 그러나 숙종은 거듭 "나의 지극한 뜻을 헤아려달라." 면서 출사할 것을 명했다. 숙종이 세 번이나 거듭 나오라고 강권하자, 윤휴는 '신은 바로 세가世家의 후손이고 시장 거리에 사는 평민'이라 면서 다시 사양했다.

윤휴가 자신을 평민이라고 낮춘 것은 중요한 의미가 있었다. 이 후 펼쳐지는 윤휴의 정치는 시종 평민의 자리에서 전개되기 때문이 다. 윤휴는 다시 사양하면서 한 권의 작은 책자를 만들어 올렸다. 지 난 7월의 밀소密疏에 신왕에게 당부하는 내용을 추가한 것이었다.

"전하께서 옛날 진晉 양공襄公이 검은 상복을 입고 전쟁에 나아 간 의리를 생각하시고 한漢 패공沛公이 의제義帝를 위하여 상복을 입 은 일을 따르시어 …… 죄악을 치는 군사를 일으켜 천하의 잔인한 오 랑캐를 제거하시고 …… 선왕조先王朝의 오래된 울분을 풀으시어 백 성들을 복되게 하시고 우리 조종祖宗에 광영이 있게 하신다면 오늘 날 신민臣民의 다행일 뿐만 아니라 실로 천하 만세의 다행이 될 것입 니다."

서인들은 북벌은 입에 달고 살면서도 실제로는 '상황이 허락하 면 청나라와 국경을 끊고 수비에 전념하는 것'이 최선의 방책으로 여 기고 있었다. 윤휴는 이런 방어론을 극력 비판했다. 윤휴는 '수비하는 폐단이 결국에는 공격을 받게 되며 일을 처결하는 데 있어 그럭저럭 미루다가 끝내는 패망하는 데에 이르러 구제할 수 없게 되는 것'이라고 주장했다.

"더구나 관문을 봉쇄하고 약속을 끊더라도 우리로써 적이 쳐들어오는 것을 막을 수 없으며 국경에 군사를 주둔시키는 것은 바로 우리가 자기 나라에서 전쟁을 치르게 자초하는 것이니, 이것이 오늘날 가장 나쁜 계책으로서 경계해야 하고 시행할 수 없는 것이 아니겠습니까."

윤휴의 말대로 압록강을 건너면 전쟁터는 청의 영토가 되지만 수비에 치중하며 국교를 끊으면 전쟁터는 다시 조선이 되는 것이었다. 물론 매년 몇 차례씩 사은사를 보내는 처지에서 국교를 끊을 용기도 없었기 때문에 이 역시 국내용 면피 정책에 지나지 않았다.

"신은 또 생각건대 지금 천하에 인민과 사직 및 험고한 산천을 소유하고 군병 및 형세를 지니고 있어 저 오랑캐와 겨룰 수 있는 나라는 우리나라밖에 없습니다. 현재 오삼계, 정금鄭錦 등이 이미 군사를 일으켜 중국이 양쪽으로 갈라졌는데 우리가 발을 어느 쪽으로 옮기느냐에 따라 저들의 존망에 영향이 미치는 것입니다. 그렇다면 하늘이 보살펴주고 천하의 인민이 기대하는 것이 우리 전하 말고 누구이겠습니까."

윤휴의 말대로 현재 청나라에서 벌어지고 있는 삼번의 난에 결정적 영향을 줄 수 있는 나라는 조선밖에 없었다. 이 기회를 틈타 조선군이 밀고 올라간다면 전혀 다른 상황이 조성될 것이었다.

현종은 북벌 상소에 아무런 비답을 하지 않았지만 숙종은 답했다.

"상소 내용을 이미 보았다. 속히 나와 직무를 수행하라."

그러나 윤휴는 아직 출사하지 않았다. 이런 상황에서 현종의 시

신을 묻는 산릉山陵의 장례 날짜가 다가왔다. 장지는 지금의 경기 구리시 인창동의 숭릉崇陵이었다. 이때 모후 김씨와 대신들은 숙종이 어리므로 장지까지 직접 나갈 필요가 없다고 주장했다. 그러나 윤휴는 사직소를 올려 숙종이 직접 산릉에 나가서 영원히 이별하는 예를 행하고 장사 지낸 후 신주를 모셔오는 반우返虞를 몸소 행해야 한다고 주장했다. 이것이 효성의 마음을 다하는 길이란 뜻이었다. 숙종은 윤휴의 상소를 보고, "나의 생각이 여기에 미치지 못했다."면서 직접 산릉에 가겠다고 말했다. 이때 숙종을 만류하고 나선 인물이 약방 부제조 김석주였다.

김석주는 "삼가 포의布衣 대관臺官의 상소를 보건대……"라면서 이렇게 말했다.

"어제 자성(慈聖: 명성왕후 김씨)께서 성상이 교외에 나가셔서 전송하는 예를 그만두도록 여러 번 권유하신 것은 실로 어리신 성상의 옥체를 보호하고 질병을 걱정하시는 뜻에서 나온 것입니다. 그런데 지금 자전의 우려를 헤아리지 않고 임금의 질병도 염려하지 않으면서 굳이 이 상소의 요청대로 하는 것은 단지 효도를 그르치고 충성을 손상시키는 결과가 될 뿐입니다. …… 어떻게 큰소리치기를 좋아하는 한 사람의 말에 따라 기필코 이르게 될 걱정을 범할 수 있겠습니까." - 『숙종실록』 즉위년 12월 12일

김석주가 윤휴를 포의 대관이라고 부른 것은 조롱이었다. 포의는 벼슬하지 않는 사람을 뜻하는데, 윤휴는 상소를 올릴 때 벼슬하지 않았으므로 '포의 신布衣臣'이라고 자칭했다. 김석주는 윤휴가 대관臺官인 사헌부 장령을 제수받았기 때문에 '포의 대관'이라고 조롱한 것이었다. 김석주가 윤휴를 '큰소리치기를 좋아하는 한 사람'이라고 비하한 것은 윤휴의 북벌론에 대한 조롱이었다. 김석주는 송시열과는 집안 문제로 원한이 있었지만 당파로는 같은 서인이었다. 서인들에게 북벌은 자신들의 선명성을 과시하는 전시용에 불과했다. 인조반정을 일으켜 정묘·병자호란을 맞이한 서인들은 쿠데타 명분이 옳다는 것을 과시하기 위해서라도 북벌은 소리 높여 외쳐야 했다. 그러나 속으로는 북벌은 꿈도 꾸지 못하고 있었다. 북벌은 자국 임금을 내쫓는 쿠데타용이나 자국 정권 장악을 위한 국내 정치용 슬로건에 지나지 않았다.

윤휴같이 실제로 북벌을 단행해야 한다고 주장하는 인물들은 '책사 같다'거나 '오활하다'는 조롱을 받거나 위험인물로 낙인찍혔다.

그중에서도 김석주가 윤휴를 '큰소리치기 좋아하는 한 사람'이라고 비하한 것은 훗날 중요한 의미를 갖게 된다. 조선 역사에서 김석주만큼 정치 공작에 능수능란했던 위인을 찾기는 쉽지 않다. 후술하겠지만 대동법의 경세가 김육에게 김석주 같은 후손이 나왔다는 것은 역사의 아이러니다.

북벌을 실천하려면 윤휴는 직접 조정에 나오는 수밖에 없었다. 그러나 조정은 김석주 같은 인물들이 장악하고 있었다. 이런 상황에서 중요한 것은 숙종의 의중이었다. 서인들은 어린 숙종을 충분히 제어할 수 있으리라고 보았지만 숙종은 그리 만만치 않았다. 11월 11일에는 곽세건의 말을 '충언忠言이자 지론至論'이라고 말해 서인들을 충격에 빠뜨렸다. 곽세건의 주장에 동조하고 있다는 속마음을 내비친 것이다. 이런 상황에서 송시열은 현종의 '지문 찬술'을 계속 거부했다. 숙종은 김석주에게 대신 짓게 하고, 이조참판 이단하李端夏에게는 현종의 『행장』을 짓게 했는데, 이단하는 송시열의 제자였다. 이단하는 현종의 『행장』에 예송논쟁 때 영의정 김수항이 "실대(失對: 국왕에게 대답을 잘못함)했다는 이유로 수상(首相: 영의정)을 죄주었다."고 썼지만, 숙종은 "다른 의논에 붙었기 때문에 수상을 죄주었다."라고 고쳐 쓰라고 명령했다. 현종에게 실수로 잘못 대답한 것이 아니라 송시열의 의논에 붙었기 때문에 죄주었다고 고쳐 쓰라는 말이었다. 이단하는 스승의 이름을 쓰지 않으려 하다가 여러 번 독촉을 받고 "공경公卿들이 『의례儀禮』의 네 가지 설(四種之說: 3년복을 입지 않는 네 경우)로써 대답했는데 이는 본래 송시열이 인용한 바所引의 말이다."라고 송시열의 이름을 집어넣었다. 그러자 숙종은 "인용한 바所引의 소所 자를 잘못한 오誤 자로 바꾸라." -『숙종실록』 즉위년 11월 30일 고 명했다.

"송시열이 그릇되게 인용한 말이다."라고 고치라는 뜻이었다.

이단하는 할 수 없이 고친 후 물러나와 스승을 옹호하는 상소문을 올렸다.

"신은 송시열과 스승과 제자의 의義가 있습니다. 행장을 고쳐 올릴 때 엄명嚴命에 핍박되어 이미 그(송시열) 성명을 배척해 썼으며, 또 성교를 받고 오誤 자를 그 이름 아래에 썼습니다. 신이 마땅히 문생門生의 의리로 피하고 다시 다른 사람에게 고치도록 청했어야 하는데 생각이 여기에 미치지 못했으니 후회막급합니다." -『숙종실록』즉위년 12월 18일

왕조 국가에서 국상의 예법을 그른 것으로 이끌었다면 이미 사제지간의 문제가 아니었다. 정상적인 왕조 국가라면 임금의 상사 때 1년복 운운한 것은 왕실을 능멸했다는 혐의를 받기에 충분했다. 그러나 인조반정 이후 조선은 이미 정상적인 왕조 국가의 궤도에서 이탈한 터였다.

이단하의 송시열 옹호 상소에 숙종은 화가 났다.

"엄명에 핍박되어 오誤 자 한 글자를 그 이름 아래에 써 넣었다고 말한 데에 이르러서는 한갓 사표師表만을 알고 군명君命이 있음은 알지 못한 것이니, 인신으로서 임금을 섬기는 도리가 어찌 이와 같아서야 되겠느냐?"

『당의통략』에는 이때 숙종이 "그대는 스승만 알고 임금은 알지 못하는구나."라고 꾸짖고 파직시켰다고 적고 있다. 숙종은 12월 18일 이단하를 파직하고 서용하지 말라고 명했다. 숙종이 송시열을 그리 중시하지 않는다는 사실이 점차 드러나고 있었다. 그러자 그 빈자리를 윤휴로 채우려는 움직임이 계속 일어났다.

강관 권유權愈가 숙종에게 다시 윤휴를 천거했다.

"지금 시대에 학문이 박식한 사람은 장령 윤휴만 한 사람이 없습니다. 그가 초야에 있더라도 예를 갖추어 불러야 하는데 더구나 그는 지금 직명을 지니고 서울에 있겠습니까. 경연經筵에 나와 돕기를 구한다는 뜻을 유시諭示하신다면 그가 어찌 나오지 않을 리가 있겠습니까."

승지 이동로李東老도 경연 때 윤휴를 패초牌招하여 입시하게 할 것을 청하고, 강관 이하진李夏鎭도 윤휴를 불러야 한다고 청했다. 숙종도 윤휴가 송시열의 빈자리를 대신할 만한 역량이 있다고 판단했다. 그래서 윤휴를 다시 불렀다. 그러나 아직도 윤휴는 사양하고 있었다. 과연 자신이 나가서 일할 만한 풍토인지 확신이 서지 않았던 것이다. 윤휴는 다시 사양하는 상소를 올렸고, 숙종은 "그대의 경학經學이 고명한 것에 대해서 나는 벌써 알고 있다. 경연에 출입하기를 바란다."라고 말했다. 이때 윤휴가 사직 상소를 올린 것이 무려 열 차례였다.

이런 실랑이 끝에 갑인년이 가고 을묘년(숙종 1년, 1675)이 밝았다. 새해 정월 6일 숙종은 사관史官 이후항李后沆을 보내어 윤휴에게 보내 자신의 말을 전하게 했다.

"경연에 참여할 것을 어제 내린 비답에 간곡히 말했는데 문장이 부족하고 생각이 졸렬하여 끝내 경의 마음을 돌리지 못했기에 나는 매우 부끄러워 말할 수 없다. 내가 아무리 못났더라도 어려운 상황을 함께 구제해야 할 이때를 당하여 어쩌면 그렇게도 무심히 떠난단 말인가. 굳이 사직하지 말고 마음을 돌리고 생각을 바꾸기를 나는 날마다 기대한다."

임금이 자신을 "문장이 부족하고 생각이 졸렬하다."고까지 말하고 또 사관까지 보내서 나오라고 하는데, 무작정 사양하고만 있을 수도 없는 노릇이었다. 숙종이 이 정도로 자신의 출사를 바란다면 한번 나가서 뜻을 펼칠 수도 있으리라는 판단이 들었다.

"우매하고 비천한 신에게 근시(近侍: 임금의 측근 신하)를 보내시는 융성한 예우로서 윤음綸音을 내리시면서 특별히 어려운 상황을 함께 구제해야 한다는 뜻을 유시하셨으니, 신이 어떠한 사람이기에 성상께 이러한 예우를 받을 수 있겠습니까. 내일 대궐에 달려가서 진퇴進退시키시기를 청하겠습니다."

윤휴는 드디어 출사를 결심했다. 국왕을 차자로, 왕비를 둘째며느리로 대우했던 잘못된 예론도 바로잡힌 상황이었다. 윤휴는 그간 공부한 지식과 포부를 한번 펼쳐볼 때가 되었다고 생각했다. 숙종 1년 1월 7일 윤휴는 자신이 조정에 나가는 이유를 글로 작성해 가묘家廟에 고했다. 이미 만 58세의 늦은 나이였다. 뒤늦게 출사하는 이유를 조상들에게 고했다.

이렇게 시대의 풍운아는 조정에 처음으로 얼굴을 드러냈다.

4장

윤휴의 도전과
기득권 세력의 조작극

14세 소년 숙종과
58세 윤휴의 첫 만남

숙종이 부왕의 유지를 이어 영의정 허적을 중심으로 남인에게 정권을 주었지만 남인 단독 정권은 아니었다. 송시열과 김수항 등 서인 영수 일부는 파직되거나 귀양 갔지만 김석주를 비롯해 많은 서인들은 아직도 조정의 여러 자리를 차지하고 있었다. 보다 정확히 말하면 남인 허적과 서인 김석주의 연립 정권이었다. 허적은 당적은 남인이지만 실제 정치 행위는 서인들과 크게 다르지 않았다. 그러나 윤휴는 이때를 놓쳐서는 안 된다고 생각했다. 외적으로는 삼번의 난으로 국제 정치 지형이 근본적으로 변화했으며, 내적으로는 남인의 정권 장악으로 국내 정치 지형도 상당 부분 변화가 있었다. 이 정도로 천시가 변했으면 나머지는 인간의 노력으로 북벌대의를 실현할 수 있다고 윤휴는 판단했다. 그래서 윤휴는 숙종 즉위년(1674) 12월 1일 다시 상소와 밀봉한 책자를 올렸다. 북벌의 방책을 보다 자세하게 담은 책자였다.

숙종은 상소문을 읽고 영의정 허적 등에게 이렇게 말했다.

"윤휴의 상소는 곧 화禍를 도발하는 말이다."

허적이 답했다.

"그 뜻은 군신 상하가 잊을 수 없는 것이지만, 지금의 사세와 힘으로는 미칠 수 없는 것이 있으니 다만 마음속에 둘 따름입니다."

허적 역시 송시열처럼 북벌은 마음속에만 두면 되지 실제로 추진할 수는 없다는 생각을 갖고 있었다. 그렇다고 북벌에 대해서 서인과 남인 온건파 허적 사이에 전혀 차이가 없는 것은 아니었다.

허적은 숙종에게 이렇게 덧붙였다.

"윤휴는 선조(先朝: 현종)에게도 이러한 상소를 올려서 정지화가 통렬히 배척해 정원(政院: 승정원)에서 상소를 받아들인 것이 잘못이라고 했습니다. 그러나 신은 이러한 의논이 없을 수는 없다고 생각합니다."

북벌 상소 자체를 받지 말자는 서인 정권과는 조금 달랐다. 이 정도 차이가 서인과 남인 온건파의 차이였다. 서인들은 북벌 상소 자체를 받지 말자고 주장하는 반면 남인 온건파는 상소 자체를 막아서는 안 된다는 것이었다.

같은 남인이었던 예조판서 권대운도 윤휴를 비판했다.

"형세도 돌아보지 않고 큰소리치기를 좋아하는 자는 아주 옳지 않습니다."

이런 상황에서 윤휴는 북벌대의를 실천에 옮기기 위해서는 직접 정치 무대에 나설 수밖에 없다고 생각했다. 그래서 윤휴는 상소를 올리는 차원을 넘어서 자신이 직접 조정에 나가기로 결심했다. 숙종

1년(1675) 1월 9일의 일이다.

윤휴는 성균관 정4품 사업司業의 자격으로 조정에 처음 들어갔다. 경연에서 옥당관(玉堂官: 홍문관원)을 불러 『강목綱目』을 강독하는 날이었다. 옥당관이 아닌 윤휴도 특별히 들어오라는 명이 내려졌다. 만 14세의 소년 군주 숙종과 만 58세에 처음 벼슬길에 나온 윤휴의 첫 만남이 이렇게 맺어졌다. 조선 역사를 통틀어도 유래를 찾을 수 없는 만남이었다. 소년 군주 숙종은 모두의 예상을 깨고 부왕의 유지를 이어 정권을 남인에게 넘겼다. 그리고 송시열의 빈자리를 윤휴로 채우려 하고 있었다.

숙종이 입을 열었다.

"큰 명성을 많이 들어서 보고 싶은 지 오래되었는데, 굳게 고사하고 나오지 않아서 내가 매우 서운했었다. 오늘 경석經席에 들어와 참여하니 기쁨을 이길 수가 없다."

부복했던 윤휴가 일어섰다.

윤휴는 자리에 나가서 절하고 입을 열었다.

"우매하고 비천한 신은 백에서 한 가지도 취할 만한 것이 없는데 성상께서 부르시는 유지諭旨 내용이 간곡하셨기에 염치를 무릅쓰고 나와 숙배하지 않을 수 없었습니다. 황공하고 부끄러운 마음을 견딜 수 없습니다."

홍문관원들이 『강목』을 강독했지만 강목 자체가 이날의 주제가 아니란 사실을 다 알고 있었다. 모두의 관심은 숙종과 윤휴가 어떤 대화를 나누는가에 맞춰져 있었다. 강독이 끝나자 윤휴가 숙종 앞에 나가서 말했다. 가슴속에 생각하고 또 품었던 뜻이었다.

"신이 말이 어눌하여 뜻을 다 말하지 못했습니다. 그리고 말할 때 앞뒤 순서가 뒤바뀌어 이미 아뢴 뒤에도 상께서 모두 기억하시지 못할 듯싶기에 소차(小箚: 간략한 상소문)에다 신의 생각을 대략 진술하였습니다."

윤휴는 품속에서 혁제(赫蹏: 작은 종이)를 꺼내 읽었다.

"(전하께서는) 반드시 먼저 큰 뜻을 세워서 성학聖學에 힘쓰고, 인재를 널리 모아서 천직(天職: 벼슬)을 함께하고, 민폐를 바로잡아 나라의 근본을 굳게 하고, 군무軍務를 충실히 닦아 외적으로부터 모욕을 받지 않게 하고……"-『숙종실록』 1년 1월 9일

윤휴는 이날을 대비해 준비한 메모를 읽어내려갔다. 숙종이 북벌대의를 위해 해야 할 일들이었다.

혁제를 다 읽은 윤휴가 숙종에게 말했다.

"청컨대 하문을 내려주셔서 신으로 하여금 부연해서 진달할 수 있게 하소서."

혁제에 다 쓰지 못한 것들은 말로 하겠다는 뜻이었다. 혁제는 외부로 유출될 수도 있기 때문에 북벌에 관한 구체적인 방법이나 내용은 말로 나눌 생각이었다. 윤휴는 숙종이 북벌에 대해서 질문할 것으로 예상했다.

그러나 숙종의 답변은 뜻밖이었다.

"격언格言이 아닌 것이 없으니 마땅히 마음에 담아두겠다."

숙종은 북벌에 관해 구체적인 대화를 나누는 것은 피했다. 윤휴와 첫 만남에서부터 엇갈리기 시작한 것이었다.

그러자 승지 정유악鄭維岳이 나섰다.

"윤휴는 60년 동안이나 벼슬에 나오지 않다가 오늘에야 비로소 나오기 시작했는데 이 한 가지 일로 그 거취를 결정합니다. 이것은

단지 경계하고 경계하는 간언하는 말일 뿐만이 아니니 대신과 함께 그 가부를 의논해야 하겠습니다.”

'한 가지 일'이란 물론 북벌대의였다. 윤휴가 출사한 것은 바로 '북벌대의'를 위해서였다. 정유악은 바로 이 부분을 대신과 함께 논의해야 한다고 말하는 것이었다. 다음 날 숙종은 옥당관을 부르면서 윤휴도 입시하게 했다.

숙종은 어린 내시를 시켜 상소문 한 통을 승지 정유악에게 내려주며 말했다.

“이것이 사업(司業: 윤휴)이 바쳐 선조(先朝: 현종)께서 유중(留中: 궁중에 보관함)한 상소문이다.”

승지 정유악이 상소문을 받아 읽었다. 청나라가 대란에 빠진 지금이 바로 북벌에 나설 때라는 상소문이었다. 정유악이 읽는 도중 허적과 윤휴가 곁에서 부연 설명하기도 했다. 정오에 시작해서 포시(哺時: 오후 3-5시)에 끝났다. 『숙종실록』 사관은 숙종이 “단정히 손을 모으고 듣기만 했다.”고 전하고 있다. 허적이 “날이 이미 저물었으니, 윤휴가 바친 책자는 내일 강론講論하기를 청합니다.”라고 말해서 겨우 강론이 끝났다. 이때 숙종의 나이 14세, 한창 삼번의 난에 휩싸여 있는 청나라 강희제의 나이가 22세였다.

다음 날 주강晝講에서도 강론은 계속되었다. 어제와 마찬가지로 윤휴가 바친 책자를 정유악이 읽고 풀이했다. 그러나 이날의 강론 내용에 대해서 『숙종실록』과 『백호연보』가 전하는 분위기는 사뭇 다르다.

먼저 『숙종실록』을 살펴보자.

임금이 주강晝講에 나아갔다. 윤휴가 바친 책자를 승지 정유악에게 주어 어제 한 것과 마찬가지로 읽고 또 풀이했다. 윤휴가 무강거武剛車를 만들어 써야 한다고 극진히 말하였는데, 김석주가 "척계광戚繼光이 무강거의 이점을 칭찬하기를 '먹이지 않는 말이요 발이 달려 있는 성城이니, 적과 싸우는 방책으로 차전車戰만 한 것이 없다.'고 말했습니다. 그러나 차전은 평지에서 유리한데 우리나라에는 광야가 없으니 이것이 어려운 일입니다."라고 말했다.

윤휴가 "그렇지 않습니다. 독륜(獨輪: 바퀴 하나의 수레)이면 험한 길도 갈 수 있는데 우리나라에서 사용할 수 없다는 것입니까?"라고 말하고, 정유악이 "윤휴의 말이 옳습니다."라고 말했다. 허적이 "이것은 한 장수의 일에 불과하니 상세하게 논할 것이 없습니다."라고 말했다. -『숙종실록』1년 1월 11일

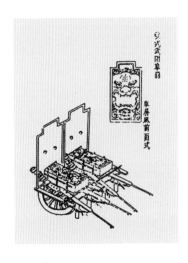

무강거 한나라 위청이 사용했던
것을 명의 척계광이 개량한 것이다.

무강거는 원래 한漢나라 때 기마민족인 흉노와 싸웠던 위청衛靑이 사용했다는 전차였는데, 명나라 척계광이 개량한 것이었다. 윤휴는 기마민족인 청군과 싸우려면 전차가 반드시 필요하다는 생각에서 전차를 제작해야 한다고 주장했다. 『숙종실록』은 윤휴의 무강거 사용 주장에 대해 김석주가 반대한 것이 주된 내용인 것처럼 기술하

고 있다.

그럼 『백호연보』에서 같은 날의 기록을 살펴보자.

11일. 영상 및 여러 강관들과 함께 입시했는데 부제학 김석주도 지
관사知館事로서 입시했다.

승지가 또 책자의 내용을 읽기를 마치자 선생이 나아가 아뢰었다.

"이 일의 대의大意를 성상께서 이미 이해하셨을 것이니 오늘 가부의
판단을 내리셔야 합니다. 그리고 대신大臣, 중신重臣, 유악帷幄의 신
하가 모두 있으니 물어서 처리하시기를 바랍니다."

상이 영상에게 "어떠한가?"라고 물으니, 영상이 절하고 아뢰었다.

"이는 윤휴의 평생 포부입니다. 그 상소 내용을 보니, 실로 천하의 대
의이고 사직의 지극한 계책입니다. 하루라도 이 일에 따르지 않으면
사람이 사람 노릇할 수 없고 나라가 나라 꼴이 될 수 없습니다. 신이
일찍이 이 일에 대해서 선대왕(효종)께 명을 받았습니다. 효종대왕
께서 일찍이 후원後苑에 있는 두서너 칸짜리 한 초가집에 계셨는데,
앞에는 연못이 있었으며 좌우에는 수목이 있었습니다. 신을 불러 입
대入對하게 하시고 이 일을 신에게 분부하셨습니다."

허적은 흐느껴 울면서 아뢰었다.

"이 일에 대해서 성상께서 신에게 물으실 것도 없습니다. 신이 선대
왕의 명을 받은 이후로 수십 년 동안 한 가지 일도 보답한 것이 없으
니, 이것이 신의 죄입니다. 그런데 윤휴가 이 일을 언급하였습니다.
바라건대 성상께서는 언제나 이 일만을 생각하시고 수족을 움직이
시는 데에도 모두 이 일을 일삼으소서. 신의 생각이 어떻게 윤휴의
말에서 벗어날 수 있겠습니까."

성상이 "그렇다."라고 말하고 김석주를 돌아보며 "어떠한가?"라고 물었다.

김석주도 절하고 아뢰었다.

"윤휴의 상소는 단지 내용이 강개慷慨할 뿐만 아니라 그 말이 실로 의리에 지당한 것인데, 신이 어떻게 그 내용에 대해서 다른 생각을 가질 수 있겠습니까."

……

승지들이 모두 기쁜 기색으로 말했다.

"아름다운 일입니다. 이런 일은 우리나라 수백 년 이래에 한 번도 없었던 성대한 일입니다." – 『백호연보』 숙종 대왕 원년 을묘

같은 사실에 대한 기록이지만 『숙종실록』과 『백호연보』의 내용은 사뭇 다르다. 『숙종실록』은 윤휴의 북벌론이 처음부터 별 호응을 받지 못한 것처럼 기술한 반면, 『백호연보』는 처음에는 모든 대신들의 전폭적인 지지를 받은 것처럼 기술했다. 양자 사이에는 분명 간극이 있었다. 그 간극은 결국 사실을 추적하는 것으로 풀 수밖에 없을 것이다. 이듬달인 2월 숙종은 윤휴를 우부승지로 승진시켰다. 승지로 승진시켰다는 것은 가장 측근으로 두겠다는 뜻이었다. 더구나 윤휴는 그 무게부터 다른 승지들과 다를 수밖에 없었다. 이 무렵 숙종은 분명 윤휴에게 큰 기대를 걸고 있었다.

그런데 승지가 된 직후 윤휴는 영상 허적과 다투는 일이 발생한다. 예송논쟁 때 송시열을 지지했던 우의정 김수항은 송시열 등이 내쫓긴 것에 불만을 품고 강외江外로 나가서 돌아오지 않고 있었다. 숙종은 승지를 보내 조정에 들어오도록 타이르면서 승지 윤휴를 보냈

다. 윤휴가 비록 승지이긴 하지만 김수항을 부르는 일을 하기에는 적당하지 않았다. 김수항의 스승 송시열과 예송을 두고 맞섰던 사이였다. 그런데 김수항은 윤휴가 직접 가서 권유했는데도 '감히 무릅쓰고 나갈 수 없는 정세情勢'라면서 나가지 않겠다고 거절했다.

윤휴는 김수항을 비판했다.

"전에 빈청(賓廳: 조선시대에 비변사의 대신이나 당상관이 정기적으로 모여 회의하던 곳)에서 여러 신하들이 선왕의 명을 어긴 것은 또한 스스로 취한 죄입니다. 성상께서 이미 허물을 씻어주셔서 탕평蕩平하는 도리를 보이셨으니, 신하들의 의리로서는 진실로 전의 잘못을 후회하면서 은명恩命에 감격하고 있는 힘을 다해 잘못을 고칠 도리를 생각하거나, 그렇지 않으면 궐문 밖에 거적을 깔고 머리에 진흙을 칠하고 죄를 청하여 조정의 처분을 기다려야 합니다. 지금 여러 신하들은 이런 의리를 생각하지 않고 다들 성 밖으로 물러나가 사실(私室: 자신의 집 안)에 엎드려 있으면서 여러 번 성지聖旨가 이르게 하고 멀리까지 왕명을 수고롭게 해도 끝내 돌아오지 않는 것은 사체事體에 있어서 마땅하지 않습니다." -『숙종실록』1년 2월 17일

윤휴가 보기에 조선의 군신 관계는 정상적인 군신 관계가 아니었다. 임금의 국상에 1년복설을 주장하고도 오히려 당세를 믿고 국왕과 맞서고 있는 상황이었다. 그래서 윤휴는 "지금 죄를 지었다고 생각되는 허물 있는 신하에게 은례恩禮가 보통보다 뛰어나다."고 덧붙였다. 죄지은 신하가 벌 대신에 회유를 받고 있으니 나라의 기강이 설 리 없다는 생각이었다.

그러나 윤휴의 이런 생각은 당장 영상 허적의 반발을 불러일으켰다.

"윤휴는 유일(遺逸: 초야에 묻혀 있음)인 선비로서 알면 말하지 않는 것이 없는 것으로 자임하지만 어제 아뢴 것은 실로 마땅하지 않습니다. 김수항은 거만해서 물러간 사람이 아니라 다만 편안할 수 없는 것을 만나 교외에 나가 있는 것입니다. …… 윤휴의 이 말도 격분한 것이 있어서 나왔겠지만 장황한 계사에 죄를 성토하는 듯한 것이 있으니 일이 뒷날의 폐단에 관계됩니다. 청컨대 윤휴를 추고(推考: 신문)하소서." -『숙종실록』1년 2월 17일

숙종에게 불만을 품고 나오지 않는 김수항을 처벌하라는 것이 아니라 되레 윤휴를 추고하라는 것이었다. 바로 이런 점들 때문에 남인은 윤휴 중심의 강경파인 청남淸南과 허적 중심의 온건파인 탁남濁南으로 나뉘게 된다. 남인 정권 내부가 집권과 동시에 분열되기 시작한 것이다.

숙종은 허적의 말을 일단 따르면서도 김수항 등이 출사를 거부하는 문제에 대해서도 비판했다.

"사람이 신자가 되어서는 비록 그 아비가 죄를 받았더라도 아들이 출사하지 않을 의리가 없다. 그런데 그 스승이 죄를 받았다고 해서 대부분 출사하지 않으니 어찌 사생(師生: 스승과 제자)의 의리가 부자의 친한 것보다 중하다는 말인가?"

허적이 답했다.

"남에게 학문을 배운 것을 제자라 하지만 지금은 조정 반열班列에서 한 번 본 사람도 다 사생師生이라고 칭합니다. 사생의 의리가 중하기는 하지만 군신의 의리는 천지 사이에서 피할 데가 없는데, 어찌 그럴 수가 있겠습니까?"

허적의 답변은 모순이었다. "군신의 의리가 천지 사이에 피할 데

가 없다."면 추고 대상은 윤휴가 아니라 김수항이어야 했다. 김수항 등은 군신의 의리보다 사제의 의리를 더 높이는 것이었다. 그럼에도 불구하고 허적은 윤휴를 추고하라고 말했다. 숙종은 허적의 추고 요구에 일단 따르겠다고는 했지만 추고 전지傳旨를 내리지는 않았다. 며칠 뒤에 헌납獻納 이우정李宇鼎이 "윤휴를 추고해서는 안 된다."고 주장하자 전지를 내리지 않는 것으로 넘어갔다. 이뿐만이 아니라 허적의 대부분의 처신이 그랬다. 마치 자신은 당파에 구애받지 않는 공정한 인물이라고 과시하고 싶은 것 같았다. 이미 세상을 떠난 윤선도에 대한 관직 추증追贈 문제도 마찬가지였다. 숙종은 재위 1년(1675) 2월 "(윤선도가) 예를 그르친 송시열을 이미 죄로 논했으니 윤선도에게 의정議政을 추증하라."고 명했다. 송시열의 잘못을 논박하다가 귀양 갔고, 끝내 쓰이지 못한 채 죽었으니 윤선도에게 정승 벼슬을 추증하라는 뜻이었다. 이제 송시열의 예론을 그릇된 것으로 규정지었으면 그를 공박하다 끝내 불행하게 죽은 윤선도는 신원되어야 했다. 그러나 허적은 이튿날 "윤선도는 상소에서 예만 논한 것이 아니라 쓸데없는 말도 많이 했습니다."라며 의정 추증에 반대했다.

그러자 사헌부 장령 오정창吳挺昌이 허적의 말을 반박했다.

"소위 쓸데없는 말이란 송시열의 허물을 드러낸 것에 지나지 않을 뿐입니다."

허적은 증직은 마땅하지만 의정은 지나치다고 거듭 반대했고, 숙종은 정경(正卿: 정2품)으로 낮춰 증직하라고 수정했다. 허적은 남인 정권이 서인 김석주와 연합 정권이라고 생각했다. 그래서 서인들의 견해를 대변하는 것이 정권을 유지하는 길이라고 생각했다. 그러나 윤휴, 오정창 같은 남인 강경파의 생각은 달랐다. 그래서 남인은 강경파인 청남과 온건파인 탁남으로 분열된다. 이는 단순히 권력 운용 방식만의 문제는 아니었다. 윤휴는 송시열로 대표되는 서인들과 세계관이 달랐다. 이 사건 한 달 전쯤 주강에 나갔을 때 윤휴는 숙종에게, "『논어』의 주註는 반드시 읽을 것은 없습니다."라고 말했다. 『논어』 주는 주희의 주석을 정본으로 치고 있었으니 주희의 주석을 꼭 읽을 필요는 없다는 뜻이었다. 주희를 만세의 도통으로 여기면서 주희가 경전의 모든 뜻을 다 밝혀놓았으므로 주희의 주석만 보면 되지 따로 공부할 것은 없다는 사고를 가진 송시열 등의 서인들이 들으면 경악할 이야기였다.

동지사同知事 김석주가 반대했다.

"『논어』의 주는 버릴 수 없습니다."

윤휴가 덧붙였다.

"(임금은) 과거를 보는 유자儒者가 공부하는 것과는 다르니 반드시 읽을 것은 없습니다."

검토관檢討官 이하진李夏鎭이 윤휴에게 동조했다.

"윤휴의 말이 매우 옳습니다."

윤휴와 이하진 등은 유학의 본뜻에 더 충실해야 한다는 생각을 갖고 있었다. 주희가 사대부의 계급적 관점에서 해석한 공자와 맹자가 아니라 공자와 맹자에 직접 다가가야 한다는 뜻이었다. 그러면 주희가 가두어놓은 공자, 맹자를 벗어나 더 큰 공맹이 보이게 되어 있었다. 나중 이하진의 유배지에서 태어난 아들 이익李瀷이 공자와 맹자에게 직접 다가가는 유학의 새로운 해석 방법을 제시해 이가환, 정약용을 비롯한 남인들에게 계승되는 뿌리가 여기에 있었던 것이다.

공자와 맹자 전신도

자강이 먼저인가
선공이 먼저인가

윤휴 출사 직후 청나라 사신 접대 문제가 현안이 되었다. 숙종을 국
왕으로 봉하는 강희제의 칙서를 가져오는 사신이었다. 인조반정 이
후 조선은 속으로는 청나라를 부인하면서도 겉으로는 청 사신을 천
사天使로 대접했다. 윤휴는 숙종이 직접 교외로 마중 나가 청 사신을
맞이해서는 안 된다고 주장했다. 직접 마중 나가면 청 황제의 칙서를
절하고 받아야 했다.

　"새로 사복(嗣服: 왕위를 계승함)하신 처음에 어찌해서 반드시 견
양(犬羊: 청나라 사신)에게 굽혀서 절해야 하겠습니까?"

숙종은 반대했다.

"영칙迎勅하지 않으면 저들이 의심할 것이다."

윤휴는 계속 "신은 성상께서 친히 행하시는 것을 바라지 않습니다."라며 숙종이 교외로 나가 청 사신을 맞이해서는 안 된다고 반대했다.

"자강自强의 방책은 지금도 할 수 있겠지만 국왕으로 봉하는 칙서勅書를 어찌 거절하고 마중 나가지 않겠는가?" - 『숙종실록』 1년 1월 28일

숙종은 나이는 어렸지만 일체 모험을 하고 싶지는 않았다. 자신의 왕위가 전혀 위협받지 않는다면 모를까 조금이라도 위협이 된다면 북벌에 나설 수 없다고 생각했다. 윤휴가 숙종이 청 사신을 맞이하는 것을 반대하자 숙종이 맞이할 때 윤휴가 어떤 태도를 보일 것인지가 문제가 되었다.

그래서 같은 청남인 오정위吳挺緯가 윤휴에게 물었다.

"청나라 사신을 맞이할 때 임금께서 배례(拜禮: 절하는 예)를 행하신다면 그대는 어떻게 하겠는가?"

"임금께서 내 말을 따르지 않으시고 끝내 무릎을 꿇으신다면 내가 어찌 홀로 절하지 않겠는가?"

윤휴는 원칙론자이긴 하지만 현실을 도외시한 원리주의자는 아니었다. 숙종이 칙서를 받으면서 무릎을 꿇으면 신하인 자신 홀로 절개를 나타낼 수는 없다고 생각했다. 윤휴가 강희제의 칙서를 숙종이 무릎 꿇고 받아서는 안 된다고 주장한 것은 지금은 청나라에 무릎 꿇을 때가 아니라 싸울 때라고 판단했기 때문이다. 청나라가 혼란에 빠져 있는 지금이 북벌할 적기라는 생각이었다.

그러나 숙종은 물론 허적의 생각도 윤휴와 달랐다.

의순관영조도義順館迎詔圖　선조 5년(1572) 명나라 사신이 신종神宗의 즉위를 알리기 위해 의주 의순관을 들렀을 때 이들을 맞이한 조선 측 일행이 이를 기념하기 위해 남긴 그림이다.

"지금 나가 맞이하지 않으면 저들이 반드시 의심할 것입니다."

윤휴가 반박했다.

"저들이 의심이 생겨 군사를 동원한다면 정말 좋은 기회를 탈 수 있을 것입니다. 우리나라는 10만 정병精兵이 있고 양서(兩西: 황해도, 평안도)에 군량도 갖고 있으니 열흘이 못돼서 심양瀋陽을 차지할 수 있습니다. 심양을 빼앗고 나면 관내(關內: 산해관 이남)가 진동할 것이니 일이 이루어지지 않을 염려가 없습니다." -『숙종실록』1년 2월 9일

황해도와 평안도에서 거둔 세금은 사신 접대 명목으로 현지에 쌓아두고 있었다. 이 식량은 이런 경우에 군량으로 전환할 수 있었다. 청나라가 삼번의 난 때문에 모든 전력을 남방에 진력하고 있는 지금 압록강을 건너면 청나라의 옛 수도 심양을 쉽게 점령할 수 있다는 전

략이었다. 윤휴의 말대로 심양이 점령당하면 청나라는 수습 못할 혼란에 빠질 것이 분명했다. 강남의 삼번의 난도 막기가 버거운 판국에 동북쪽에서 조선군이 진격하면 두 개의 전선이 형성될 것이었다. 윤휴에게 이는 천재일우의 기회였다.

그러나 숙종의 생각은 달랐다.

"자강自强하는 방책은 마땅히 먼저 강구해야 하지만 지금 나가서 맞이하지 않으면 저들이 반드시 의심할 것인데 뒷날의 근심을 어떻게 수습하겠는가?"

숙종은 방어책인 자강自强을 말하고 있었다. 즉 사태가 발생해 청나라가 쳐들어오면 격퇴하겠다는 것이었다. 반면 윤휴의 계책은 자강自强이 아니라 선공先攻이었다. 공격이 최선의 방어라는 것이었다.

그래서 윤휴는 이렇게 말했다.

"지금 밖으로는 세 가지 일이 있는데 북벌北伐이 첫째이고, 바다 건너 정鄭과 통하는 것이 둘째이고, 북(北: 청나라)과 화호和好를 끊는 것이 셋째입니다. 안으로는 숙위(宿衛: 임금의 경호)를 엄하게 하는 하나의 일이 있습니다. 무릇 이 몇 가지를 서둘러 꾀하지 않으면, 화환禍患이 반드시 닥칠 것입니다." –『숙종실록』 1년 2월 9일

윤휴는 지금이 북벌을 단행할 가장 좋은 때라고 생각했다. 효종이 살아 있었다면 당장 북벌을 단행했을 것이었다. 정鄭은 대만을 장악한 정성공인데, 그때까지 청나라를 거부하고 반청복명反淸復明을 외치고 있었다. 윤휴의 이런 북벌론에 대해 『숙종실록』의 사관은 "윤휴가 겉으로 오랑캐를 정벌한다는 명분으로 출사했기 때문에 이런 고담高談을 강하게 해서 사람들의 이목을 가리는 것이지 참된 말實語이 아니다."라고 비난하고 있다. 서인, 특히 노론은 북벌대의란 명분

을 윤휴에게 내준 것에 대
해 뼈가 아팠다. 실제 북벌
은 철저하게 반대하면서
명분뿐인 북벌론을 내세
워 조선 국왕을 압박하다
가 진짜 북벌론자가 나타
나자 심기가 크게 불편해
졌던 것이다.

　이때의 회의에서도
윤휴는 시종 허적과 부딪
혔다.

　"칙사를 맞이할 때 어
떤 옷을 입어야 하는가?"

　숙종이 묻자 허적이
대답했다.

◆
삼전도비　병자호란(1639) 후 청과의 굴욕
적인 강화 협정을 맺고 청의 강요에 따라
세운 공덕비

　"칙사를 맞이할 때는
흑색포黑色袍를 입고, 제사를 지낼 때는 최질(衰絰: 상복)을 입고, 사사
롭게 만날 때는 백포白袍를 입는데, 들으니 천사(天使: 중국 사신)를 만
날 때는 사사롭게 볼 때도 감히 백포는 입지 못한다고 합니다."

　윤휴가 반박했다.

　"흑색포를 입고 견양犬羊에게 절해서야 어떻게 이 뜻(북벌)을 존
속하고 기를 수 있겠습니까?"

　그러나 허적은 '이 역시 오활한 말'이라고 반박했다. 숙종은 사
석에서도 백포 대신 흑색포를 입고 청나라 사신을 만났다. 허적의 이

런 태도가 결정적 순간에 북벌하기 위해서 청나라의 눈을 속이는 것이라면 일리가 있었다. 그러나 허적 역시 송시열처럼 북벌은 꿈도 꾸지 않고 있는 인물이었다. 당연히 윤휴로서는 허적의 이런 자세에 불만을 가질 수밖에 없었다. 윤휴는 출사하면서 올렸던 「책자소」에서도 효종의 북벌 의지를 높게 평가하면서 이런 뜻을 계승하지 않으려는 조정 대신들의 태도를 강하게 비판했다.

> 효종 대왕께서는 직접 꺾임을 당해보셨고 발로 북정(北庭: 만주)까지 밟아보셨기에 더욱 분노하셔서 그들과 같은 하늘에서 살지 않으려 하셨습니다. 그래서 항상 이 책략(북벌)을 가지고 신하들을 격려하면서 함께 충의忠義를 구현해보려고 하셨고 실제로 몸소 갑옷 입고 투구 쓰고 말을 몰아 진두에 서실 생각으로 늘 후원에서 친히 궁마弓馬를 익히셨습니다.

윤휴는 벼슬아치들이 효종의 북벌대의를 계승하기는커녕 청나라 눈치 보기에 급급하다고 비판했다.

> (지금은) 인심은 점점 감염이 되고 인륜 기강은 무너지고 흐트러져 벼슬아치와 유학자章甫들부터 이것(북벌)은 다시 생각하지 않고 저들을 섬기는 것을 달게 여기고 수치도 없이 누구에게 뒤질세라 무릎 꿇고 벌벌 기고 있습니다. 저들의 성쇠盛衰에 우리의 죽고 사는 것이 달려 있는 것처럼 하고 있습니다.

효종의 북벌대의를 계승하기는커녕 청나라에 벌벌 기기 바쁜 조선의 대청 외교 자세를 강하게 비난했다.

> 지금 우리는 북쪽(청나라)을 섬기면서 가죽, 재물皮幣과 금은보화로
> 저들 배를 양껏 채워주고 있으며, 비록 재상 지위에 있더라도 저들
> 이 죽이고 싶으면 죽이고, 잡아가고 싶으면 잡아가고, 병痼 주고 싶
> 으면 병 주고, 가두고 싶으면 가둡니다. 일개 사신, 심지어 우리를 배
> 반한 무리들까지도 모두 우리 조정을 업신여기고 우리 관리들을 모
> 욕하는데, 그들에게 예리한 칼을 주어 마음대로 베도록 하고 금은
> 비단을 맡겨 마음대로 삼켰다 뱉었다 하게 합니다. -『백호전서』5권
> 「책자소」

윤휴는 "그야말로 정鄭나라 자산子産이, '정나라는 진晉나라 속
현에 불과하지 무슨 나라라고 할 것인가.'라고 했던 말이 오히려 부족
할 정도입니다."라고 하면서 청나라에 벌벌 떠는 조선의 현실을 비판
했다. 윤휴는 효종이 각종 재해를 무릅쓰고 길렀던 군사를 가지고 청
나라와 결전해야 한다고 생각했다. 더구나 지금은 삼번의 난으로 중
원대란이 벌어지고 있었다. 하늘이 준 기회였다. 그러나 이미 조선의
사대부에게 북벌은 말로만 주창해야 할 구호였지 실제로 실천에 옮
길 생각은 전혀 없었다. 윤휴를 비롯해서 성호 이익의 부친 이하진과
『숙종실록』이 "윤휴의 북벌 논의에 붙어서 따랐다."고 비난하고 있는
사간원 정언 이수경李壽慶 등 극소수에 불과했다. 이 극소수의 유학
자들 어깨에 북벌대의란 대사가 얹혀 있는 격이었다.

삼복 제거 음모와
명성왕후의 정치 개입

조선의 왕권이 약화되는 것과 반비례해 외척外戚 세력이 강해지면서
조정의 중요한 세력으로 등장했다. 특히 인조반정 이후 왕권이 급속
도로 추락하면서 외척 세력은 권력의 중요한 축으로 자리 잡게 되었
다. 숙종 초의 가장 큰 외척 세력은 김우명, 김석주로 대표되는 청풍
김씨 세력이었다. 김좌명金佐明, 김우명 형제의 부친은 대동법의 경
세가 잠곡 김육이었다. 김육은 조선에서 몇 손가락 안에 꼽을 정도로
애민의 마음과 실력을 가진 대신이었으나 그 후예들은 전혀 달랐다.

◆
김육 대동법을 실시한 김육의
초상

청풍 김씨는 김우명의 딸이 현종
의 비가 되면서 외척이 되는데, 그
형 김좌명은 그나마 부친의 유지
를 따라 대동법을 전라도에 확대
실시하는 데에 전력을 기울였던
경세가였다. 그러나 김좌명의 아
들 김석주는 김육의 핏줄에서 어
떻게 이런 인물이 나왔는지 의아
할 정도로 공작 정치에만 능한 인
물이었다. 물론 김석주의 역할도
음양이 있었다. 2차 예송논쟁 때
서인이 몰락하고 남인이 승리한
것엔 김석주의 역할이 지대했다.
그가 현종에게 3년복설을 주장하

는 글들을 집중적으로 제시한 것이 현종에게 3년복설이 맞는다는 생각을 갖게 했고, 결과적으로 남인에게 정권이 넘어가게 했다. 그러나 김석주는 3년설 자체가 옳다는 생각이 아니라 같은 서인이면서도 김육과 대립했던 송시열을 제거하기 위한 일환으로 3년설을 지지하는 자세를 취했던 것이다. 2차 예송논쟁으로 송시열을 유배 보내는 데 성공한 김석주는 권력 극대화를 위해 중요한 종친들 제거에 나섰다.

그 대상이 바로 인조의 셋째아들 인평대군의 아들들인 이른바 '삼복三福' 형제였다. 인평대군은 복녕군福寧君, 복창군福昌君, 복선군福善君, 복평군福平君 4형제를 두었는데, 복녕군이 일찍 사망한 후 남은 3형제를 통상 삼복이라고 불렀다. 인조는 인열왕후仁烈王后 한씨 사이에 소현세자, 봉림대군(효종), 인평대군, 용성龍城대군의 4남을 두었는데, 소현세자는 비명에 가고, 용성대군은 어려서 죽는 바람에 인평대군만 남아 있었다. 인조의 장남인 소현세자의 아들들은 효종과 현종에게 껄끄러운 존재일 수밖에 없었다. 그래서 종친 중에는 인평대군과 그 소생 삼복 형제가 왕실과 가까울 수밖에 없었다. 효종은 재위 9년(1658) 인평대군이 사망할 때까지 지극한 형제애를 나누었고, 조카인 삼복 형제를 아들 못지않게 사랑했다. 현종도 삼복 형제를 종형제로서 가깝게 지냈으며 숙종도 숙부로 대접했다. 숙종은 외아들에다 가까운 왕실 지친도 별반 없었기에 삼복 형제를 더욱 우대했다. 숙종의 외조부 김우명과 그 조카 김석주는 삼복 형제가 숙종에게 영향력을 행사할까 두려웠다. 무엇보다 삼복 형제는 윤휴의 정치 노선을 지지하는 청남 오정위吳挺緯, 오정창의 외조카였던 것이다. 사헌부 장령을 역임한 동암東巖 오단(吳端: 1592-1640)은 동복同福 오씨인데 그 둘째딸이 인평대군에게 출가함으로써 인평대군의 장인이자 삼복의 외할아버지가 되었다. 따라서 오단의 아들들인 오정위, 오정창 등은 삼복의 외삼촌이 된다. 동복 오씨는 국왕의 직접적 외척은 아니지만 넓은 의미의 외척이었다. 숙종은 어린 데다 형제도 없었기 때문에 만약 변이 생길 경우 삼복 형제는 소현세자의 생존 아들과 함께 유력한 왕위 계승 후보일 수밖에 없었다. 게다가 소현세자의 아들은 이미 효종과 정통성 시비의 대상이 되었기 때문에 숙종 유고 시삼복 형제가 왕위를 계승할 가능성이 높았다. 김우명, 김석주 등이 남인과 가까운 삼복 형제를 제거하기 위해 벌인 사건이 이른바 '삼복사건' 혹은 '홍수(紅袖: 궁녀)의 변'이었다. 숙종 1년(1675) 3월 12일. 숙종이 허적과 오정위를 만나 외조부인 청풍淸風부원군 김우명의 차자箚子를 보여준 것이 사건의 시작이었다. 삼복 형제를 맹비난하는 상소였다.

김우명의 초상 청풍부원군 김우명은 김석주와 함께 삼복 제거 음모를 꾸민 인물이었다.

"또 복평군 이연李梗 형제는 효종께서 친아들 같이 생각하셨고, 선조(先朝: 현종)께서도 동기와 같은 은혜를 베푸신 것을 어찌 헤아릴 수 있겠습니까? 은총이 융숭하자 공경하고 삼가는 것이 점점 게을러지고, 금중(禁中: 대궐)에 출입하면서 추악한 소문이 밖에까지 들렸는데, 이것이 곧 선왕께서 깊이 근심하신 것이고, 자성께서 처치하기 어려워하신 것입니다……." ─『숙종실록』 1년 3월 12일 김우명의 차자 중에 핵심은 복평군 형제들이 "금중에 출입하면서 추악한 소문이 밖에까지 들렸다."는 것이다. 『연려실기술燃藜室記述』은 김우명이 "전내(殿內: 대궐 안)에 임신을 한 궁녀들이 있게까지 되었는데도 금지하지 못한다."고 말했다고 전하는데, 복평군 형제가 궁녀들을 임신시켰다는 주장이었다. 외간 남자가 궁녀를 임신시킨 것이 사실이라면 큰 사건이었다.

　　허적이 물었다.

　　"복평 형제 중에 살아 있는 자가 세 사람인데, 죄를 범한 자가 누구인지 모르겠습니다."

　　숙종이 대답했다.

　　"복창, 복평 두 사람이라 한다."

　　숙종은 이미 이 사건에 대한 상당한 정보를 갖고 있었다. 사건을 제보한 김우명의 딸인 모후 명성왕후 김씨와 김석주로부터 얻은 정보일 것이다. 허적은 "이정, 이연 등을 나문(拿問: 체포하여 수사함)해서 처리하소서."라고 주청했고, 숙종은 응낙했다. 허적은 또한 "여인들도 마땅히 같은 죄가 있으니 함께 나문해야 한다."고 주청하면서, "(궁녀들에게) 자식이 있다는 말이 사실입니까?"라고 물었다. 숙종은 "그렇다."고 대답했다. 『숙종실록』은 승지 정중휘鄭重徽가 복창, 복평군 두 형제를 나문하라는 전지를 쓰는 동안 삼복의 외삼촌인 "오정위는 부복해서 탄식했다."고 전하고 있다. 오정위는 이것이 김석주가 주도하는 정치 공세라는 사실은 간파했겠지만 당장 대응할 방법이 없었다. 아니라는 증거가 없었으니 섣불리 무고라고 나설 수도 없었다.

　　"복창군 이정, 복평군 이연은 금중에 출입하며 나인과 관계해 자식까지 가졌으므로 일이 매우 해괴하니 그 나인과 아울러 나문하여

◆

창덕궁 임진왜란 이후 조선의 법궁으로 사용되어, 중요한 역사적 사건들의 배경이
되었다.

처치하라." - 『숙종실록』 1년 3월 12일

　복창군과 복평군이 체포되어 끌려왔다. 나인으로 지목된 여인
은 군기시軍器寺 서원書員 김이선金以善의 딸 김상업金常業과 내수
사內需司의 종 귀례貴禮였다. 의금부에서 귀례를 찾았으나 어디 있는
지 알 수 없었다. 『숙종실록』은 "이때에 자전(慈殿: 명성왕후)이 막 안에
서 장신(杖訊: 곤장을 치며 심문함)하였으므로 미처 내수사에 내보내지
못했다."고 전하고 있다. 숙종의 전지가 내려지기 전에 명성왕후 김씨

는 혐의를 자백받기 위해 귀례를 고문하고 있었던 것이다. 자백만 받아내면 사실 여부는 중요하지 않았다. 대비 김씨는 자백만 있으면 친정 부친 김우명 및 사촌 김석주와 짜고 얼마든지 삼복을 죽일 수 있었다. 『연려실기술』은 귀례를 물심부름 하는 여인水母이라며 궁녀 축에도 들기 힘든 낮은 신분이라고 설명하고 있다. 삼복 제거 음모의 희생양으로 대비의 손에 걸린 나인들의 운명은 끝난 것처럼 보였다. 그러나 나인들은 대비의 혹독한 고문을 참아내며 혐의를 완강하게 부인했다. 의금부에 끌려온 복창군 형제도 마찬가지였다. 이들이 낳았다는 자식을 찾으면 자백도 필요 없지만 자식은 찾지 못했다. 없는 자식이 나타날 리 없었다. 드디어 숙종은 삼복에 대한 정치 공세이자 공작 정치라는 사실을 깨달았다.

숙종은 다음 날 자신이 함정에 빠졌음을 시인하는 판부(判付: 형사 사건에 대한 임금의 결정문)를 내렸다.

"남의 말을 믿고 골육의 지친至親을 헤아릴 수 없는 처지에 빠지게 했으니 내가 매우 부끄럽고 마음이 아프고 눈물이 나서 땅을 파고 들어가고 싶으나 그럴 수 없다. 이렇게 억울하고 애매한 사람을 잠시도 옥에 잡아둘 수 없으니 모두 석방하도록 하라." ―『숙종실록』 1년 3월 13일

복창군 형제 제거 사건이 무고로 돌아가는 순간이었다.

『연려실기술』은 이 사건과 관련해서 재미있는 일화를 전한다. 인조가 쿠데타를 일으키기 전의 친구였던 허계許啓의 아들 허정許珽이란 협객이 하루는 김우명을 찾아가 이렇게 말했다는 것이다.

"나는 겉으로는 남인이나 속으로는 서인인데, 대감은 겉으로는 서인이면서 속으로는 남인입니다. 오늘 대감과 편론偏論을 해볼까 합니다."

김우명이 "무슨 말인가?"라고 묻자, 허정이 답했다.

"인조는 나의 아버지와 특별한 교분이 있었습니다. 그러므로 인조의 자손과 우리 아버지의 자손과는 세교世交가 됩니다. 이제 대대로 교분을 맺은 집 자손이 저렇게 외롭고 약하여, 아침에는 어떻게 되고 저녁에는 어떻게 되는지 보장할 수도 없는 위태로운 처지에 있습니다. 나는 이 일을 근심하여 잠을 자지 못합니다."

허정이 눈물을 흘리면서 하는 이야기가 복창군 형제가 궁녀와 간통했다는 이야기라는 것이었다. 김우명이 이 말을 듣고 간통 사실을 숙종에게 아뢰었다는 것이다. 그러나 아무런 물증이 없는 데다 모든 혐의자가 완강하게 부인하면서 김우명이 되레 위기에 빠졌다. 반좌율反坐律에 걸리게 된 것이다. 반좌율이란 특정인을 어떤 죄로 모함했다가 무고로 드러날 경우 그 죄를 대신 받는 법을 뜻한다. 복창군 형제의 혐의가 사실이라면 사형에 해당하기 때문에 무고로 밝혀지면 김우명이 대신 사형을 받아야 한다는 뜻이다. 김우명이 숙종의 외조부라면 삼복 형제는 숙종의 숙부로서 덜한 신분이 아니었다.

3월 14일 밤, 숙종은 김우명을 패초牌招하고 나타나기를 기다렸다. 패초란 승지가 목패木牌에 이름을 적어 출두하라는 임금의 명을 전하는 것이다. 김우명은 나타나지 않는 가운데 숙종은 야대청夜對廳에 나가 대신과 비변사의 재신宰臣들을 인견했다. 아무런 물증도 없이 국왕의 숙부를 사형 죄로 무고했던 김우명의 처리를 위해서였다. 이때 김우명이 어떤 형식으로든 처벌을 받았으면 조선 후기 역사는 다른 방향으로 흘러갔을 가능성이 컸다. 그러나 숙종의 모후 명성왕후가 갑자기 등장하면서 사태가 이상한 방향으로 흘러갔다. 『백호연보』는 "여러 신하들이 안에서 울음소리가 점점 가까워지는 것을 듣게 되자 영상(허적)이 여러 사람을 돌아보며, '이는 필시 자전께서 나오시는 것이다.'라고 말하면서 황급히 물러가려고 했다."고 전한다. 이때 이하진이, "자전은 국모인데 신하로서 어떻게 국모의 분부를 직접 받

숙종(1661-1720) 어필

들지 않을 수 있겠는가."라고 말해, 모두 부복(俯伏: 엎드림)해서 분부를 들었다는 것이다.

『숙종실록』은 그 광경을 조금 달리 전한다.

야대청은 방이 한 칸이고 마루가 세 칸으로서 여느 때는 문짝을 치우고 임금이 방 안에서 남면(南面: 남쪽을 향해 앉음)하는데, 이날은 숙종이 문을 사이에 두고 마루 밖에서 동쪽을 향하여 앉았고, 대신들은 서쪽, 재신들은 동쪽을 향해 자리했다. 때가 이미 어두워서 전상殿上에는 촛불을 켰는데, "대신 이하가 들어가 자리에 가서 부복俯伏하니 문짝 안에서 부인의 곡성哭聲이 들려서 비로소 자전이 나와 있는 것을 알았다."는 것이다. 정사에 관여할 수 없는 대비가 정사에 무단으로 개입하는 것이었다. 물론 친정 부친 김우명을 구하기 위해서였다.

허적이 숙종에게 물었다.

"이는 무슨 까닭입니까? 신들은 황공하여 어찌할 바를 모르겠습니다."

"나는 내간內間의 일을 모르므로, 자전께서 복평福平 형제의 일

을 말하려고 여기에 나오셨다."

권대운이 말했다.

"이것은 정상적이지 않은 거조시니 신들이 입시하는 것은 부당합니다."

권대운의 말이 맞는 것이었다. 대비가 불법적으로 정사에 관여하는 것이라면 신하들이 들어서는 안 되는 것이었다.

그러나 허적이 다시 절충안을 제시했다.

"자전께서 하교하시고 싶은 일이 있으시면 신들이 진실로 마땅히 들어야 합니다. 전하께서 마땅히 안에 들어가 울음을 그치시도록 청하소서."

숙종이 문 안으로 들어가니 조금 후에 울음이 그쳤다.

명성왕후가 입을 열었고 허적, 권대운은 문을 향해 부복하면서 들었다.

"미망인이 세상에 뜻이 없어 늘 죽지 못하는 것을 한탄한다. 이제 불측不測한 일이 있는데 선조(先朝: 선왕)에 관계되니 부득불 대신에게 말한다. 선왕께서 복창 형제를 두텁게 사랑한 것을 외신外臣들도 아는 바인데 …… 주상主上은 어려서 곡절을 모르신다. 내가 (복창군 형제를) 무함한다고 하는 것은 관여할 것도 못되지만 선왕께서 이들을 사랑으로 대우하신 뜻이 장차 허사로 돌아갈 것인데, 그 판부(判付: 숙종의 석방 명령)를 보고는 즉시로 선왕의 능 옆에서 죽고 싶었으나 선왕께서 의지하고 중히 여긴 사람이 영상임을 돌아보고 생각했다." -『숙종실록』 1년 3월 14일

명성왕후의 말은 앞뒤가 맞지 않는 억지에 불과했다. 복창군과 나인 김상업이 불륜 사이라는 것을 자신이 안다는 장황한 설명뿐이

었다. 그러나 아무런 물증도, 자백조차도 없이 "상업이 복창을 보고는 실색失色하고, 복창은 상업을 주시注視하느라 제 머리가 돌아가는 것을 스스로 깨닫지 못했다."는 식의 주관적 심증뿐이었다. 더구나 복평군과 불륜이라는 "귀례의 일은 눈으로 보지는 못했으나 더러운 말이 많이 있다."면서 실례를 들었다.

"복평이 늘 차를 요구하여 마시고 나서는 종지를 남겨두었다가 귀례가 찾으러 가면, 복평이 '번번이 차를 찾으면 어찌하여 직접 가져오지 않느냐?'라고 말하고 손을 잡아 희롱했다. 귀례가 가까운 곳에 시녀가 많다면서 거절하고는 여러 번 회상전會祥殿 월랑月廊에 가서 만났는데 억지로 핍박해서 따르게 되었다고 한다." - 『숙종실록』 1년 3월 14일

증거물이라고는 '카더라'라는 것뿐이었다. 명성왕후는 "주상은 어릴 때부터 저들 형제가 출입하여 함께 놀아서 애정이 도타운데, 그것이 손상될까 염려하여 내 말을 듣지 않더니, 이제는 이런 판부를 내리셨다."면서 숙종의 판부를 비판했다. 이런 점에서 숙종을 훗날 살인귀 비슷한 임금으로 만든 책임의 상당 부분은 외척들과 극심한 당쟁에도 있었다. 어린 임금이 선정을 펴도록 좋게 이끌기는커녕 어린 임금을 이용해 정적을 제거하고 권력 장악에 나서면서 숙종의 심성이 황폐해졌기 때문이다.

궁녀를 홍수紅袖라고 부르기 때문에 이 사건을 '홍수의 변'이라고 한다. 물증은 없었지만 대비가 주장하는데 증거를 대라고 따질 수는 없는 노릇이었다.

허적이 일어나서 말했다.

"자전의 하교는 신들이 감히 듣지 않을 수 없으나 신들의 말은

감히 자전께 곧바로 아뢸 수 없으니, 마땅히 각각 생각한 것을 주상 전하께 아뢰겠습니다. 자전의 어좌御座는 벽으로 막혀 있지만 들으실 수 있을 것입니다."

이렇게 말한 허적은 "(복창군 형제와 궁녀) 남녀를 유사(有司: 의금부)에 붙여 법을 적용하는 외에 다시 무슨 말이 있겠습니까?"라고 말했다.

권대운도 마찬가지였다.

"자전의 분부가 너무도 명백하신데 무슨 다시 물을 일이 있겠습니까?"

그래서 "법에 따라 처치하라."는 숙종의 전지가 다시 쓰였다. 대비의 주장대로라면 넷은 사형이었다. 그렇게 되면 명성왕후는 아무런 물증도 없이 왕실의 골육지친을 죽였다는 비난을 사게 되어 있었다.

그래서 대비는 한 발 물러섰다.

"그 죄가 어찌 죽기에 이르겠는가?"

허적, 권대운이 반대했다.

"왕법王法은 가볍게 하거나 무겁게 할 수 없습니다. 자성께서 선왕의 지극한 뜻을 몸 받아서 용서하고 감싸려 하시더라고 안 됩니다."

"먼 곳에 정배定配하는 것이 좋겠다. 죽음에 이르는 것은 내가 차마 하지 못하겠다."

숙종도 절충안에 동의했다.

"사형을 감면하여 정배하는 것이 어떠한가?"

그래서 복창군과 복평군은 각각 전라도 영암과 무안, 김상업과 귀례는 각각 함경도 삼수와 갑산으로 정배하는 것으로 정리되었다.

대비의 통곡이 친정 부친을 살리고 복창군 형제를 귀양에 처하게 하였다. 외척의 불법적 정사 관여를 막아야 할 허적은 되레 이를 정당화한 셈이다. 이때만 해도 그 자신이 이런 정치 공작의 희생양이 될 줄은 몰랐을 것이다. 원칙이 지켜지면 피해자는 극소화되지만 원칙이 파괴되면 그 폐해는 어디까지 확대될 줄 아무도 모르는 법이다.

부디 대비의 정사 관여를
엄금하소서

대비가 정청에 나타난 것은 조선의 국법을 심각하게 왜곡한 사건이었다. 정사에 참여할 자격이 없는 대비가 느닷없이 정청에 나타나 통곡하고 국왕에게 "내 말을 듣지 않더니, 이제는 이런 판부를 내리셨다."라고 비난하는 것은 국법 질서를 심각하게 무너뜨리는 행위였다. 이런 행위가 용납되면 대비와 대비의 친정이 국왕 위에 있게 되는 것이었고, 국가 권력은 한 집안의 사적 이해 실현 기관으로 전락하는 것이었다. 백성들의 자리에서 이런 국가는 존재할 이유가 없게 된다. 윤휴는 그 자리에 없었다. 윤휴가 있었다면 원칙적으로 대응했을 것이다.

그냥 넘어갈 수 없다고 생각한 윤휴는 나흘 후인 3월 17일 숙종에게 따져 물었다.

"듣건대 자성께서 나오시고 여러 신하가 입시하였다 합니다. 신이 엎드려 생각하건대, 조정은 예법이 있는 곳이므로 임금의 거조(擧措: 행동)는 여러 신하들이 우러르는 바이고, 후세의 법이 되는 것입니다. 자성께서 직접 나오시고자 하시면 먼저 조정에 하교해야 하는데 여러 신하들이 전혀 모르고 있다가 입시한 뒤에 창황하게 어찌할 줄 몰랐으니 전하께서 여기에 대하여 조관照管하지 못하신 것이 있는 듯합니다恐殿下於此, 有不能照管者. 이것은 국조國祖 300년 이래로 없던 일입니다.”-『숙종실록』1년 3월 17일

이때 숙종은 “청풍(清風: 김우명)이 실제로 그런 일이 있었다고 말한 것이 아니라 그런 일이 있을까봐 염려돼서 이미 경계한 것이니 다시 물을 일이 없다.”고 답했다. 김우명이 복창군 형제가 궁녀와 간통했다고 말한 것이 아니라 앞으로 그런 일이 있을 수도 있다고 경계한 것이라는 뜻이었다. 구차한 변명이었다.

“이것은 이미 지난 일이므로 신이 다시 물으려는 것이 아닙니다. 자성께서 나오셔서 여러 신하가 어찌할 바를 몰랐고, 대신과 삼사三司에서 한 마디도 못하고 물러갔으니, 이 일에 관계되는 바가 작지 않습니다. 전하께서 이런 뜻을 아시고, 자전께 말씀드려서 삼가 뒷일의 경계로 삼으시기를 바랍니다.”

앞으로는 대비의 정사 관여를 엄금하라는 뜻이었다. 숙종은 “마땅히 그 말대로 하겠다.”라고 답했다. 그러나 이때 조관照管이란 낱말을 사용한 것이 나중에 윤휴를 죽음으로 모는 주요한 혐의가 된다.

『백호연보』에도 윤휴가 이 사건에 대해 숙종에게 말한 것이 나온다.

엊그제의 일은 우리 조종조祖宗朝의 300년 가법家法이 남김없이 무너진 것이었습니다. 여러 신하들이 갑자기 당한 일에 당혹해서 법도를 잃었고, 나아가 부복하여 대답할 줄만 알고 바로잡을 줄은 몰랐

으니, 이것이 무슨 일입니까?

윤휴는 대비가 갑자기 나타나자 신하들이 엎드려 "예, 예." 하고 대답할 줄만 알고 잘못된 것을 바로잡을 줄 몰랐다는 것이다. 대비가 느닷없이 정청에 나타나 국사에 관여하는 것이 국법과 예의에 어긋난 것이므로 대신들은 국법에 비추어 대응했어야 하는데 "예, 예." 하기에 바빴다는 비판이었다.

윤휴의 말은 계속된다.

조정이란 예법이 있는 곳이고 임금의 거동은 그때만 우러러보는 것이 아니라 또한 만세의 법칙이 되는 것입니다. 전하께서 이를 조관하지 못하시고 여러 신하들도 훈계하는 도리를 알지 못했으니 신은 매우 애석하게 여깁니다. 지금부터는 자전께서 미처 조관하지 못하시는 것에 대해 전하께서 마땅히 유념하고 조관하셔서 자전께서 지나친 거조가 없게 하셔야 합니다. 이것이 인자人子가 부모를 섬기는 도리이고 제왕帝王의 큰 효도입니다. -『백호연보』숙종 대왕 원년조

'제왕의 큰 효도'는 일반 사람과 달라야 했다. 제왕이 모친의 뜻대로만 하는 것이 효도라면 국가는 외척의 사유물로 전락할 것이었다. 『백호연보』는 숙종이 한참 있다가, "이 말이 참으로 좋다. 나는 마땅히 이에 대해서 경계하여 다시는 이런 거조가 없게 하겠다."고 말했다고 전한다. 이때 윤휴가 숙종에게 한 말이 관속(管束: 살펴서 단속함)인지 조관照管인지에 대해서도 논란이 있다.『숙종실록』의 사관은 "(윤휴가) 자성慈聖의 동정動靜을 마땅히 관속管束하여 이와 같은 거

조擧措가 없게 해야 할 것입니다."-『숙종실록』1년 4월 1일 라고 말했다고 적으면서, "승지 이하진이 '관속管束'이라는 두 글자를 '조관照管'으로 고쳐 썼다."-『숙종실록』1년 4월 25일 고 비난하고 있다. 관속은 조관보다 단속하라는 의미가 더 강한 표현이었다. 훗날 이 말을 윤휴를 죽이는 한 빌미로 악용하기 때문에 윤휴가 모후를 단속하라고 불경스럽게 말했다고 몰기 위한 것이었다. 조선 후기 이건창의 『당의통략』은 "조사기趙嗣基가 공회석상에서 큰 소리로, '문정왕후를 다시 보는구나!'라고 말했다."면서 또 참판 홍우원洪宇遠도 명성왕후가 느닷없이 나타나 국사에 간여한 것은 잘못이라고 상소했다고 전한다. 이때 숙종의 잘못을 간쟁한 윤휴와 조사기는 훗날 모두 사형당하고, 홍우원 역시 귀양 가서 죽었으니 난세에 원칙은 때로는 죽음으로 부르는 초청장이 되기도 한다는 실례이다.

복창군 형제가 아무런 죄가 없는데 대비의 눈물 때문에 처벌받았다는 동정론이 일었다. 왕실의 권위는 또다시 추락했다.

그래서 숙종 1년 7월 숙종이 한재旱災를 물리칠 방도를 묻자 윤휴가 복창군 형제의 석방을 건의했다.

"정과 연 등은 무죄라고 할 수는 없겠지만 윤기倫紀를 범한 일은 아니기에 매우 중대한 것은 아닙니다. …… 성상께서 안에 들어가셔서 자전께 말씀드려서 방면하심으로써 그들이 서울에 돌아와서 허물을 반성하게 하심이 옳을 듯합니다."-『숙종실록』1년 7월 9일

윤휴의 석방 주장에 대해 허적과 권대운은 어렵다면서 반대했다. 원칙론자 윤휴는 끝까지 석방을 주장했다. 결국 복창군 형제는 석방되었다. 이로써 정치 공세임이 증명되었던 것이다.

북벌의 깃발 아래
모여드는 당파들

윤휴, 오정창, 이수경, 이하진 등의 남인 강경파는 허적, 권대운으로 대표되는 남인 온건파에게 불만을 갖게 되었다. 이 불만이 끝내 강경파인 청남과 온건파인 탁남으로 나뉘게 된다. 그간 청남과 탁남의 차이에 대해서 청남은 대서인 강경파, 탁남은 대서인 온건파란 식으로 분류해왔다. 그러나 남인은 이 한 가지 문제 때문에 분당된 것이 아니었다. 노론이 편찬한 『숙종실록』은 남인을 청남, 탁남으로 분류했다. 그런데 노론 사관들은 청남은 말할 것도 없고 서인들에게 유화적이었던 탁남까지도 극도로 비난하고 있다. 탁남 영수 허적에 대해서는 "세상을 살아가는 데 더욱 노숙하여 늘어나고 줄어드는伸縮 기술이 있었으므로 안으로는 권대운 등을 돕고 옹호하면서도 겉으로는 중립中立인 양하였다."고 비난하고 있다. 허적은 노련하고 융통성이 있었다는 이야기다. 그런데 허적이 서인들에게 유화책을 쓴 것도 중립인 양 포장하기 위한 것이라는 비난이다. 허적은 숙종 1년 윤5월 송시열을 웅천熊川에 안치安置하라는 명령이 내려지자 웅천은 땅이 낮고 습해서 장기瘴氣가 심하다면서 영남의 장기가 없는 곳에 안치해야 한다고 주청했다. 허적 덕분에 송시열은 장기가 없는 영남으로 이배된다.

이때 숙종은 허적의 말을 따르면서 송시열을 극도로 비난했다.

"송시열의 극악한 죄는 복재(覆載: 하늘과 땅)에 물어볼 만하고, 귀신과 사람이 모두 통분하게 여기는 바이다. 조금도 용서하지 않고 국법으로 바르게 함으로써 효종께서 (송시열에게) 욕을 받으셨던 치욕을 씻는 것이 내가 밤낮으로 이를 가는 지극한 소원이었다."-『숙종실록』
1년 윤5월 17일

송시열을 죽여서 효종이 욕을 받은 것을 씻는 것이 숙종의 소원이었다는 뜻이다. 그러면서도 숙종은 "경(卿: 허적)의 말이 이와 같으니 장기瘴氣가 없는 곳에 옮겨 안치하라."고 말했다. 그러나 『숙종실록』의 사관은 허적이 주도한 송시열 유화책에 대해서도 "그때 사람들이 반드시 송시열을 빨리 죽여 마음을 시원하게 하려 했으나 허적과 민암閔黯은 후세의 공의公議를 염려하여 일찍이, '하필 가짜 군자(偽君子: 송시열)를 죽여서 (우리가) 진짜 소인眞小人이 되겠느냐?'라고 말했다."고 비난했다. 자신들의 영수를 살린 것까지도 비난하는 것이 『숙종실록』 사관들의 사필이었으니 윤휴 같은 남인 강경파에 대해서는 말할 것도 없었다. 현종 때 서인 정권에 몸담았던 남인들에 대한 평가 문제도 남인이 청남과 탁남으로 분당되는 한 이유가 되었다.

『숙종실록』 사관은 이 문제에 대해 "윤휴 등도 '선조(先朝: 현종) 때에 청현직淸顯職을 지낸 자들은 비록 동색(同色: 같은 당파)이더라도 다 막아야 한다.'고 말했다 한다."-『숙종실록』 1년 4월 14일 라고 분석하고 있다. 현종 때 청현직, 즉 청환淸宦과 현직顯職에 몸담은 인물들은 비록 남인이라도 정권에서 배제해야 한다는 생각을 갖고 있었다는 뜻이다. 물론 노론 사관이 윤휴 등의 청남을 비난하기 위해서 한 말이므로 액면 그대로 받아들일 수는 없다. 그러나 윤휴 등 청남 계열은 효종의 국상을 기년복으로 정한 서인 정권에 출사했던 남인들도 의리에 문제가 있다는 인식을 갖고 있었다는 뜻이다. 효종의 국상을 기년복으로 정했다는 것은 효종의 종통을 부인한 것인데, 그런 정권에서 벼슬했다는 사실은 군신의 의리에 위배된다는 생각을 갖고 있었다는 뜻이다. 그만큼 청남은 절개를 중시했다.

허적은 현종 때 우의정과 좌의정을 역임했고, 권대운도 현종 때 도승지, 예조, 호조판서 등의 현직을 역임했다. 『숙종실록』 사관은 "윤휴 등은 스스로 청남淸南으로 일컬었고, 허적과 권대운 등의 무리들은 선조先朝에 높은 벼슬을 한 자가 많았다 하여 탁남濁南이라 일렀다."-『숙종실록』 1년 6월 4일 라고 분석하고 있다. 현종 때 서인 정권에 몸담은 남인들을 오염된 인물들이라는 뜻에서 탁남이라고 불렀고, 그때 서인 정권에 몸담기를 거부함으로써 효종에게 절개를 지킨 자신들을 청남이라고 불렀다는 뜻이다. 숙종 때도 마찬가지였다. 영의정 허적의 정책이나 처신은 서인과 별로 다른 점이 없었다. 그래서 이들의 정치 행위에 대한 청남, 즉 남인 강경파의 불만이 커져갔다. 숙종 1년 7월 20일 사간원 정언 이수경이 정승 추천 문제를 계기로 허적 등에게 포문을 열었다. 숙종은 그해 6월 여러 번 면직을 주청한 좌의정 김수항 대신에 권대운을 좌의정으로 삼고 우의정 후보자를 올리라고 명했다. 탁남인 허적과 권대운은 민희閔熙와 허목許穆을 새로 복상(卜相: 재상 후보로 천거함)했다. 허목은 청남이고 민희는 탁남인데, 숙종은 수망(首望: 제1후보자) 민희 대신 제2후보인 차망次望 허목을 선택했다.

그런데 이수경은 허적 등이 민희를 복상에 올린 것 자체를 비판했다.

"오늘날 장상將相에 인재를 얻지 못하여, 다만 비잡(卑雜: 낮고 잡다함)한 이들이 순서에 따라 정승의 지위에 이릅니다 …… 민희가 지금 또 복상에 올랐습니다만, 공적도 없고 재덕도 없어서 물정物情이

허락하지 않아 합당한지 더욱 알 수 없습니다." -『숙종실록』 1년 7월 20일

그러자 이수경이 자신을 공격했다고 판단한 허적은 "이수경의 말이 옳습니다. 대신의 인재를 얻으면 치국에 무슨 어려움이 있겠습니까? …… 마땅히 신의 체직을 허락하소서." 하며 사직하고 나섰다.

이수경이 허적에게 맞섰다.

"신은 정승 선택을 가리켜 말한 것이지 현 정승을 배척한 것이 아닌데 어찌 갑자기 이렇게 성을 냅니까?"

그러자 권대운도 허적에게 동조했다.

"이수경이 비록 이름을 들어 말하지는 않았으나, 신은 참으로 부끄럽고 송구스럽습니다."

◆
권대운의 초상 허적과 함께 탁남
을 이끌었다.

숙종은 이수경을 체차하는 것으로 일단 사태를 수습했다. 그러나 이는 인사 문제에 대한 단순한 불만이 아니었다. 집권 남인 내의 노선 갈등이 폭발한 것이었다. 이수경은 당색으로는 북인에서 분기한 소북小北이었다. 북인들은 임란 때 정인홍鄭仁弘, 곽재우郭再祐 같은 의병장을 대거 배출한 데서 알 수 있는 것처럼 절의節義를 행동으로 옮기는 데 주저함이 없었다. 이들이 보기에 현종 때는 물론 숙종 때도 허적, 권대운 등의 처신은

문제가 많았다. 무엇보다 남인인지 서인인지 불분명했다. 『숙종실록』 사관은 권대운 등이 윤휴 등과 다른 노선을 걷게 된 것이 복창군 형제가 귀양 가는 것을 보고 두려움을 느꼈기 때문이라고 적고 있다.

> 이정(복창군) 등이 죄를 입은 뒤로 권대운 등은 윤휴 등과 함께 일하다가는 마침내 패배할 것이라고 생각해서 권대운이 앞장서서, "윤휴는 화禍를 일으키기 좋아하는 사람이다."라고 말했다. -『숙종실록』 1년 4월 14일

권대운 등은 복창군 형제 제거 배후 총책이 명성왕후의 4촌 아우이자 숙종의 5촌 당숙인 김석주라는 사실을 알고 있었다. 명목은 남인 정권이지만 사실상 허적과 김석주의 연립 정권으로 생각한 탁남은 김석주와 대립하는 것은 곤란하다고 생각했다. 김석주는 송시열 제거라는 제한된 목적에는 자신들과 노선을 함께했지만 그 이상은 같이하지 않을 것이라고 생각한 것이다. 『숙종실록』 사관은 "처음에 서인들이 패하자 허적이 먼저 권대운을 정부(政府: 의정부)에 끌어들였고, 허목, 윤휴 등과 합류하여 하나가 되었다. 그러나 실제로는 양복(兩福: 복창, 복평군)이 종주宗主가 되었다."-『숙종실록』 1년 6월 4일 라고 분석했다. 허적이 권대운을 끌어들이고, 여기에 허목과 윤휴가 가세해 남인 정권이 수립되었는데, 그 영수는 복창군 형제라는 것이었다.

『숙종실록』 사관은 계속해서 복창군 형제가 남인의 영수라는 논리를 이렇게 제시했다.

◆
김석주(1634-1684) 묘 김석주는 숙종의 5촌 당숙이며 명성왕후의 4촌 아우다.

대개 변국(變局: 정권 교체) 모의에는 여러 남인들이 함께 힘을 길렀지만 허목, 윤휴, 오씨(吳氏: 복창군의 외삼촌 형제), 복(福: 복창군 형제)의 힘이 가장 컸다. 그때에 환관들은 궁 안에서 일을 주도했는데 복福 형제는 환관들과 결합하고, 오씨 형제, 허목, 윤휴 등도 복 형제와 연결되었다. 오씨 형제들은 주로 중간에서 연락하는 역할을 했고, 허목, 윤휴 등이 주로 논의를 지시하고 사주하는 일을 했다. ─『숙종실록』 1년 6월 4일

『숙종실록』 사관은 무슨 수를 써서든지 복창군 형제를 남인의

영수로 만들어야 했다. 그래야 남인들이 복창군 형제를 추대하려는 역모를 꾸몄다고 주장할 수 있기 때문이었다. 그래야 남인들은 복창군 형제를 추대하려 한 반면 서인들은 숙종을 옹호했다는 논리가 성립될 수 있었다. 그러나 복창군 형제를 남인 영수로 포장하려는 논리는 곧 모순에 봉착한다. 복창군 형제의 역할은 궁내에서 환관들과 연결하는 것이고, 오씨 형제들의 역할은 연락책이었는데, 이 모든 것을 허목, 윤휴 등이 지시했다는 내용이기 때문이다. 당연히 논의를 지시한 허목, 윤휴 등이 영수가 되어야 하지만 이 경우 윤휴 등이 복창군 형제를 추대하려 했다는 혐의를 씌우기 곤란하기 때문에 자체 모순에 빠진 것이다. 『숙종실록』 사관은 "윤휴 등이 깊게 세력을 떨쳐서 조정 정사를 제 마음대로 하려 했기 때문에 허적 등은 그(윤휴) 세력이 너무 커져서 자기 권력을 빼앗을까 두려워 서로 시기하고 의심하게 되었다. 이 때문에 청남, 탁남의 명목名目이 있게 되었다." -『숙종실록』 1년 6월 4일 라고 허적이 윤휴에게 정권의 주도권을 빼앗길 것을 두려워해서 청남과 탁남으로 분당되었다고 분석하고 있다. 허적과 윤휴가 권력의 주도권을 놓고 갈등을 겪은 것은 사실일 것이다. 문제는 분당 그 자체가 나쁜 것이 아니라 무엇을 위한 분당이었는가 하는 점이다.

『숙종실록』의 사관은 청남 인물과 그 현황에 대해서 이렇게 적고 있다.

한쪽 편(청남)은 허목과 윤휴가 괴수魁首가 되고 오정창이 모주謀主가 되고, 오정위, 오시수, 이무李袤, 조사기, 이수경이 중요한 인물骨子이 되었으며, 장응일張應一, 정지호鄭之虎, 남천한南天漢, 이서우李

瑞雨, 이태서李台瑞, 남천택南天澤의 무리들은 매와 사냥개鷹犬가 되었다. -『숙종실록』 1년 6월 4일

같은 기록은 "복선군 이남이 우두머리가 되고 허목, 윤휴 이하는 이남을 군부君父처럼 떠받들었다."라고 또 비난하고 있다. 이는 경신환국(숙종 6년, 1680) 후 서인 김석주와 김익훈金益勳 등이 허적의 서자 허견許堅 등이 복선군을 추대하려 했다고 꾸며 사형시킨 것을 합리화하기 위해 복선군을 끌어들인 것이다.

『숙종실록』 사관의 기술을 보면 탁남 세력이 더 많았다.

한쪽 편은 허적, 권대운이 우두머리가 되고 민희, 김휘金徽, 민점閔點, 목래선睦來善, 심재沈梓, 권대재權大載, 이관징李觀徵, 민종도閔宗道, 이당규李堂揆, 이우정, 최문식崔文湜 등이 우익羽翼이 되었다. 오시복, 유명천柳命天, 유명현柳命賢, 권유權愈, 목창명睦昌明, 박신규朴信圭, 김환金奐, 민암, 유하익兪夏益, 윤계尹瑎, 권환權., 이항李沆, 김해일金海一, 안여석安如石, 이덕주李德周, 우창적禹昌績, 김빈金賓 등이 조아(爪牙: 발톱과 어금니)가 되니 붙는 자가 매우 많았다. -『숙종실록』 1년 6월 4일

노론 사관이 보기에도 탁남이 청남보다 세력이 강했다. 명분은 청남이 쥐고 실리는 탁남이 쥐고 있는 형세였다. 청남에는 북벌대의에 찬성하는 다른 정파도 가담했다. "오정창이 또 그의 부옹(婦翁: 장인) 정익鄭榏 등 소북小北의 무리들을 끌어들여서 그들과 함께 일을 하려 했다." -『숙종실록』 1년 6월 4일 는 기록이 이를 말해준다. "당시 소

북으로써 팔을 걷어붙이고 남인에게 몸을 던진 자는 이수경이었고, 남익훈南益熏도 날마다 윤휴와 허목의 문에 나아갔다."는 기록처럼 정익, 이수경, 남익훈 등 정계에 잔존한 소북 세력도 청남에 가담했다. 명분론에 강한 북인다운 발상이었다.

소수지만 남인에 가담한 서인들도 있었다.

> 서인으로서 남인에게 몸을 던진 자는 김수홍, 이지익李之翼, 정유악鄭維岳, 곽제화郭齊華였고, 서인으로서 부침浮沈하면서 용납되기를 구한 자는 조사석趙師錫, 이단석李端錫, 이하李夏 등이었다. -『숙종실록』 1년 6월 4일

『숙종실록』의 노론 사관은 노론 이외의 모든 정파를 극도로 비난하고 있기에 비난의 속내를 가려서 해석할 줄 아는 안목이 필요하다. 서인(노론) 당론을 따르지 않으면 일방적으로 매도하는 것이 이른바 춘추의 붓을 가졌다는 사관의 시각이었다. 남인 정권은 청남과 탁남으로 갈리면서 힘도 분열되었다. 그러나 청남에 소북과 서인 일부가 가담함으로써 당세가 보강되었다. 일종의 남, 북, 서 연합 정권의 성격을 띠게 되었다. 이들은 북벌대의를 최고의 정책 과제로 삼았다. 서인들처럼 말로는 북벌을 외치고 실제로는 북벌의 발목을 잡는 이중적인 처신도 아니었다. 이들은 실제로 북벌을 단행해야 한다고 생각했다. 그러기 위해서는 국력이 강해야 했다. 국력이 강하려면 백성들의 생활이 윤택해져야 했다. 민부民富가 곧 국부國富라고 생각했던 것이다. 민부를 달성하려면 양반들의 계급적 특권이 폐지되거나 대폭 축소되어야 했다. 그리고 그런 방향의 정책이 곧 개혁이었다. 윤휴

는 이런 생각에서 강력한 개혁 정책을 펼쳐나갔다. 그러자 많은 도전

과 비방에 시달린다.

◆
5장

신분제를 해체해야
조선이 살아난다

호패가 적을 막을 수 있는데
왜 우리가 싸우겠는가

윤휴는 북벌대의 실현을 출사의 명분으로 삼았다. 윤휴의 북벌대의
는 명분용이 아니었다. 또 북벌 기치를 내세워 선명성을 과시함으로
써 정권을 장악하려는 국내 정치용도 아니었다. 윤휴에게 북벌은 현
실적인 과제고 목숨을 걸고 실천해야 할 대의였다.

　북벌대의를 실천하기 위해서는 넘어야 할 산들이 많았다. 첫째
패배주의를 극복해야 했다. 윤휴가 「책자소」에서 "벼슬아치와 유학
자章甫들부터 이것(북벌)은 다시 생각하지 않고 저들을 섬기는 것을
달게 여기고 수치도 없이 누구에게 뒤질세라 무릎 꿇고 벌벌 기고 있
습니다."라고 비판한 것처럼 청나라라는 말만 나와도 겁부터 먹는 형
국이었다. 같은 글에서 윤휴는 "지금 이러한 뜻밖의 말(북벌)이라도
들으면 크게 기휘(忌諱: 꺼리고 싫어함)하고 크게 위험한 일로만 생각
해 입을 모아 함께 배척하면서 그 말을 다시 할까 두려워하고 있습니

다."라고도 비판했다. 백성들에게는 존주대의(尊周大義: 주나라를 높이는 큰 의리)를 주창하는 것처럼 선전해놓고 실제로는 청나라란 말만 들어도 오그라드는 상황이었던 것이다. 윤휴는 이런 패배주의를 벗어날 필요가 있다고 생각했다. 그래서 윤휴는 「책자소」에서 "신이 거듭 생각하건대 지금 천하에 백성이 있고, 사직이 있고, 산천이 있고, 갑병(甲兵: 군대)이 있어서 저들 오랑캐虜와 서로 겨룰 만한 형세를 갖추고 있는 나라는 우리나라뿐"이라고 말했던 것이다. 윤휴는 청나라와 조선을 천하의 양축으로 생각했다. 비록 청나라가 더 크지만 조선은 오삼계를 비롯한 삼번 세력과 대만을 차지한 정성공, 그리고 종래의 적국이었던 일본과도 손잡으면 청나라를 꺾을 수 있다고 생각했던 것이다.

북벌대의를 위해서 넘어야 할 산이 사대부들의 이중 처신이었다. 말로는 북벌을 외치면서도 내심으로는 북벌은 꿈도 못 꾸는 겉 다르고 속 다른 이중 처신이었다.

이런 사대부 대신에 윤휴가 주목한 세력이 백성들이었다.

신이 일찍이 생각하기를 지금 사대부들은 그 마음속에 이해가 엇갈리고 보고 들은 것이 지식을 가리기 때문에 의논이나 행동이 본심을 잃는 경우가 있습니다. 서민들은 비록 무식해도 하늘이 부여한 성품이 어둡지 않아 지극히 어리석은 듯하면서도 신령하고 정성을 다하면서 신의가 있습니다.

겉 다르고 속 다른 사대부 대신에 윤휴는 백성들에게 희망을 걸었다. 바로 그 백성들이 북벌의 주체가 되어야 할 것이라고 생각했다.

지금의 일도 사대부들 중에는 빗나가는 의논을 하는 자들이 없지 않겠지만 무릇 삼군三軍과 백성들 마음만은 틀림없이, "그대와 함께 하기를 원한다."라고 할 것으로 신은 알고 있습니다. 이쪽에서 시작만 하면 백성들은 크게 호응할 것입니다. 바람이 불면 풀은 쓰러지는데 아래에서 틀림없이 더할 것입니다下必有甚焉者矣. -『백호전서』 권5「책자소」

윤휴는 북벌 기치를 높이 들면 사대부들은 이런저런 명목을 들어서 도망가기 바쁘겠지만 백성들은 크게 호응할 것으로 보았다. 그러나 백성들을 북벌에 동참시키려면 지금 상태로는 불가능했다. 백성들에게 이 나라는 사대부만의 나라가 아니고 백성들 자신의 나라이며, 북벌은 남의 일이 아니라 백성들 자신의 일이라는 확신을 주어야 했다. 그런 확신은 말로만 되는 것이 아니었다. 구체적인 정책이 뒤따라야 하는 것이었다.

법이나 정책이 백성들 중심으로 재정비되어야 했다. 일반 백성들이 사대부에 비해서 법적, 정책적으로 차별받아서는 안 된다고 생각한 것이다. 이런 생각에서 윤휴가 주창한 법이 지패법紙牌法과 호포법戶布法이었다. 이는 양반 사대부의 기득권을 타파하는 법이었으므로 양반들의 격렬한 반발을 불러일으켰다.

지패법은 기존의 호패 대신에 종이로 만든 새로운 신분증 제도를 실시하자는 것이었다. 현재의 주민증과 같다고 할 호패는 신분에 따라 호패의 재질과 기재 내용이 달랐다. 2품 이상의 고위 벼슬아치는 상아로 만든 아패牙牌를 사용했고, 3품 이하 잡과 입격자는 각패角牌, 생원, 진사는 황양목패黃楊木牌, 잡직, 서인, 서리는 소목방

◆
호패 각각 과거 급제자의 호패로 성명, 생년, 급제 내용 등이 적혀
있다.

패小木方牌, 공사 천인의 경우는 대목방패大木方牌를 사용했다. 크게
나누어 고위 벼슬아치는 상아로 만든 호패를 찼고, 양반 사대부는 뿔
로 만든 각패를 찼고, 일반 백성들과 노비들은 나무로 만든 목패를
찼다. 호패만 봐도 신분을 알 수 있게 한 것이다. 윤휴의 지패법은 이
런 호패를 모두 없애고 신분 구별 없이 모두 종이로 만든 지패를 차
자는 것이었다. 반상班常을 구별하지 않았기 때문에 양반 사대부들
은 격렬하게 반발했다. 지패법은 다섯 집을 하나의 통으로 묶는 오가
통五家統법과 함께 시행해야 했는데, 이 역시 큰 반발을 받았다.

숙종 1년(1675) 9월 26일 비변사에서 오가작통의 사목事目을 확
정했는데, "논의가 일치되지 않아서 오랫동안 결정하지 못했다."는 기
록처럼 많은 논란이 일었다.

이때 비변사에서 작성한 오가통의 사목은 모두 21조인데 첫 번째 조항부터 심상찮았다.

무릇 민호民戶는 그 이웃에 따라 모으되, 식구 수家口의 많고 적음과 재산의 빈부貧富를 논하지 않고, 다섯 집마다 한 통統을 만든다. 통 안의 한 사람을 선택해서 통수統首로 삼아 통 안의 일을 관장하게 한다. -『숙종실록』1년 9월 26일

식구 수의 많고 적음과 재산의 빈부를 논하지 않고 다섯 집을 묶어 한 통을 만든다는 것이다. 빈자는 대부분 일반 백성이고 부자는 양반 사대부일 가능성이 크다는 점에서 양반과 상민을 구별하지 않고 무조건 이웃 다섯 집을 묶어서 한 통을 만든다는 방침은 획기적인 것이었다. 5개 이상의 통이 모여 리里가 되는데, 5통 이상~10통까지는 소리小里가 되고, 11통 이상~20통까지는 중리中里, 21통 이상~30통까지는 대리大里가 된다. 리里 안에는 현재의 이장이라 할 이정里正을 뽑고 이정을 돕는 유사有司 2명을 두었다. 이런 리里가 몇 개 모여 면面이 되고 몇 개 면이 모여 군현郡縣이 되는 것이었다. 마을 공동체의 최소 단위인 통은 길흉화복을 함께하는 생활 공동체였다.

다섯 집이 모여 살면서 이웃을 만들어, 논밭을 갈고 김맬 때 서로 돕게 하고, 출입할 때 서로 지키고, 병이 있으면 서로 구호한다. 혹시 형세가 불편한 자가 있어 비록 울타리를 사이에 두고 살지는 못하더라도 반드시 개, 닭 소리가 서로 들리게 해서 부르면 서로 응답하도록 하며, 혹시 전과 같이 외딴집에서 떨어져 사는 일이 없도록

한다. -『숙종실록』1년 9월 26일

한 통을 구성하는 데 양반, 상민의 구별을 없앴다는 점을 감안하고 위의 조항을 해석해야 한다. 양반과 상민이 서로 돕는 바람직한 마을 공동체가 만들어져야 한다는 것이 윤휴의 구상이었다.

마을에 창고가 있는 것이 옛 제도이다. 각 리里와 각 통에서 각자 그 힘을 내어 재물과 곡식을 한 면 가운데에 합해 모아놓으면, 본읍本邑도 힘이 닿는 대로 이를 도와서 상평제常平制를 행하게 해서 혹 봄에 나누어주었다가 가을에 거두면서 조적(糶糴: 원곡과 이자)으로 이식을 늘려서 흉년에 진휼하는 자본으로 삼는 것도 일에 합당하다.

윤휴는 마을 단위의 공동체가 공존 공생할 수 있는 제도를 구상했는데, 이것이 상평제였다. 이때 윤휴가 구상한 상평제는 두 가지 의미가 있었다. 하나는 원래의 의미대로 물가 조절 기관의 의미가 있었다. 각 통과 각 리에서 재물과 곡식을 출자하는 창고를 만드는데, 현재의 신용 협동조합과 비슷한 성격을 띠고 있었다. 풍년에 물가가 떨어지면 여기에서 곡식, 면포綿布 등을 사서 저축해두었다가 흉년에 물가가 오르면 시가보다 싸게 방출해서 백성들의 생활을 돕겠다는 것이다. 이것이 원래의 상평제였다. 또 하나는 환곡의 폐단을 제거하는 새로운 제도였다. 춘궁기에 관청에서 곡식을 백성들에게 꾸어주는 것이 조糶고, 가을 수확기에 백성들에게 10분의 1의 이자를 붙여서 거두어들이는 것이 적糴이다. 환곡도 좋은 취지로 시작했지만 조선 후기에는 백성들의 등골을 빼먹는 고리대로 변했다. 백성들에게 강제로 배당하고 이자율도 높아서 원성이 심했다. 윤휴는 환곡의 원취지대로 10분의 1의 이자만 받아서 보관하다가 흉년이 들면 백성들을 구휼하는 자본으로 삼겠다는 것이었다. 이웃 공동체인 통을 기초로 읍 단위로 금융 기관, 곡식 창고를 만들어 백성들을 구휼하겠다는 제도였다. 이런 방식으로 행정구역을 재편하면서 모든 백성들에게 지패紙牌를 차고 다니게 한 것이다.

> 통 안의 사람 중 남정男丁 16세 이상인 자는 반드시 신상 호구身上戶口가 있으니 어느 도道, 어느 현읍縣邑, 어느 면, 어느 리에 살고, 맡은 직역職役과 성명, 나이 등은 어떻게 되는지를 두꺼운 종이에 써서 이정里正과 리里의 유사有司가 적고 관청에서 도장을 찍어 출입할 때에 주머니에 차고 다니게 한다. ―『숙종실록』 1년 9월 26일

이것이 지패였다. 양반, 상민의 구별 자체를 없앴다는 점에서 획기적인 것이었다. 조선 후기 예론이 성리학의 주류 학문이 되면서 강화된 신분제의 틀을 흔드는 것이었다.

모든 백성은 통에 가입해야 했다. 그것도 양반, 상민 따로 구별 있는 것이 아니라 무조건 가까운 곳의 다섯 가구씩 묶어 통을 구성했다. 다섯 호를 묶어 한 통을 만들되 남은 호가 다섯 집이 되지 않으면 다른 면의 남는 가구들과 합하는 것이 아니라 남은 3~4 가구를 가지고 한 통을 만들게 했다. 부역이나 세금 포탈을 목적으로 호적에 기재되지 않으면 보호받지 못하게 했다. "무릇 성명을 통패統牌에 기재하지 아니한 자는 곧 민수民數에 있지 않은 사람이므로, 송사訟事에 심리審理를 받지 못하고 죽음을 당해도 살인죄가 아니게 된다."라

고 규정했으므로 모든 백성은 통에 가입해야 했다. 이 오가통과 지패에 대해『숙종실록』의 사관은 "지패를 만들어 작은 주머니에 차니, 이때 사람들이 '소낭패(小囊佩: 작은 주머니에 찬 지패)가 대낭패大狼狽'라고 말했다."고 비판했다. 사관의 비판은 양반들의 불만을 대변하는 것이었다. 지패를 큰 낭패로 생각한 사람들은 예전처럼 지패가 반상을 구별하지 않는 것에 불만을 품은 양반 사대부들이었다. 또한『숙종실록』의 사관은 "백성이 흉년으로 굶주리는데 주구(誅求: 관청에서 백성의 재물을 빼앗는 것)를 더하고, 밀속(密束: 비밀 단속)을 보태서 백성들의 원성이 길에 가득했지만 윤휴의 당은 이를 '기뻐하면서 북 치고 춤춘다.'고 일컬었다."라고 비판하고 있다. 윤휴의 개혁안에 백성들이 불평한 것처럼 호도한 것이다. 불평하는 사람들은 대부분 양반 사대부들이었다. 위 사관의 '이때 사람', '백성'은 양반 사대부로 바꾸면 대부분 맞는 말이다. 영의정 허적도 그런 인물로서 지패법에 큰 불만을 갖고 있었다.

허적은 숙종 2년(1676) 5월 25일 지패를 다시 호패로 환원하자면서 이렇게 말했다.

"지패는 다음 식년式年을 기다려서 모두 나무로써 종이를 대신하게 하는 것이 마땅합니다. 조관(朝官: 벼슬아치)은 지금부터 먼저 아각패牙角牌를 차게 하고 출신出身과 잡직인雜職人은 원하는 대로 차게 하는 것이 마땅합니다." -『숙종실록』 2년 5월 25일

식년은 갑자甲子, 정묘丁卯, 병오丙午, 계유癸酉년처럼 간지干支에 자子, 묘卯, 오午, 유酉의 지支가 포함된 해로서 3년에 한 번씩 돌아온다. 숙종 2년이 병진丙辰년이므로 다음 식년은 2년 후인 무오戊午년이 된다. 2년 후에 지패를 다시 목패로 바꾸되 벼슬아치들은 당

장 품계에 따라 상아패와 각패를 차게 하자는 말이었다. 숙종은 인조 때 만든 호패사목號牌事目을 내려서 의논하게 했다. 인조 때 결정한 호패사목은 호패를 차지 않으면 효수형에 처하며 그를 숨겨준 자도 함께 처벌한다는 등 강력한 처벌을 내용을 담고 있었다. 임란으로 백성들의 유망이 속출하자 백성들의 통제를 강화하기 위해서 만든 악법이었다.

양반 사대부들이 지패법에 격렬하게 반발하면서 지패법은 시행 2년 만인 숙종 3년 3월 1일 양반 사대부는 과거처럼 호패를 차는 것으로 환원했다. 호패법 환원도 영의정 허적이 주도한 것이었다.

"지패는 거리끼는 일이 있으니 사대부가 상한(常漢: 상놈)의 거느림 아래 들어가게 되어 일이 매우 불편합니다. 지패는 첫째 줄에 '아무 방(坊: 동네) 아무 통수(統首: 통의 우두머리) 아무'라고 쓰게 되는데 이 통수가 곧 상한입니다. 그 다음에 '제 몇 호戶에 아무 재상宰相, 아무 경사卿士'라고 쓰는데 모두 이름을 쓰고서 한성부漢城府 관원이 수결(手決: 손으로 글자를 씀)해서 지급하니 사대부들은 이를 보고 해괴하게 여기지 않는 사람이 없습니다." -『숙종실록』 3년 3월 1일

지패에 대한 사대부들의 불만은 여럿이지만 모두 반상을 구별하지 않는다는 것에 모아졌다. 신분과 빈부를 막론하고 다섯 집씩 묶어 통을 만드는데 그 통수가 상민이 될 수도 있다는 것이다. 또한 지패는 통수가 상민일 경우에도 첫째 줄에 통수가 오르고 재상이나 양반 사대부들이 그 다음 줄에 기재될 수도 있었다. 어찌 상민 밑에 양반 사대부의 이름을 쓸 수 있느냐고 반발하는 것이었다.

허적은 이런 사대부들의 불만을 대변했다.

"일이 또한 체통體統과 관련이 있으니, 신의 생각에는 위로는 공

경公卿과 관직이 있는 사람으로부터 아래로는 생원, 진사까지는 지패 대신 호패를 차는 것이 좋겠다고 여깁니다."-『숙종실록』 3년 3월 1일

양반들은 다시 옛날처럼 상아나 뿔로 만든 호패를 차고 싶어 했다. 숙종 또한 반상의 구별까지 흔들고 싶은 생각은 없던 터라 허적의 주청을 허락했다. 그러나 지패법을 2년 만에 다시 호패법으로 환원하려 하자 논란이 거세졌다. 백성들의 불만이 극에 달했고, 윤휴는 호패법 환원이 불가하다고 반대했다.

허적은 윤휴의 반발을 누르면서 호패로 환원해도 백성들은 별 영향이 없다고 주장했다.

"이 일이 서민에게는 적용되지 않는다면 떠도는 말들이 저절로 없어지게 될 것이니 다시 고치지 않아도 됩니다."

양반들만 호패로 바꾸는 것이기 때문에 그대로 지패를 차는 상민들의 불만은 곧 가라앉으리라는 말이었다. 그러나 이는 상민들의 의식이 크게 성장한 것을 부인하는 주장에 불과했다. 백성들의 반발이 들끓자 숙종도 호패법 환원에 신중론으로 돌아섰다. 그러자 양반들은 조직적으로 호패법 환원을 주장했다.

숙종의 부인 인경왕후(仁敬王后: 1661-1680)의 부친인 광성부원군 김만기金萬基가 호패법 시행을 주장했다.

"이번의 원망과 저주는 사천(私賤: 사노비)과 서리書吏들에게서 나온 것입니다. 국가의 법을 어찌 이 무리들 때문에 흔들고 없애겠습니까?"

호패법과 지패법 문제가 결국 신분제 유지 또는 해체 문제임을 말해주는 것이다. 곧 윤휴는 지패법을 시행함으로써 신분제를 폐지 내지는 완화하려는 것이고, 허적, 김만기 등은 그대로 신분제를 유지

하려는 것이었다. 김만기의 주장에
대해『숙종실록』사관은 "일단 호패
를 차면 구별이 분명해지게 되기 때
문에 앞으로 저희 무리에게도 차게
할까 걱정되어 미리 격동시키는 말로
저지하려고 한 것이었다."라고 평하
고 있다. 일반 백성들은 다시 호패법
으로 환원하는 데에 강력하게 반발하
고 있었다. 탁남 허적과 서인 김만기
가 모두 지패법을 반대하고 호패법을
지지한 데에서 알 수 있는 것처럼 대
부분의 벼슬아치들은 호패법을 지지
했고, 양반들은 다시 호패법으로 돌
아갔다. 다만 관직이 있는 사대부만

김만기(1633-1688) 숙종의 장
인으로 호패법 시행을 주장
했다.

호패를 차게 했다가 나중에는 잡직雜職에 있는 인물들도 호패를 차
게 하는 것으로 단계적으로 확대되게 했다. 그러나 윤휴는 기회가 있
을 때마다 호패법을 강하게 반대했다.

윤휴는 대사헌으로 있던 숙종 4년(1678)에도 호패법의 폐해에
대해서 강하게 비판했다.

호패법은 광해조에 일찍이 사대부들에게 시행하다 수개월도 못되
어서 파했다가, 인조조의 병인년(인조 4년)과 정묘년(인조 5년) 때 일
찍이 상하가 모두 사용하게 했습니다.

호패법은 광해군 때 폐지했다가 인조반정 이후 다시 사용했다는 것이었다. 인조반정 이후 사회의 요구와는 달리 시대착오적인 호패법으로 환원되었다는 비판이었는데, 윤휴는 정묘호란 때의 사례를 들어 호패법이 나라를 얼마나 좀먹는지를 생생하게 설명했다.

정묘년에 북병(北兵: 후금군)이 우리나라를 침략할 때 군사가 안주安州에 이르니, 감사 윤훤尹暄이 성을 지키는 계책을 내었습니다. 그런데 하루는 군사들이 호패를 풀어서 성城 위에 쌓아놓고서 떠들썩하게, "호패가 적의 침략을 막을 수 있는데 우리들이 어찌 싸우겠느냐?"라고 말했고, 군사가 드디어 궤멸하고 윤훤은 달아나서 서로(西路: 평안, 황해도)가 파멸되었습니다.

윤휴가 든 사례는 신분제에 대한 백성들의 불만이 어느 정도인지를 잘 말해준다. 정묘호란 당시 후금군이 평안도 안주까지 남하했을 때 평안감사 윤훤은 안주성을 수호할 계책을 수립했다. 물론 그 계책의 모든 것은 병사들이 목숨 걸고 항전한다는 전제가 깔려 있었다. 그런데 어느 날 병사들이 호패를 성 위에 쌓아놓고 "호패가 적의 침략을 막을 수 있는데 우리들이 어찌 싸우겠느냐?"라고 싸우는 것을 포기했다는 것이다. 호패에 양반과 서얼, 상민, 노비를 구분해서 써놓았는데, 우리들 서얼, 상민, 노비들은 나가서 싸우지 못하겠으니 너희들 양반 사대부들이 나가서 싸우라는 이야기나 마찬가지였다. 그렇게 호패법에 불만을 품은 백성들이 항전을 포기하자 안주성이 무너진 것은 당연한 일이었다. 호패법이 있는 한 조선은 어떤 전쟁에서도 이길 수 없다고 말하는 셈이었다.

조정에서 백성들의 정서가 이런 것을 보고는 적敵이 물러간 후 드디어 호패법을 파했으니 오늘날의 일은 마땅히 경윤(京尹: 한성부 판윤)과 도신(道臣: 감사)에게 명을 내려 그 몸에 부절符節이 있고 없음을 보아서 이리저리 흩어지는 것만을 엄금하면 될 따름입니다. 만약 반드시 호패에 이를 기록해서 세상의 서자와 천례(賤隷: 천인)들에게 일일이 사람들에게 훤히 드러내게 해서 마치 여러 사람의 눈앞에서 발가벗기는 것같이 한다면 이는 반드시 인정人情이 불편하게 여길 것입니다. -『숙종실록』 4년 5월 11일

윤휴는 세상이 다시 거꾸로 돌아가고 있음을 개탄하고 있었다. 임란 때 천인賤人들이 경복궁에 난입해 형조와 장예원掌隷院을 불태우고 일본군에 가담한 것처럼 정묘호란 때에도 하층민 출신 군사들의 사보타주가 있었다. 영의정이자 도체찰사였던 류성룡이 전시에 면천법을 실시해 천인들에게도 신분 상승의 기회를 줌으로써 떠났던 민심이 되돌아왔고 조선이 살아났다. 그러나 종전과 동시에 양반 사대부들은 류성룡을 실각시키고 류성룡이 전시에 실시했던 개혁 입법들을 모두 폐기시키고 다시 과거로 돌아갔다. 그 이론적 기반은 예학禮學을 조선 성리학의 핵심 줄기로 만든 성리

◆ 류성룡의 초상 류성룡은 임진왜란 당시 면천법을 실시해 민심을 되돌리고 신분제를 개혁했다.

학자들이 제공했다. 임란 7년 전쟁이 끝난 후 불과 30년 만에 발생한 정묘호란에서 조선군이 속수무책으로 무너졌던 것은 단지 후금군이 강했기 때문만이 아니라 신분제가 과거로 회귀한 데에 대한 백성들의 불만이 있었던 것이다. 윤휴는 이렇게 잘못 되돌려진 역사의 물줄기를 바로잡아야 조선이 강한 나라가 될 수 있다고 생각했다. 그러나 이것은 조선 지배 체제의 아킬레스건을 건드리는 것이었다.

백골과 아이에게
군역을 지우지 말라

양반 사대부들이 지패법에 반대한 이유는 반상을 구별하지 않고 모두 종이로 된 지패를 차고 다니게 했기 때문만은 아니었다. 또 오가통법을 반대한 이유도 상민이 통수가 될 수 있기 때문만도 아니었다. 지패법은 호포법戶布法과 불가분의 관계에 있기 때문에 양반 사대부들이 강력하게 반대한 것이었다. 지패법과 오가통법은 반드시 호포법과 함께 시행되어야 했다. 그런데 지패법과 오가통법은 시행하고 호포법은 연기되면서 혼선이 발생했다. 윤휴를 비롯한 청남의 원래 계획과 달라진 것이다. 원래 입법 목표의 반만 입법된 셈이었다. 윤휴는 지패법과 오가통법은 호포법과 함께 시행해야 한다고 강력히 주장했으나 호포법은 연기되었던 것이다. 사대부들은 지패법, 오가통법이 호포법과 함께 시행되지 않을까 극도로 긴장했다.

　윤휴가 호포법을 시행해야 한다고 주장하자 역시 허적이 나서서 반대했다.

윤휴가 호포법을 시행하려고 하니 허적이 말했다.

"선왕의 조정에서 호포법을 행하려고 했는데 강백년美栢年이 일을 알지 못하고 상소하여 막았습니다. 지금 윤휴가 지패紙牌를 정돈하는 때에 이 법을 함께 시행해서 백성들의 부역을 고르게 하려고 하니 이 뜻은 진실로 좋습니다. 다만 신복(新服: 새로 즉위함) 처음에 여러 신법을 함께 시행하는 것은 어려우니 마땅히 형세를 보아서 해야 합니다."-『숙종실록』 2년 1월 19일

윤휴가 주장하는 호포법은 좋은 법이지만 시기상조라는 이유로 반대였다. 양반 사대부들은 항상 이처럼 각종 핑계를 대며 호포법을 반대했다. 호포법이란 모든 호戶가 군포, 즉 병역세를 납부하자는 법이었다. 조선은 16세부터 60까지의 남정男丁들이 직접 군역의 의무를 수행하는 대신 1년에 2필씩 군포를 납부했다. 문제는 양반 사대부는 군포 납부 대상에서 제외되었다는 점이다.

조선 개국 초에는 양반 사대부 할 것 없이 모두 군역의 의무가 있었다. 그러다 차차 실제 군역 의무를 지는 대신 화폐 역할을 하던 포(布: 무명이나 베)를 받고 군역 의무를 면제해주는 편법을 사용했다. 관아에서 납부받은 포보다 싼 가격에 다른 사람을 고용해 군역 의무를 지우고 중간 차액을 경비로 사용하거나 개인적으로 착복했다. 이 것이 '방군수포제放軍收布制'인데 처음에는 불법이었으나 대부분의 관아가 시행하면서 피할 수 없는 추세가 되었다. 드디어 중종 36년 (1541) 방군수포제는 군적수포제軍籍收布制로 명칭이 바뀌면서 합법화되었다. 이제 군역 의무를 수행하는 대신에 1년에 포 2필을 납부하는 것이 법제화된 것이다. 문제는 양반 사대부들은 군포 납부 대상에서 제외된 것이었다. 일반 백성들은 16세부터 60세까지 군포를 납부

해야 했지만 양반 사대부는 합법적으로 면제되었다. 중인들과 노비들은 따로 신역이 있었으므로 결국 가난한 농민들만 병역의 의무를 져야 했다. 군적수포제가 실시된 후에는 군포를 내느냐 내지 않느냐가 양반과 일반 양인을 가르는 기준이 되었다. 군포를 내면 상놈 취급 받고 군포를 내지 않으면 양반 사대부가 되는 이상 현상이 발생한 것이다.

더군다나 양란 이후 양반의 수효가 급격하게 늘어나면서 양반층의 군역 면제는 더욱 심각한 문제가 되었다. 조정에서 전쟁이나 흉년 때 곡식을 바치면 명목상의 벼슬을 주는 납속책納粟策과 공명첩空名帖을 남발하자 법률상 양반의 숫자가 크게 증가했다. 부유한 농민들은 납속책과 공명첩을 매입함으로써 양반으로 신분 상승하며 군역의 의무에서 벗어났다. 납속책과 공명첩은 재력이 있는 양인良人들은 대부분 양반이 될 수 있었음을 의미한다. 양반은 증가하는 반면 일반 양민은 줄어들었다. 부유한 양인들이 양반으로 신분 상승함에 따라 가난한 양인들이 이들의 군포까지 이중으로 부담해야 하는 문제가 발생했다. 그야말로 부자는 군포를 면제받은 대신 가난한 양인들만 등골이 휘도록 일을 해서 군포를 이중, 삼중으로 내야 했던 것이다.

여기에 양란 이후 군사의 수가 증가한 것도 문제였다. 군사는 늘어나

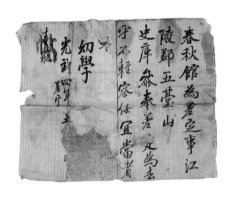

◆
공명첩 부유한 농민들은 공명첩을 사서 양반이 되었고 군역의 의무에서 벗어났다.

는데 군사비를 부담해야 할 양인의 수는 줄어들자 여러 사회 문제가 발생했다. 이를 해결하기 위해 군제를 개혁하자는 양역변통론良役變通論이 제기되었다. 문제 해결책은 사실 간단했다. 양반 사대부들도 군포를 납부하면 되는 문제였다.

앞서 허적이 말한 강백년도 그런 경우였다. 현종 15년(1674) 7월 양반 유생들에게도 군포를 받자는 논의가 일었다.

그러자 대사헌 강백년이 강력한 반대 상소를 올렸다.

대사헌 강백년이 차자를 올렸는데, 그 대략은 다음과 같다.

"어렴풋이 들으니 조정에서 유생들에게 군포를 징수하려고 한다는데 법령을 반포하기도 전에 여러 사람들이 의혹하고 있습니다. …… 한가롭게 노는 선비에게 군포 한 필씩을 내게 함으로써 많은 군정軍丁이 도망가면 그 이웃이나 가족에게 대신 씌우는 폐단을 없애는 것은 대략 보면 편리하고 좋은 것 같지만 신은 이익은 아주 적고 손해는 아주 많다고 생각합니다."

과도한 군역 때문에 도망자가 속출한다는 사실은 강백년도 인정했다. 도망자의 군포를 가족에게 씌우는 족징族徵이나 이웃에게 씌우는 인징隣徵의 폐단이 크다는 사실도 알고 있었다. 도망자가 많기 때문에 이미 죽은 백골白骨이나 갓난아이, 노약자를 뜻하는 아약兒弱에게도 강제로 군포를 받는 형편이었다. 그럼에도 대사헌 강백년은 양반 유생들에게 군포를 받는 것은 이익은 적고 손해는 많다고 주장했다.

그 논리는 무엇일까?

왜 그러냐 하면 국조國朝 300년 이래 선비를 매우 후하게 대우해왔습니다. 그 사이에 (선비의) 이름을 빙자하여 군역을 면한 자가 없지는 않지만 구별하기가 어렵기 때문에 전부 선비로 대우해주었습니다. 그런데 만일 서로 섞어서 똑같이 군포를 받아들이게 되면 (선비들에게도) 군역을 정한 것과 무엇이 다르겠습니까?

양반 사대부에게 군포를 받게 되면 양반들에게 군역을 지운 것과 무엇이 다르냐는 논리였다. 즉 군역은 상놈들의 천역賤役일 뿐 양반들은 낼 수 없다는 주장이었다. '군역軍役=천역賤役'이란 전도된 가치관이 조선 후기 양반 사대부의 가치관이었다. 이런 가치관을 갖고 있으니 북벌이란 말만 나와도 화들짝 놀라는 것이었다.

강백년은 양반 사대부들에게 군포를 받으면 소요가 일 것이라며 거의 위협조였다.

전에 시행하지 않았던 일을 오늘날 갑자기 시행하면 반드시 큰 소란이 일어날 것이니 일을 할 때 처음에 계획을 잘 세우는 도리가 아닌 듯합니다. 삼가 바라건대 성명께서는 다시 묘당(廟堂: 의정부)에 물으시고 또 밖에 있는 선비 출신의 정승儒相에게 의논하시고 여러 의견을 모아 절충하소서. ─『현종실록』 15년 7월 13일

묘당이든 비변사든 대신들의 논의에 부치면 부결되게 되어 있었다. 대부분 사대부의 이익을 대변하지 가난한 양민들을 대변하는 관료들은 거의 없기 때문이다. 그래서 가난한 상민들은 이중, 삼중의 군포를 부담해야 했다. 그 부담을 어떻게 덜어줄 것인지는 고민하지 않았다. 어차피 자신들과 상관없는 상것들만의 문제이기 때문이다.

도망자가 발생하면 그 가족이나 이웃에게 대신 씌우면 되는 문제였다. 현종 1년(1660)에도 옥당(玉堂: 홍문관)에서 도고(逃故: 도망자)의 군포를 가족이나 이웃에게 대신 씌우지 말고 그 숫자만큼 탕감해야 한다고 주청한 적이 있었다.

이때 사대부를 대표해 반대 의견을 개진한 인물은 영의정 정태화였다.

"옥당에서 또 군사들 가운데 도고자(逃故者: 도망한 자와 죽은 자)의 군포를 탕감시켜야 한다는 뜻으로 진달했는데 그 의도는 좋습니다만 그 형세가 쉽지 않습니다. 만일 대정(代定: 다른 사람에게 대신 씌움)시키지 않고 단지 적안(籍案: 군사 명부)을 제거할 것만 허락한다면 군부(軍簿: 군사 명부)가 장차 텅 비게 될 것입니다."-『현종개수실록』 1년 9월 13일

홍문관에서 도망간 사람의 몫을 다른 사람에게 씌우지 말고 군적에서 삭제하자고 건의했는데 영의정 정태화는 그 뜻은 좋지만 그렇게 하면 군사 명부가 텅 비게 될 것이라고 반대했다. 그러니 그냥 상민들에게 계속 뒤집어씌우자는 뜻이었다. 가난한 백성들이 이중, 삼중의 고통을 받고 있는 현실에는 눈을 감았다. 사대부들에게도 호포제를 시행해 부담을 나누자는 주장은 하지 않았다. 윤휴는 이 문제를 해결하지 않으면 장차 국가가 붕괴할 것이라고 생각했다. 그래서 일관되게 호포제 실시를 주장했다.

호포 문제는 윤휴가 시행을 주장하기 한 달 전인 숙종 1년(1675) 1월 23일에도 조정에서 논의되었다. 이때도 허적은 마찬가지로 연기론을 전개했다.

"부세(賦稅: 세금 징수)는 나라의 근본입니다. 지난가을에 신포(身布: 군포) 징수에 관한 의논이 있었던 것은 백골白骨, 아약兒弱의 폐단

을 제거하기 위한 것이었는데, 강백년의 상소 때문에 시행하지 못했습니다. 이제 이 유민流民에게서 군포를 거두는 방책은 시행하기에 합당하지만 잠깐 중지하소서." -『숙종실록』1년 1월 23일

백골은 죽은 사람의 군포를 아들에게 대신 씌우는 것이고, 아약은 갓난아이에게도 군포를 매겨 아버지에게 뒤집어씌우는 것이었다. 유민은 고향을 떠나 유리하는 백성들에게 군포를 거두자는 것이었다. 이 문제를 강백년처럼 묘당에 의논하자거나 허적처럼 잠깐 중지하자는 말은 모두 시행하지 말자는 말이었다. 의정부에서는 의논 자체를 하지 않았다. 양반 사대부도 군포를 내야 한다는 당위성을 반대할 명분이 없기 때문이었다. 기껏 한다는 말이 강백년같이 "유학을 높이고 선비를 기른다."는 뜻의 숭유양사론崇儒養士論이었다. 부자인 양반 사대부가 면세되고 가난한 백성들이 이중, 삼중의 부담을 지는 현실의 부당함에 대해서는 눈을 감았다.

그런데 윤휴가 주장한 것은 호포제를 바탕으로 한 구산제口算制였다. 호포제보다 한발 더 나아간 개혁법으로 양반 사대부들의 반발은 더욱 심했다. 호포제는 양반 사대부가도 모두 군포를 납부하자는 방안인 반면, 구산제는 양반 개개인의 숫자를 조사해 모두 군포를 내게 하자는 법이었다.

우참찬 윤휴는 숙종 3년(1677) 11월 21일 군포를 포함한 세금 문제에 대한 종합 대책을 건의했다. 윤휴는 먼저 가난한 백성들이 처한 비참한 상황을 설명했다.

도망쳤거나 죽은 자도 모두 면제받지 못하고 다른 사람에게 대신 씌우기 때문에 그 집이 이미 부서지고 그 사람의 뼈가 이미 썩었는데

도 고아나 과부, 외로운 홀아비 중에서 요행히 생존한 자에게 예전처럼 징수를 독촉하고, 한 사람이 도망가거나 죽으면 그 해가 이웃까지 미칩니다.

죽어서 뼈가 썩은 사람의 것까지 고아나 과부, 홀아비에게 씌우고, 도망간 사람의 것은 이웃에게 씌운다는 것이었다. 윤휴는 이미 죽은 자는 그 명단을 삭제하고 어린아이는 실제 나이를 조사해 군안(軍案: 군사 명단)에서 이름을 삭제하고 나이가 차기를 기다려 군역을 부과해야 한다고 말했다. 가장 상식적인 대안이었다. 그러나 양반 사대부들의 계급적 이익 앞에서는 이런 기초적인 상식도 통하지 않았다. 윤휴는 "이미 사망했다는 공문을 만드는 것을 아전이 막으면 중하게 다스려야 한다."고 말했다. 사망 공문 작성을 거부하는 것으로 군포를 계속 부과해왔지만, 앞으로 사망 공문 작성을 아전이 거부하면 중죄로 다스려야 한다는 것이다. 윤휴는 또 "도망한 자도 그 간 곳을 알 수 없으면 즉시 신역을 면제하고 절대로 인족(隣族: 가족이나 이웃)에게 징수하지 못하게 해야 한다."고 말했다. 육십 평생을 민간에서 살아서 백성들의 질고疾苦를 누구보다 잘 알았기에 이런 해결책을 제시했던 것이다.

그러면서 윤휴는 구산법口算法을 실시해야 한다고 주장했다.

내년부터는 호포를 사람 수대로 계산하는 법口算之法을 시행해 그 근본을 크게 바르게 해서 백성을 위한 긴 계책으로 삼도록 하소서.

양반도 그 숫자에 따라 모두 군포를 걷자는 방안이었다. 즉, 사대부 양반가에도 군포를 받는 호포제를 실시하면서, 그 집안의 16세에서 60세에 이르는 모든 남자들에게 그 사람 수대로 군포를 걷자는 개혁론이었다. 양반도 빠짐없이 군포를 내면 도망자, 사망자, 어린아이에게까지 군포를 매겨 힘없고 가난한 백성이 이중, 삼중으로 고통받는 일은 없을 것이었다.

윤휴는 지패법과 호포법을 동시에 시행해 이 문제를 일괄적으로 해결해야 한다고 말했다.

전하께서 오가통법과 지패법을 시행하신 것은, 대개 장차 백성의 근심을 없애고 부역賦役을 고르게 하기 위한 것이었습니다. 그 법이 시행된 지 1년이 되었는데, 근심을 없애고 부역을 고르게 하는 법(호포법)과 함께 시행하지 않았기 때문에 오가통법과 지패법은 다만 탐관貪官과 가혹한 아전이 백성을 학대하는 발판이 되어, 전하께서 정치를 시행하고 인정을 베푸시는 데 하나를 얻으면 둘을 잃고, 시작은 있지만 그 끝이 없게 되었습니다.

오가통과 지패법이 호포법과 동시에 시행되지 못하니 절름발이 법일 수밖에 없었다. 오가통과 지패법은 호포법과 함께 시행되어야 민생을 살리고 국부를 증가시킬 수 있었다. 그러나 사대부의 반발로 호포제는 연기하고 오가통과 지패법만 시행했기 때문에 현장에서는 탐관과 아전들이 백성들을 옭아매는 수단으로 악용하기도 했다. 그래서 윤휴는 다시 한번 숙종의 결단을 촉구했다.

진실로 전하께서 여기에 뜻을 더하시어 (호포제를) 시행하신다면 앞서 이른바 백성들의 뜻이 복종할 것이며, 실제 혜택을 강구하는 것이고, 민생을 보존하고 나라의 근본이 굳게 되고 화란禍亂의 평정이 여기에 있게 될 것입니다. 난리를 평정하고 백성을 구제하는 공은 실로 예전의 현명한 임금에게 뒤지지 않을 것입니다. -『숙종실록』3년 11월 21일

그러나 숙종은 윤휴가 주장하는 대개혁을 단행해 양반 사대부들을 적으로 돌리고 싶지 않았다. 숙종은 이 문제를 다시 묘당에서 내려 처리하게 했다. 의정부에 내려 논의하게 하는 것은 호포법을 하지 않겠다는 뜻이나 마찬가지였다. 윤휴가 호포법을 시행하자고 주장하면 숙종은 의정부에서 논의하라고 내려보내고 의정부는 사대부의 계급적 이익을 대변해 묵살하는 일이 계속되었다. 그래서 우참찬 윤휴는 보름쯤 뒤인 숙종 3년 12월 5일 다시 한번 호포법 실시를 주장하고 나섰다.

도고逃故, 아약兒弱에게서 군포를 거두는 것을 감면하는 일을 전하께서는 묘당廟堂의 의논이 정해지기를 기다린 후에 시행하고자 하셨는데, 오늘날 불에 타고 물에 빠진 자를 구하는 길이 아닐 듯합니다. 위(임금)에서 스스로 주관하지 않고 묘당에 위임하여, 묘당에서 옳다고 하면 시행하고 옳지 않다고 하면 시행하지 않으니, 자연히 갓과 바지의 위치가 바뀌듯이 위아래가 거꾸로 되어 위복威福이 위에 있지 않으니 집안에 해가 되고 나라가 흉하게 되지 않겠습니까?

백성들은 이 문제를 가지고 당장 죽어가고 있는데 숙종은 의정

부에 미루고, 의정부는 논의 자체를 안 하는 식으로 문제 해결을 방기하고 있었다. 그래서 윤휴는 숙종의 결단을 촉구했다.

> 마땅히 성상의 속마음으로 결단하시어 먼저 덕음德音을 베풀어 백성들의 폐해를 제거하고, 호포와 구산법을 서서히 의논하심으로써 백성의 부역을 고르게 하고 나라의 경비를 풍족하게 하소서. - 『숙종실록』 3년 12월 5일

윤휴는 먼저 숙종이 결단을 내려 백성들에게 대신 씌우는 폐단을 없애고, 그 부족한 부분은 양반 사대부가의 모든 사람들이 군포를 납부하는 것으로 해결해야 한다고 주장한 것이었다.

그러나 숙종은 이미 호포제나 구산제를 실시하지 않기로 마음 먹고 있었다.

"전날 아뢴 병폐는 묘당에서 지금 한창 변통變通할 방법을 상의하고 있다."

또다시 의정부에 그 책임을 미루는 것이었다. 의정부에 가면 논의 자체를 하지 않거나, "명분은 좋으나 현실이……" 운운하면서 연기할 것이 분명했다. 실제로도 그랬다. 그래서 윤휴는 임금과 주요 대신들이 모두 있는 자리에서 이 문제를 제기하기로 마음먹었다. 숙종 3년 12월 11일 숙종이 대신과 비변사의 여러 신하들을 인견할 때 우참찬 윤휴가 '급한 일'이 있다면서 청대(請對: 급한 일로 임금을 만나기를 청함)한 것은 이 때문이었다. 윤휴의 급한 일이란 앞서 주장한 대로 도고逃故, 아약兒弱의 부역을 다른 사람에게 씌우는 것을 먼저 없애고, 호포 구산제를 실시하자는 것이었다. 윤휴는 숙종과 의정부 대신

들이 모두 모인 자리에서 이 문제를 제기해 당장 해결하려고 한 것이었다.

이 자리에서도 영의정 허적은 특유의 방식으로 나왔다. 허적은 "지금 만약 호포법을 시행한다면 백골白骨, 황구黃口의 원망을 거의 풀어줄 수 있을 것입니다."라면서 취지에 찬성하는 것처럼 말했다. 호포 구산제를 시행하면 죽은 사람의 군포나 갓난아이의 군포를 대신 내는 백성들의 원망이 거의 풀어질 것이라는 말이었다. 그러나 허적은 항상 전제는 찬성하지만 실제로는 호포제를 시행해서는 안 된다고 제동을 걸었다.

"다만 법을 시행하면 초기에는 반드시 온 나라가 일어나서 원망하게 될 것입니다. 또한 오늘날의 형세도 선조先朝와 같지 않습니다. …… 옛 법을 준수해서 바꾸지 않고, 백성과 더불어 휴식하는 것이 오늘날의 급선무입니다. 이런 때에 새로운 법을 만들어 여러 사람의 원망을 일으키는 것은 실로 중대한 데에 관계됩니다. 신은 이 때문에 감히 단연코 시행하도록 청하지 않는 것입니다." -『숙종실록』 3년 12월 11일

호포법을 시행하면 '온 나라가 일어나서 원망할 것'이란 말은 '온 양반 사대부가 일어나서 원망할 것'이라고 말하면 정확한 것이었다. 호포법을 시행하면 원망할 사람은 양반 사대부지 일반 백성들일 리가 없기 때문이었다. 허적은 말이 남인 영상이지 서인들과 정세 인식이 다르지 않았다. 그는 자신의 자리가 김석주가 만들어준 것이란 한계를 잘 알고 있었다. 같은 서인이지만 집안 대대로 송시열과 구원舊怨이 있었던 김석주가 2차 예송 때 송시열 대신 자신을 선택한 결과 남인 정권이 수립된 것이라고 생각했다.

윤휴의 주장은 송시열은 물론 김석주의 생각과도 다른 것이었

다. 앞서 인용한 "이정(복창군) 등이 죄를 입은 뒤로 권대운 등은 윤휴 등과 함께 일하다가는 마침내 패배할 것이라고 생각했다."는 『숙종실록』 사관의 말은 허적, 권대운 등이 이끄는 탁남의 성격을 제대로 간파한 말이었다. 탁남은 서인 정권이 수립해놓은 정책 기조를 바꿀 생각이 전혀 없었다. 마찬가지로 양반 사대부의 계급적 이익을 양보할 생각도 없었다. 그저 '명분은 좋지만 현실이……'라는 말로 윤휴를 비롯한 청남이 주장하는 대부분의 개혁을 저지시키는 것이 탁남의 정책이었다. 사실상 같은 당파라고 보기에도 문제가 있는 형국이었다.

그래서 윤휴는 허적의 말을 반박했다.

"하늘은 아래 백성들이 원망한다고 추위와 더위를 없애지 않고, 군자는 소인들이 비난한다고 그 행동을 바꾸지 않습니다."

군자는 소인들이 비난한다고 그 행동을 바꾸지 않는다는 것이다. 여기서 소인이란 호포제 실시를 반대하는 사대부를 뜻하는 것이었다.

윤휴는 사대부들도 호포법을 찬성하는 자가 많다고 말했다.

"더구나 유식한 사대부로 신을 와서 본 자들은 대부분 조가(朝家: 조정)에서 백성들의 원망을 풀어주려면 이 법을 시행해야 한다고 말하는데, 그 누가 감히 원망한다고 말합니까?" -『숙종실록』 3년 12월 11일

호포제를 실시해야 한다고 생각하는 사대부도 많다는 뜻이었다.

그러자 허적이 반박했다.

"이는 반드시 윤휴에게 아부하는 자들의 말일 것입니다. 새로운 법을 시행하면 비록 이롭다 하더라도 반드시 원망하는데, 지금이라고 어찌 원망하지 않을 리가 있겠습니까? 이를 시행하는 초기에 백성들이 반드시 크게 원망하게 될 것이고, 백성들의 원망이 있으면 대간

(臺諫: 사헌부, 사간원)에서 반드시 먼저 다툴 것이고 새 법을 파해야 한다는 말이 사방에서 이를 것입니다. 전하께서 그래도 굳이 뜻을 견지하셔서 흔들리지 않으시겠다면 이 법은 시행할 수 있지만 그렇지 않으면 다만 백성들의 원망만 부르고 일은 반드시 중지될 것입니다."
– 『숙종실록』 3년 12월 11일

허적은 시종 양반 사대부의 이익을 대변했다. 여기에서 '백성들'이란 양반 사대부였다. 사대부가 반대하면 대간이 논쟁에 나설 것이고, 새 법을 폐지해야 한다는 말이 사방에서 이를 것이란 말이었다. 양반 사대부는 군포를 내고 싶은 생각이 전혀 없었다.

윤휴가 대안을 제시했다.

"인족(隣族: 가족과 이웃)에게 거듭 군역을 부담시키는 것이 바로 지금의 큰 폐단이니 먼저 덕음德音을 내려서 특별히 탕감해주고 이 법은 서서히 의논하는 것이 옳겠습니다."

죽은 사람과 갓난아이, 도망간 이웃의 것까지 이중, 삼중으로 부담시키는 것을 먼저 탕감시키고 호포제는 다시 의논하자는 것이었다. 우선 도탄에 빠진 백성들을 구하고 보자는 것이었다. 그러자 탁남 부제학 이당규李堂揆가 "어찌 경비를 계산해보지도 않고 곧바로 먼저 탕감할 수 있겠습니까?"라고 반대했다. 이당규는 『지봉유설芝峯類說』의 저자인 실학자 이수광李睟光의 손자였다.

윤휴가 반박했다.

"백성들의 큰 폐단은 마땅히 먼저 제거해야 하는 것입니다. 이것이 이른바 남에게 차마 할 수 없는 마음不忍人之心을 미루어서 남에게 차마 할 수 없는 정치不忍人之政를 시행한다는 것입니다."

'불인지심不忍之心'은 맹자 성선설性善說의 근거가 되는 이론이다. 맹자가 제齊나라에 들렀을 때 선정을 촉구하면서 한 말인데「공손추公孫丑」편에 나온다. 맹자는 사람은 누구나 남에게 차마 하지 못하는 마음이 있어서 그런 마음으로 정사를 하면 천하를 다스리는 것도 손바닥 위에서 움직이는 것처럼 쉽다고 말했다. 그 예로 맹자는 젖먹이孺子가 우물가로 걸어가서 빠지려고 할 때 누구나 뛰어가서 잡는 것은 아이가 우물에 빠지는 것을 차마 눈 뜨고 보지 못하는 불인지심不忍之心이 있기 때문이라고 말했다. 윤휴는 이중 삼중의 부역에 시달리는 백성들을 젖먹이로 비유하면서 유학자들에게 맹자의 불인지심으로 돌아가라고 말하는 것이었다.

숙종이 여러 신하들에게 묻자 김석주가 대답했다. 김석주는 호포법을 시행하자는 것은 뜻은 좋지만 현실적으로 어렵다면서 먼저 죽은 사람과 갓난아이에게 군포를 걷는 것은 중지할 수 있다고 했다.

"그러나 만약 성상께서, '백골, 황구에게서 군포를 걷는 것은 실로 어진 사람으로서는 차마 할 수 없다. 종사를 받들고 백관의 봉급을 정상보다 감하는 한이 있더라도 이런 폐단을 없앨 수 없다면 백성들의 부모가 될 수 없다. 그러니 특명으로 탕감하되 반드시 그 폐단을 구할 방책을 강구해서 시행하라.'고 하신다면, 또한 어찌 못하겠습니까?"

백관의 봉급을 감해서라도 이런 폐단을 없애려면 없앨 수는 있다는 뜻이었다. 일단 덕음을 내려 탕감하자는 윤휴의 안에 가까운 것이었으니 오랜만에 대동법의 경세가인 김육의 손자다운 말을 한마디 한 셈이었다. 『숙종실록』은 "오시수 등 여러 사람은 모두 허적의 말과 같았다."고 탕감 시행령에 대한 반대가 더 많았다고 전한다.

김석주가 찬성 쪽으로 돌아서자 숙종도 결단을 내렸다.

"백성의 질고가 이보다 심할 수 없는데, 알면서도 제거할 수 없다면 어찌 백성의 부모 된 도리이겠는가? 이후로는 비록 대론(臺論: 대간의 의논)과 사람들의 말이 있다 하더라도 내가 반드시 따르지 않고 결단하여 시행하는 것이 옳겠다."

드디어 숙종이 윤휴의 말에 동의한 것이었다.

기세를 잡은 윤휴가 한발 더 나갔다.

"물고(物故: 죽은 사람), 아약에게서 거두는 군포는 먼저 탕감해주고 도감都監을 설치하여 호포법을 시행한다면, 군병軍兵과 공천(公賤: 공노비), 사천(私賤: 사노비)에 관한 제도를 모두 변통할 수 있을 것입니다."-『숙종실록』3년 12월 11일

이는 상당히 중요한 말임에도 불구하고 『백호연보』와, 그보다 세 배 정도 분량이 많은 『백호행장』엔 기록되어 있지 않다. 윤휴가 사형당한 실제 이유가 신분제를 무너뜨리려는 혐의였다는 생각에 일부러 누락시켰을 가능성이 크다.

『숙종실록』은 윤휴의 이 말에 허적, 김석주, 오시수가 놀라면서 반대했다고 전한다.

"오늘날 의논한 것은 아약, 물고의 폐단을 변통하는 것에 불과합니다. 만약 윤휴의 말과 같이 한다면 국가의 제도가 장차 모두 어지럽게 바뀔 것이니 결코 시행할 수 없습니다."

지금 논의한 것은 소변통, 즉 부분적인 소개혁에 불과한데 윤휴가 말한 것은 대변통, 즉 혁명에 가까운 대개혁이라는 뜻이다. 일단 죽은 사람과 갓난아이의 군포까지 내는 백성들의 부담을 덜어주는 것만 논의했지 호포제는 논의하지 않았다는 뜻이다. 호포제는 신분제와 밀접한 관련이 있었다. 양반들도 군포를 내게 되면 신분제는 사실상 크게 완화되는 것이었다. 그러면 노비 제도까지 완화될 수 있

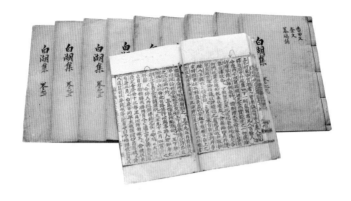

◆ 윤휴의 문집 사후 300여 년이 지난 1927년, 진주 용강서당에서 비로소
출간하였다.

었다. 윤휴가 도감, 즉 호포제 시행을 위한 기구를 설치해서 호포제
를 실시하면 군사 제도와 노비 제도까지 크게 변할 수 있다는 것이었
다. 이때 윤휴가 하고자 했던 노비제 개혁의 내용과 성격이 어떤 것
이었는지는 더 이상 알려지지 않고 있다. 윤휴가 이런 근본적인 개혁
을 추구하다가 사형당한 이후 그의 정치 행위를 언급하는 자체가 금
기가 되었기 때문이다. 그러나 사회 발전을 가로막는 신분제에 대한
해체 내지 완화를 뜻한다는 점은 분명하다. 윤휴는 신분제의 틀을 해
체 내지 완화하는 것이 사회 발전에 크게 이바지한다고 생각했던 것
이다. 신분제의 틀이 흔들리는 것은 조선 후기 사대부들이 가장 두려
워하는 개혁안이었다.

그래서 탁남인 승지承旨 유명현柳命賢이 반대론에 가세했다.

"인심은 물결처럼 방종하므로 바꾸면 수습하기 어렵습니다. 한
번 손을 잘못 댔다가는 후회막급일 것입니다."

한번 신분제 해체의 물꼬가 터지면 되돌릴 수 없다는 뜻이었다.

윤휴가 반박했다.

"이는 대신과 여러 재상이 의논한 것을 성상께서 결단하여 시행하는 것인데 유명현이 어찌 감히 이럴 수 있습니까?"

그러자 허적이 유명현에게 가세했다.

"만약 대단히 어지럽게 바뀌는 것이라면 신은 결코 받들어 시행할 수 없습니다."

허적은 죽은 사람과 갓난아이, 도망자의 군포를 탕감하라는 명을 받들어 시행할 수 없다고 반대했다.

윤휴가 다시 허적에게 반박했다.

"조용히 심사숙고해서 의논함이 마땅한데, 어찌 신하의 한마디 말로 모두가 이미 정한 것을 시행하지 않을 수 있겠습니까?"

그러자 허적이 전가의 보도를 꺼냈다. 좌상, 우상 등 정승들과 원임 대신(原任大臣: 전직 대신)에게 물어서 의논하여 청하자는 것이었다. 대신들의 논의에 부치면 도루묵이 될 것이 분명했다. 허적의 의견을 숙종이 따름으로써 이날의 대논쟁은 끝이 났다. 결국 호포제는 물론 아약, 물고의 질고를 탕감해주겠다는 숙종의 결단도 없던 일이 되고 말았다. 이렇게 윤휴의 개혁안은 다시 물거품이 되었다. 그러나 윤휴는 여기에서 끝낼 수가 없었다. 백성들의 생활이 개선되지 않으면 군비 확장이고 북벌이고 모두 없는 것이었다.

그래서 윤휴는 그해 12월 19일 상소문을 올렸다.

신이 시행하도록 청한 것은 아약, 백골에게서 거두는 군포를 덜자는 것이었으니 오늘날의 논의는 먼저 이 일이 마땅한지 아닌지의 여부를 논의해야지 이 일을 가지고 추측해서 갑자기 호포를 논하여 이 일을 저지하려 하고 그 공사公事를 파기하여 스스로 어질지 못한 죄를 취함은 마땅하지 않습니다.

이 대목에서 의문이 생긴다. 앞의 『숙종실록』은 윤휴가 아약, 백골의 군포를 감하는 것을 숙종이 결단했을 때 노비제에 관한 변통 문제까지 끌어들여 무산된 것처럼 기록하고 있는데 윤휴의 상소문은 반대 상황을 전하고 있는 것이다. 윤휴가 노비제 개혁에 관한 문제를 전혀 언급하지 않은 것은 아니었겠지만 별개의 안건으로 말한 것을 허적 등이 연결된 것으로 몰아붙여 아약, 백골의 군포 감면 문제까지 무산시켰을 가능성이 크다. 윤휴는 먼저 아약, 백골의 군포 감면을 시행하고 다시 호포제를 시행하자고 주장했을 가능성이 높다는 뜻이다.

윤휴는 백성들의 질고에 눈을 감은 벼슬아치들과 사대부들의 몰염치를 꾸짖었다.

임금의 좋은 뜻을 막고 임금이 인정仁政을 시행하려는 것을 막아서 이 백성들의 거꾸로 매어달린 고통을 풀어주지 않으니 심하게 불인不仁한 자가 아니면 진실로 이렇게 할 수 없습니다. 만약 호포제를 가지고 말한다면 백골, 아약의 살가죽을 벗겨내고 뼛골을 부수는 가혹한 정치에 머리가 아파 가슴을 치는 (백성들의) 원망과 해악과 놀고먹는 선비游士나 운 좋은 백성倖民처럼 군역을 피해서 편하게 지내던 자의 원망 중 어느 것이 더 크겠습니까?

윤휴는 분개했다. 성현의 글을 읽은 선비들이 성현의 말씀과는 거꾸로 살아서는 안 된다고 질타했다.

이것이 명분 없는 것입니까, 저것이 명분 없는 것입니까? 이것이 백성이 원망하는 것입니까, 저것이 백성이 원망하는 것입니까? 민심의 향배와 천명天命의 거취가 소민(小民: 가난한 백성)들이 편안하고 편안하지 않은가에 달려 있는 것이 아니라 운 좋은 백성이나 호우(豪右: 부유한 사람들)의 편안하고 불편함에 달려 있다는 것입니까?

그랬다. 이 무렵 조선의 사대부들은 자신들의 향배에 따라 천명이 바뀐다고 생각했다. 백성들은 그저 자신들의 계급적 특권을 위해 희생해야 하는 존재들이었다. 서인뿐만 아니라 탁남도 마찬가지였다. 윤휴는 사대부들이 툭하면 이상으로 삼는 하夏, 은殷, 주周 삼대三代의 정치를 예로 들었다.

복희씨伏羲氏와 신농씨神農氏 이전은 신이 모르겠습니다만, 삼대三代 이래로 세금이다 부역이다 구산(口算: 사람마다 세금을 내는 것)이다, 조租, 용庸, 조調다 하는 제도를 실시했던 것은 무엇을 말하는 것입니까? 전세田稅를 거두어 백관百官에게 녹봉을 주고 돈이나 포布를 내서 군사비를 풍족하게 한다는 것 아닙니까? 또 토지가 있으면 조(租: 토지세)가 있고, 집이 있으면 조(調: 공납)가 있으며, 몸이 있으면 용(庸: 신역)이 있다는 것이 아닙니까? 오호라! 이미 죽은 자와 이도 갈지 않은 어린아이의 신포(身布: 군포)를 독촉해서 고아와 과부, 이웃과 친척으로 하여금 땅을 치고 하늘에 부르짖으면서 가혹한 정사가 없어지지 않음을 원망하니, 이것이 어찌 옛날에 상고할 수 있는 것이겠습니까? -『숙종실록』 3년 12월 19일 조선의 유학자들은 이미 유학자들이 아니었다. 입으로는 성현의 말씀을 달고 살지만 행동은 성현의 말씀과 정반대로 사는 사회의 암적 존재가 되어 있었다. 어떤 지탄을 받아도 계급적 특권을 내려놓을 생각은 없었다. 언행일치와 지행합일을 추구하던 윤휴 같은 사대부는 소수였다. 그래서 윤휴의 이런 통절한 절규는 사대부의 계급적 특권 앞에서 아무 소용이 없었다. 그렇게 윤휴와 청남이 고군분투하는 중에서도 조선은 변화하지 않고 있었다.

서얼을 허통하여 부국을 도모하소서

공자와 맹자는 사람을 계급으로 나누지 않았다. 다만 인격을 기준으로 군자와 소인으로 분류했을 뿐이다. 주희가 신분제를 하늘이 정해준 경계로 분류하고 나서, 신분제가 마치 유학의 기본 이론인 것처럼 호도되었을 뿐이다. 또한 조선 후기 예론이 성리학의 종주가 되면서 사회 요구와는 거꾸로 신분제가 강화되었다. 한 집안의 적자들 중에서도 장남과 차남 이하를 차별했으니 서자는 말할 것도 없었다. 이렇게 조선 후기는 차별을 극대화하는 쪽으로 흘렀고, 나라는 극도로 쇠약해졌

◆ 예론의 종조宗祖 김장생의 초상 이이의 제자로서 예학을 본격화한 인물이다.

다. 윤휴는 대부분의 차별을 철폐해야 한다고 생각했다. 그래서 먼저 서얼庶孼, 즉 서자들에 대한 차별을 철폐해야 한다고 주장했다. 윤휴는 출사 직후인 숙종 1년(1675) 1월 23일 9개항에 걸친 시국 현안에 대한 상소문을 올리는데 그 8조에 서얼 허통에 관한 내용을 담고 있었다.

> 서울과 지방 높고 낮은 벼슬아치의 자제와 이미 출신(出身: 과거 합격)했거나 아직 출신하지 못한 양반의 서얼들을 총부摠府에 배속시켜야 합니다. 사방의 특이한 재능을 지닌 자와 수령들이 쓸 만하다고 상서上書한 사람들을 모두 총부에 소속시켜 한漢나라 때 조서를 기다리던 금마문金馬門의 공거公車처럼 그들을 번番을 나누어 직위直衛하게 하고, 또 그들의 도와 기예를 평가하여 기용하거나 내보내는데, 그 중 뛰어난 자를 뽑아 조정의 낭료郞僚와 100리를 다스리는 수령으로 삼아 조종조祖宗朝의 오위병五衛兵 제도를 차츰 회복하도록 하소서. -『백호행장』상 을묘년

윤휴의 주장은 두 가지 내용을 담고 있었다. 하나는 적자와 서자를 막론하고 사대부가의 자제들은 모두 총부에 소속시켜 군역 의무를 부과하자는 뜻이었다. 다른 하나는 총부에 소속된 사람들 중 우수한 자를 중앙의 낭료와 지방의 수령으로 발탁해야 한다는 뜻이었다. 낭료는 낭관郞官이라고도 하는데 정3품 통훈대부 이하의 당하관을 보통 낭관이라고 부른다. 중요한 것은 서자도 그 대상에 포함된다는 것이었다. 조선은 서자들에 대한 출사를 엄격히 금지하고 있었다. 이들을 중앙의 낭료와 지방관으로 삼자고 주장한 것이니 파격적이 아

닐 수 없었다. 또한 '사방의 특이한 재능을 가진 자와 수령들이 쓸 만하다고 상서한 사람'들에 제한을 두지 않았다. 누구나 재능이 있다면 발탁할 수 있다는 것이었다. 신분제의 틀을 깨는 것이 윤휴가 구상하는 국방 강화책의 핵심이었다. 그간 신분 때문에 소외되었던 사람들에게 신분 상승의 기회를 주자는 것이었다. 다음 날인 숙종 1년 1월 24일 숙종은 윤휴의 상소에 대해 의논하게 했다.

영의정 허적이 총부랑摠府郎 부분에 대해 또 반대하고 나섰다.

"이것은 대변통(大變通: 대개혁)이니 시행할 수 없습니다."

사대부 자제들에게도 군역을 부과하는 대변통에 반대한다는 뜻이다.

허적은 그 이유를 설명했다.

"우리나라 재상宰相의 자제는 좋은 집에 편안히 살면서 독서하는 것이 일이므로 비록 홍문랑(弘文郎: 홍문관 낭관)이라 해도 괴롭게 여기는데, 하루아침에 총부랑摠府郎이라는 이름으로 금군禁軍과 일체一體로 하면 시끄럽고 어지러울 것이 틀림없을 것입니다."

양반 사대부가 자제들의 일이란 '좋은 집에 편안히 살면서 독서'하는 것이지 군역은 아니라는 뜻에 다름 아니었다. 양반 사대부가의 자제들이기 때문에 더욱 군역에 힘써야 한다는 개념은 존재하지 않았다. 권리만 있고 의무는 없는 것이 사대부가의 자제란 의미였다.

권대운도 여기에 가세했다.

"사대부의 자제를 서얼과 섞어서 하나로 기록하여 총부摠府에 속하게 하는 것이니 어찌 이렇게 할 이치가 있겠습니까?"

사대부의 자제를 서얼과 섞어서 총부에 소속시킬 수는 없다는 뜻이었다. 윤휴는 "우리나라의 사족士族은 그 수를 모를 만큼 많으므로, 이것으로 단속하려는 것입니다."라고 반박했다. 군역 의무에서 면제된 사족들에게 군역 의무를 부과하면 국방력은 크게 강화될 것이었다. 그러나 의무 없는 특권에 젖은 사대부들은 어떤 형태의 군역 의무도 반대했다. 윤휴는 사대부들에게 군역을 부과해야 한다고 거듭 주장했다.

이원정李元禎이 다시 반대했다.

"그 뜻은 좋으나 고금이 다른 것이 마땅하니 시행하는 데 어려움이 있습니다. 사족의 자제는 단속을 받지 않을 것이니, 헛되이 시끄럽기만 할 뿐입니다."

윤휴가 다시 사대부의 자제들도 군역을 수행해야 한다고 주장했다.

"왕궁王宮 가까이에 머물고 임금 앞에서 직접 일을 하면, 사대부의 자제는 오히려 뽑히지 못할까 염려할 것입니다."

허적이 다시 반대했다.

"식년시(式年試: 3년마다 치르는 정식 과거)에 급제한 자는 사서四書, 삼경三經에 능통했지만 재주가 완성되지 못하는데 항차 총부摠府에서 『효경孝經』, 『병서兵書』만을 강독해가지고 인재를 얻을 수 있겠습니까? 요즈음 금군禁軍은 태반이 상한(常漢: 상민)인데도 제어하기가 어렵다고 걱정하는데 사대부의 자제가 한 곳에 모이면 당론만 일삼고 무사武士를 종처럼 볼 것이니 누가 제어할 수 있겠습니까?"-『숙종실록』1년 1월 24일

모두가 반대하자 윤휴도 뜻을 접을 수밖에 없었다.

"사람들이 다 불편하다고 말하니 다시 아뢸 것이 없습니다."

이렇게 사대부의 자제들과 서얼들을 모두 총부에 소속시켜 군

역을 부과하자는 혁신안은 폐기되고 말았다. 이 무렵 조정은 정책 노선을 둘러싸고 당파가 나뉘고 있었다. 탁남은 서인과 별 차이 없이 대부분의 개혁에 반대한 반면, 서인 중에서도 김수홍金壽弘은 윤휴의 개혁안을 적극 지지했다. 숙종 1년(1675) 6월 15일 돈녕 도정敦寧都正 김수홍이 서얼 허통과 북벌을 주장하는 상소를 올렸다. 김수홍은 병자호란 때 순절한 김상용金尚容의 손자로서 당파로 치면 서인 적통임에도 불구하고 윤휴의 개혁안을 지지한다는 이유로 『숙종실록』 사관들의 격렬한 비난을 받았다. 김수홍은 사헌부 장령에 제수되어 벼슬길에 다시 나온 숙종 즉위년에 이미 만 일흔셋의 고령이었다. 현종 7년(1666) 때 이미 공조정랑을 역임했기 때문에 벼슬을 탐해 나왔다고 할 수는 없지만 사관들은 아랑곳하지 않았다. 김수홍은 1차 예송논쟁 때 이미 기년복을 주장하는 송시열에 반대하고 참최복을 주장했다는 점에서 당론을 뛰어넘는 소신을 지녔던 인물이었다. 일흔이 넘은 나이에 조정에 나온 것도 생애 마지막 사업으로 윤휴 등과 함께 북벌대의를 실천하기 위한 것이었다.

숙종 1년(1675) 7월 9일 홍우원이 김수홍의 주장을 지지하면서 다시 서얼 허통에 관한 이야기를 꺼냈다.

"옛사람이 '현인賢人을 세우는 것은 일정한 법이 없다.'고 말했습니다. 서얼이라고 어찌 인재가 없겠습니까? 김수홍의 상소가 옳습니다."

청남인 이무가 동조했다.

"국초國初에는 서얼로서 홍문관 정자正字까지 된 자가 있었습니다만, 영락(永樂: 1403-1424) 연간부터 막기 시작했습니다. 그들 가운데는 반드시 재능 있는 자가 있을 것입니다."

윤휴가 가세했다.

"유자광柳子光이 서얼로서 사화史禍를 얽어 만들었기 때문에 그 뒤부터 막았습니다. 이제 만일 벼슬길에 나올 수 있게 허통한다면 오랫동안 답답했던 기운이 펴질 것입니다. 서얼은 한편으로는 사대부니 하천(下賤: 천인)과는 같지 아니합니다. 양첩(良妾: 양인 출신 첩)에게서 난 자는 융통하여 쓰는 것이 좋을 듯합니다."

◆ 유자광의 백골 사진 서얼인 유자광은 무오사화와 갑자사화를 일으킨 핵심 인물이었다.

이무가 소매에서 종이 한 장을 꺼내 숙종에게 올렸다. 서얼 허통에 관한 내용이 포함되어 있었다. 『숙종실록』 사관은 "허적이 서자 허견을 현관顯官으로 등용하고 싶어 하자, 윤휴, 이무, 홍우원, 김수홍이 허적의 환심을 사려고 힘써 이 논의를 한 것이다."라고 비난하고 있다. 이미 한 달 전에 "허적 등은 그(윤휴) 세력이 너무 커져서 자기 권력을 빼앗을까 두려워 서로 시기하고 의심해 청남, 탁남의 명목名目이 있게 되었다."-『숙종실록』 1년 6월 4일 라며 남인이 분당했다고 이미 비난해놓고 허적에게 잘 보이기 위해 서얼 허통을 주장한다고 비난하는 것이다.

노론 사관이 비난하는 핵심은 결국 서얼 허통 주장이란 사실을 다음의 사론史論에서도 알 수 있다.

청남, 탁남이 이미 나누어져서 점차로 싫어하고 틈이 생겼는데, 이 때에 이르러서는 크게 나뉘어져 서로 세력으로 싸우면서 권력을 다투었다. 소북이 또 윤휴와 허목을 끼고 몰래 엿보며 파고 들어갔다. 서얼들도 이 기회를 틈타 통용되려고 했으니 어지럽고 뒤섞여 기율이 어지러워짐이 매우 심했다. -『숙종실록』 1년 8월 3일

서인-노론이 보기에 윤휴는 신분제를 무너뜨리려는 위험인물이었다. 사대부, 양인, 천인으로 구성된 신분 질서를 무너뜨리려는 급진적 인물이었다. 청남은 신분제의 폐지 내지 완화가 사회를 발전시키고 나라를 부강하게 만들 것이라고 여겼던 정당이었다. 서인-노론으로서 윤휴를 제거하고 청남을 무너뜨리는 것은 단순한 정적 제거 차원을 넘어 사대부의 계급적 이익을 지키는 일이었다. 그러나 서얼의 벼슬 진출을 무조건 반대하는 것은 경전에서 근거를 찾을 수 없자 "허적의 서자 허견을 위해서 서얼 허통을 주장했다."는 식으로 폄하했던 것이다.

정권이 다시 서인으로 바뀐 경신환국 이후인 숙종 6년(1680) 5월 사헌부 집의執義 최후상崔後尙과 지평持平 이수언李秀彦이 이무를 비난한 다음의 구절에서 이를 잘 알 수 있다.

행사직行司直 이무는 …… 윤휴와 홍우원 사이를 오르내리며 심지어는 서얼을 청요직에도 오를 수 있게 하자는 상소를 오직 역적 허견을 위해서 발의했으니 그가 간흉奸凶에게 편들어 붙은 실상은 명백하여 감출 수가 없습니다. -『숙종실록』 6년 5월 11일

서얼 허통 주장은 허적의 서자 허견을 위한 것으로 몰아붙이는 것으로 서얼 허통을 막았다. 서인들의 이런 당론은 자신들이 종주로 삼는 율곡 이이의 생각과도 달랐다. 숙종 때보다 약 100여 년 전인 선조 16년(1583) 여진족 니탕개尼湯介가 함경도 회령會寧을 공격하자 이이는 서얼과 공사公私 천인賤人들의 허통을 주장했다. 육진六鎭 등에 자원해 3년을 근무하면 서얼들은 과거 응시 자격을 주고 천인들은 양민으로 면천시키자고 주장했던 것이다. 그러나 이때도 이이가 자신의 서자를 위해서 서얼 허통을 주장했다는 비난이 있었던 것처럼 양반 사대부들은 서얼 허통을 막기 위해 "누구의 서자를 위해서 주장한다."는 식의 말을 만들어냈다. 청남이 주장하는 이런 모든 개혁안들은 대부분 채택되지 못했다. 그래서 윤휴는 사퇴를 결심했다. 북벌을 추진하려면 국가가 강해야 하고, 국가가 강하려면 백성들이 부유해야 했다. 백성들이 부유하게 되려면 양반 사대부의 계급적 특권이 폐지 내지는 완화되어야 했다. 그러나 대부분의 개혁안은 탁남과 서인들에 의해서 저지되었다. 윤휴는 굳이 조정에 있을 필요가 없다고 생각했다.

6장

말뿐인 북벌을 넘어
행동하는 북벌로

강희제와 오삼계,
형주를 두고 대치하다

숙종 2년(강희 15년, 1676) 2월 상지신이 반청에 가담했다. 전세는 철
번을 단행한 강희제의 생각과는 달리 흘러갔다. 당초 강희제는 대군
을 출동하면 금방 진압될 것으로 생각했다. 대장군 순승군왕順承郡
王 늑이금勒尒錦은 "(강희 13년) 8월을 넘기지 않겠다."고 장담했다. 그
러나 전세는 강희제나 늑이금의 예상과는 달랐다. 이들은 조선 현종
15년(강희 13년) 2월에야 겨우 요충지인 형주荊州에 도착했다. 그 사
이 오삼계 군은 동정호洞庭湖를 끼고 있는 요충지 악주岳州와 장사長
沙를 점령했다. 7월 청군은 악주에서 오삼계 군과 격전을 치러 승리
했으나 악주를 점령하지는 못했다. 양자강 이남은 상당 지역을 오삼
계 군이 점령한 형국이었고, 형주를 경계로 천하가 둘로 나뉜 상황
이었다. 숙종 2년(강희 15년) 3월에는 청군과 오삼계의 주력군이 장
사 교외에서 맞붙었다. 청군의 안친왕 악락岳樂은 장사성 북쪽 철불

◆
형주성 형주는 대대로 정치 군사상의 요충지였다. 청군과 오삼계 군 또한 형주를 경
계로 대치하였다.

사鐵佛寺 뒤에서부터 성의 서남쪽까지 수십 리에 걸쳐 대군을 포진시
켰고 오삼계도 대군으로 대응했다. 오삼계의 조카인 오국귀吳國貴가
화살에 맞아 낙마했으나 하국상夏國相이 구해주었다. 이 기회를 놓치
지 않고 청군은 대공세를 펼쳤다. 그러나 오삼계는 이런 상황에 대비
해서 언덕 아래 큰 코끼리 부대를 숨겨두었다. 청군이 다가오자 수많
은 코끼리들이 일어나 맹렬하게 달려들었다. 놀란 청군은 급히 기수
를 돌려 달아났다. 피를 흘리는 접전이 계속되는 와중에 갑자기 폭우
가 내려 전투가 중지되었다. 오삼계는 장사성 방어에 성공했고, 청군
은 해자를 파서 성을 포위했으나 다시 공격하지 못했다.

강희제는 오삼계의 봉기를 3년이 지나도록 진압하지 못하고 있었다. 진압은커녕 누가 승리할지 알 수 없는 상황이 계속되었다. 강희제는 순승군왕 늑이금에게 형주를 떠나 남하하라고 거듭 재촉했다. 조선 숙종 2년(1676) 3월 18일 늑이금은 형주에서 강을 건너 오삼계 군을 동정호 북서쪽 예주의 태평가太平街에서 패퇴시켰다. 또한 동정호 안에 있던 군산君山을 점령하는 데 성공했다. 청군이 오삼계의 거병 이후 거둔 주요한 승리였다. 그러나 태평가와 군산은 오래지 않아 다시 오삼계에게 점령되었다. 태평가를 잃은 늑이금은 강희제에게 죄를 청했다. 강희제는 "형주에 이른 후 3년을 보냈는데 아직조그마한 공도 세우지 못했다."고 꾸짖으면서 엄히 죄를 물어야 하지만 적과 대치하는 상황이므로 그대로 자리를 유지하게 한다고 말했다. 강희제로서도 다른 방법이 없었다. 이런 상황에서 오삼계는 강서성의 요충지 길안吉安과 호남성의 예릉睿陵까지 점령했다. 크게 화가 난 강희제는 청군에게 예릉과 길안을 회복하라고 명했다. 양군은 여전히 양자강 이남 곳곳에서 치열하게 싸우거나 대치했다.

만약 이때 윤휴의 주장대로 조선군이 압록강을 건넌다면 전혀다른 상황이 전개될 것이었다. 청군은 경악과 공포에 빠질 것이었고, 뜻밖에도 천군만마의 지원군을 얻게 된 오삼계 군은 용기백배할 것이었다.

조선군이 참전한다면, 그 처지는 오삼계 군과 다르다. 오삼계 군은 강희제의 진압과 회유를 동시에 받고 있었다. 유리하면 싸우지만불리하면 항복을 생각하는 군대였다. 조선군은 다를 수밖에 없었다. 조선군은 압록강을 건너는 순간 죽느냐 죽이느냐 둘 중의 하나밖에선택의 길이 없었다. 또한 정교한 지휘 체계가 수립되어 있는 군대였다. 한마디로 잘 정비된 정규군이었다. 만약 윤휴가 조선군을 이끌고 압록강을 건넌다면 중원대란은 전혀 다른 상황에 맞닥뜨릴 것이었다. 실제로 윤휴는 이런 천하 정세를 꿰뚫어보고 있었다. 문제는 조선의 숙종과 지배층들이었다.

북벌을 주장하는
상소가 잇따르다

윤휴가 출사하면서 조선에 두 기운이 형성되었다. 한 기운은 여전히 말로만 북벌을 외치고 실제로는 북벌을 발목 잡던 사대부들의 침묵이었다. 윤휴가 출사해 북벌을 주장하는 상황에서 말로는 북벌을 외치고 행동으로는 방해하는 것은 불가능했다. 말로는 북벌을 외치고 실제로는 발목을 잡는 이중 처신이 불가능해지자 차라리 북벌에 대해 입을 다문 것이었다. 한 기운은 말과 행동으로 북벌을 단행하자는 기운이었다.

> 전 우후(虞候: 종3품 무장) 노우盧瑀가 상소하여 원수를 갚고 치욕을 씻기를 청하였다. 상소가 들어오자 유중불하(留中不下: 상소를 궁중에 두고 관계 기관에 내리지 않음)하였다. 윤휴의 (북벌) 논의 이후부터 이러한 소가 서로 이어져 끊이지 않았다. -『숙종실록』1년 2월 12일

조정에서도 탁남은 소극적이었지만 청남은 적극적으로 북벌을 주장하고 있었다. 그야말로 상무尙武 기풍이 일어나기 시작했다. 이

것은 큰 변화였다. 말로만 때우던 허세虛勢의 나라가 실세實勢의 나라로 탈바꿈하려는 조짐이 보이고 있었다.

그해 4월 17일에는 광주廣州 사람 김익호金翊虎도 상소를 올려 북벌을 청했는데, 숙종은 "너의 상소의 말은 매우 좋다. 임진년의 은혜와 병자년의 치욕恥辱에 대해 어찌 밤낮으로 감읍感泣하고 이를 갈지 않겠는가마는 시세時勢가 맞지 않으니 애석한 일이다."라고 답했다. 그러면서 숙종은 이 사실을 조보朝報에는 싣지 말라고 덧붙였다.

이 무렵 바다 건너 대만의 정금에게 사신으로 가겠다는 인물들도 잇따랐다. 숙종 1년 1월 수원 유생儒生 이계상李啓祥이 이를 자청했고, 4월 1일에는 중국 사람 황공黃功이 상소를 올려, "바다를 건너서 정금에게 사신으로 가겠다."고 청하는 일도 있었다. 황공은 효종이 데려온 인물이었다. 황공은 북벌 군주 효종의 어필御筆을 바치고, 자신이 "십팔반무예十八般武藝에 밝으니 무사들을 훈련시키기를 원한다."고 자청했다. 『숙종실록』의 사관은 "윤휴가 황공이 중국인이기 때문에 임금이 신용할 것으로 여겨서 상소를 올리게 권했다."면서 "황공은 경솔하고 허탄했으며 실제로 행할 의사가 없었다."고 비난하고 있다.

숙종은 황공의 상소를 윤휴에게 보여주었고, 윤휴는 이렇게 말했다.

"바다를 건너가는 일은 성상께서 만약 실행하신다면 이는 곧 사직을 위하는 지극한 계책입니다. 황공이 이런 뜻을 가졌으니 아주 좋은 일입니다. 반드시 세밀한 계책을 세우신 뒤에는 빨리 도모해야 할 것입니다."

4월 3일 숙종이 여러 대신들에게 다시 황공의 상소를 보여주자 곧바로 논란이 일었다. 허적은 황공이 염초焰硝를 만들 줄 안다기에 충청도에 보냈더니 실패했는데 땅이 좋지 못한 때문이라고 해서 다시 함경도에 보냈더니 다시 실패했다고 비난했다. 유혁연은 황공을 불러서 창 쓰는 법을 시험하려 했으나 병을 핑계 대고 오지 않았다고 비난에 가세했다.

그러자 윤휴가 황공을 옹호했다.

"신도 황공이 18기 무예가 있다는 말을 들었지만 이것을 황공에게 배울 필요는 없습니다. 그러나 바다를 건너 정금과 통호한다는 한 가지 일만은 좋다고 여깁니다."

윤휴는 황공을 비롯해 사신으로 가기로 자청한 사람들을 사신으로 보내자고 주청했다.

그러자 권대운이 윤휴를 강하게 비난했다.

"이 일은 이미 계달啓達했던 것인데 왜 다시 말을 합니까?"

윤휴도 반박했다.

"마음속에 품은 생각이 있어서 다시 진달하는 것이 무슨 잘못이 있겠습니까? 대신들은 무슨 이유로 내 말을 받아들이지 않습니까? 훗날에 사변이 있게 되면 반드시 신의 말을 생각할 것입니다."

이때 황공을 파견하려던 일도 역시 무산되고 말았다. 『숙종실록』의 사관은 '이계상과 황공이 실제 사신으로 갈 뜻이 있는 것도 아니면서 조정에서 보내지 않을 것을 알고 상금을 타 먹으려는 마음에서 청한 것'이라고 비난하고 있다. 그러나 북벌에 대한 사대부들의 부정적인 견해가 북벌 주장 자체를 막지는 못했다. 드디어 북벌론은 하나의 세력을 형성하기 시작했다. 6월에는 전 참봉參奉 박승후朴承後가 상소하여 북벌을 청했고, 10월에는 우부승지 이동규李同揆가 역시 북벌을 청했다. 재야 사대부뿐만 아니라 승정원에까지 북벌론자가 자리 잡기 시작했던 것이다.

반대에 부딪히는
전차 제작

윤휴는 북벌을 위한 필수 도구가 병거兵車, 곧 전차戰車라고 주장했다. 윤휴는 숙종 1년(1675) 1월 23일 국정의 급무를 아홉 가지로 논하는 상소에서 병거를 제작해야 한다고 주장했다.

> 백성에게 병사에 관한 일을 없앨 수 없고 국가는 군사력에 관한 일을 잊을 수 없습니다. 군사력 대비에 대한 방도는 보병 부대가 기병 부대만 못하고 기병 부대가 전차 부대만 못합니다. 전차는 군軍을 만들고 진陣을 세우는 나라의 대기大器입니다. 우리나라의 군사력에는 원래 이 제도가 없으므로 천리의 강토와 만려萬旅의 군사를 가지고도 늘 두려워하며 나라를 보전하지 못할까 근심하니 급하게 훈국訓局, 어영청御營廳, 수어청守禦廳, 총융청摠戎廳 등에 명하여 빨리 전차를 만들어 사졸士卒에게 익히게 하고, 또 외방外方의 감영, 병영 및 큰 부府나 주州도 경제력이 있는 곳은 제도대로 만들게 해야 합니다. 작은 현縣과 민간에서도 뜻에 따라 만들어서 평소에 익혀서 소나 말의 노동을 대신하게 해야 합니다. 그러면 농사를 다스리고 물건을 나르는 데도 반드시 크게 힘입는 것이 있을 것입니다. ─『숙종실록』 1년 1월 23일

윤휴는 북벌의 주요 준비 사업 중의 하나로 전차 제작을 강하게 주장했다. 윤휴는 기병 중심의 청나라 군사를 보병 중심의 조선군이 꺾기는 어렵다고 보았다. 청나라 기병을 상대하는 가장 좋은 방법이 전차라고 본 것이다. 윤휴는 전차를 농경에도 이용하고 수송 수단으로도 사용할 수 있는 일거양득의 기구라고 보았다. 그러나 여기에 대해서도 반대론이 많았다.

다음 날(1월 24일) 숙종이 윤휴의 상소를 가지고 비변사의 대신들에게 논의하게 했다. 수레, 곧 전차를 제작하는 문제에 대해서 논의했다.

허적이 "이것은 군사를 주관하는 사람에게 물어야 한다."면서 총융사摠戎使 김만기의 생각을 물었다. 숙종은 군사권은 외척에게 주는 것을 바꿀 수 없는 원칙으로 삼고 있는 군왕이어서 장인에게 총융사를 맡기고 있었다.

그러자 김만기는 윤휴가 구상하는 전차에 대해 물었다.

"제작은 어떻게 합니까? 끄는 것은 말로 합니까? 소로 합니까?"

윤휴가 답했다.

"말이나 소가 끄는 것이 아니라 위에 병기兵器를 싣고 앞에서 끌고 뒤에서 밉니다."

윤휴가 구상하는 전차는 사람이 끄는 것이었다.

김만기가 다시 물었다.

"얼마나 만들어야 하겠소?"

"만승萬乘이면 충분합니다."

"어렵소. 열흘 안에 어떻게 1만 승을 만들 수 있겠습니까?"

이미 부정적인 생각을 갖고 있으면서 꼬투리를 잡기 위한 질문에 지나지 않았다.

유혁연이 전차의 종류와 쓰임새에 대해서 설명했다.

"부서扶胥는 큰 전차지만 무강武剛은 외바퀴로서 한 사람이 운전할 수 있습니다. 위청衛靑은 전차 네 대로 자신을 지켰고, 마융馬隆은 전차에 식량을 싣고 요새 밖 3,000리의 평량주平涼州까지 갔습니다. 그 만드는 방법은 길이 좁으면 축소하고 평지에서는 펼 수 있으니, 실로 군사가 나가고 적을 막을 수 있는 아름다운 기구입니다."

위청은 한나라 무제 때 흉노를 공격했던 장수이고, 마융은 병기 혁신가로도 유명한 서진西晉의 장수였다.

그러면서 유혁연은 자신의 제작 경험을 덧붙였다.

"신이 시험 삼아 전차 한 량輛을 만들어보니 여드레가 걸렸는데 물력物力이 자못 많이 들었으며 평상시에는 사용할 곳이 없어 간수하기가 어려웠습니다."

윤휴가 자신이 만들었던 전차에 대해서 설명을 덧붙였다.

"신도 시험 삼아 전차 한 량輛을 만들어보았는데 나무 한 그루로 두 량輛을 만들 수 있었습니다. 사람이 탈 수도 있고 물건도 실을 수 있는데 어찌 쓸 곳이 없겠습니까? 전마戰馬를 기르는 데에 견주면 간수하기가 무엇이 어렵겠으며, 나라에 이롭다면 어찌 물력을 헤아리겠습니까?"-『숙종실록』1년 1월 24일

◆
위청의 초상 한나라 무제 때 흉노를 공격했던 장수이다.

윤휴는 전차가 단순히 전쟁 무기만이 아니라 평시에는 유용한 운송 수단으로 사용할 수 있다고 생각했다.

윤휴는 숙종 3년(1677) 9월 25일 벼슬을 사직하면서 올린 상소에서도 전차가 경제적으로도 유용하다고 말했다.

"곡식을 옮기는 일은 옛 사람이 말단의 일이라고 하였으나 이처럼 큰 흉년이 든 해를 당하여서는 또한 임시변통의 계책을 쓰지 않을 수 없는 것입니다. 강이나 바다를 끼고 있는 지방은 배로 운반할 수 있지만 육지 중에서 험하고 막힌 곳에 있어 길이 멀고 날짜가 오래 걸려 운반하기 어려운 곳에 대해서는 신은 마땅히 독륜거(獨輪車: 바퀴 하나인 전차) 제도를 사용해야 한다고 생각합니다. 이는 소나 말의 힘으로 하지 않고 사람이 밀고 끌면서 천리를 갈 수 있고 높고 깊은 곳에도 갈 수 있습니다." -『백호전서』10권 「사직 겸 진소회소辭職兼陳所懷疏」

숙종 3년은 큰 흉년이 들어서 굶어죽는 백성들이 속출했다. 백성들이 굶어죽는 데는 곡식 운송의 문제도 있었다.

윤휴는 전차를 곡식 수송에 쓴다면 흉년 든 지역의 백성들을 살릴 수 있다고 건의했다.

"우리나라의 동쪽과 북쪽 지방의 곡식은 밖으로 유출되지 않으므로 창고의 비축이 그런대로 남아 있는 데다가 금년에는 조금 풍년이 들었으니, 이 제도(전차)를 이용해서 힘써 옮긴다면 동쪽 지방의 곡식은 대관령을 넘고, 북쪽 지방의 곡식은 철령관으로 나오게 해서 굶주린 백성들을 먹일 수 있을 것입니다." -『백호전서』10권 「사직 겸 진소회소」

윤휴에게 전차는 평시에는 운송 수단으로 사용하고, 전시에는 무기로 사용할 수 있는 유용한 도구였다.

그러나 숙종도 전차 제작에 회의적이었다.

"내 생각에도 물력만 헛되이 쓸 것 같다."-『숙종실록』 1년 1월 24일

유혁연은 전차 제작이 국사에 경험 없는 윤휴의 탁상공론이라고 비판했다.

"윤휴는 일을 맡아보지 못하였으므로 쉽게 말하는 것입니다."

"신의 나이가 육십이 되어가는데도 어찌 오로지 이해에 어두워서 이런 말을 하겠습니까? 이 기계가 아니면 남만南蠻, 북적北狄을 막을 수 없는데, 금백(金帛: 금은과 비단)을 가지고 무릎을 꿇고서 섬기기만 하겠습니까?"

숙종이 말했다.

"어찌 그렇겠는가? 비록 전차가 없더라도 어찌 적을 막을 수 없겠는가?"-『숙종실록』 1년 1월 24일

전차 제작 무용론이 대세였다. 여러 이유들을 댔지만 핵심은 북벌 불가능론에 있었다. 윤휴에게 북벌은 공격전이었지만 나머지는 모두 방어전을 생각했다. 방어전에서 전차는 쓸모가 없었다.

허적이 절충안을 내놓았다.

"그 제도도 아름답지 않은 것은 아니니, 먼저 양국(兩局: 훈련도감과 어영청)을 시켜 두세 량輛을 만들어 보는 것이 마땅하겠습니다."

그래서 시험 삼아 두세 량을 만들어보는 것으로 절충이 되었다. 윤휴는 전차 제작 확대는 숙종의 의지에 달려 있다고 보았다. 그래서 숙종에게 직접 전차를 볼 것을 청했다.

숙종 1년 3월 18일 주강晝講 때 윤휴가 제안했다.

"전일 만든 병거(兵車: 전차)를 성상께서 친히 보신 뒤에 팔방에 공문을 보내서 빨리 만들어 비치하게 하면 자강自强하는 방책으로

이보다 나은 것이 없을 것입니다."

"주강 후에 마땅히 가져오게 해서 보겠다."

윤휴는 숙종이 직접 전차를 본다면 생각이 달라지리라고 생각했다. 그러나 윤휴의 이런 계획은 다시 허적의 반대에 부딪쳤다.

이날 허적과 권대운이 입시했을 때 허적이 말했다.

"윤휴가 성상께서 병거를 가져다 보시기를 청하였다고 전해 들었습니다. 무릇 병가에서 군사 기계를 사용하는 요체는 장수를 선택해 일을 맡기기에 달려 있을 따름인데, 하필 (궁중에) 들어오게 해서 예람(睿覽: 임금이 직접 봄)해야 하겠습니까? 가져오게 해서 대궐에 들여오려면 큰길을 지날 즈음 성안의 아이들이 전에 못 보던 물건이라고 달려와서 볼 것인데, 저 사람들(청 사신)이 경내境內에 있으므로 들으면 번거로울 것이니 더욱 삼가야 하겠습니다."−『숙종실록』 1년 3월 18일

아이들이나 청 사신의 눈에 띄는 것이 두려우면 통금 후에 가져오면 될 것이었다. 숙종이 혹시라도 전차를 보고 대량 제작하기로 마음먹을까봐 미리 보지 못하게 반대한 것이었다.

권대운도 허적에게 동의했다.

◆
『수색집水色集』 허적이 남긴 시문집이다.

"친히 보시지 않더라도 그 제도를 알 수 있으며, 우리나라는 산천이 험하므로 쓰기 어렵습니다."

"그렇다면 잠시 동안 가져오지 말라."

윤휴는 분개했다. 이런 형편이라면 남인 정권으로 교체된 의미가 없었다. 북벌도 반대하고, 백골, 아약의 고통을 없애는 것도 반대한다면 서인 정권과 다를 바가 없었다. 그래서 윤휴는 숙종 1년 4월 16일 사직서를 제출했다. 『숙종실록』은 "윤휴가 진달한 병거의 일이 시행되지 않는 것을 분하게 여겨 묘당(廟堂: 의정부)을 배척하는 상소를 올리고 물러나 돌아가기를 청했다."고 전하고 있다. 그러나 숙종은 아직 윤휴를 잃고 싶지 않았다. 아직 삼번의 난이 계속되고 있었다.

숙종은 윤휴를 달랬다.

"요사이 병거 제작에 관한 일은 다만 물력物力이 미치지 못할까 염려했을 뿐이다. 즉시 중관(中官: 내시)을 시켜 상세히 살펴보게 하였다. 전차의 그림을 보니 위급한 경우에도 사용할 만하고, 또 적을 방어하는 데도 장기長技가 될 만했다. 이와 같은데 어찌 물력이 많이 드는 폐단을 애석해 하겠는가? 곧 양국兩局과 관서(關西: 평안도) 지방에 분부해 제조하게 해서 음우(陰雨: 전쟁)에 대비할 것이니 안심하고 사직하지 말라." - 『숙종실록』 1년 4월 16일

이 기사에 대한 사신의 평은 윤휴가 주도하는 북벌을 바라보는 서인들의 불편한 속내가 그대로 드러나 있다.

"사신史臣은 말한다. '옛날 우리나라가 셋으로 나뉘었을 때 고구려는 작은 나라蕞爾였지만 능히 수隋, 당唐의 백만 군사를 달아나게 했고, 승국(勝國: 고려)의 강감찬姜邯贊도 거란군을 쳐서 깨뜨렸으니, 이는 장상(將相: 재상과 장수)에 적임자를 등용한 데 있다.'" - 『숙종실록』

1년 4월 16일

　　그러면서 사신은 윤휴가 북벌의 적임자가 아니라고 비난한다.

　　"그런데 오늘의 나라 형세로써 윤휴처럼 미치고 어리석은 자에게 맡기는 것은 마치 촉蜀 임금 소원昭遠이 철여의鐵如意를 휘두르면서 스스로 제갈량諸葛亮에게 비기는 격이니, 석진(石晉: 후진)의 화禍같은 것이 발뒤꿈치 돌릴 사이도 없이 곧 닥치게 될 것이다."-『숙종실록』1년 4월 16일

　　북벌을 단행했다간 후진後晉처럼 나라가 망할 것이라는 비난이었다. '북벌은 곧 망국'으로 보는 것이 윤휴 등장 이전 북벌을 소리 높여 주창했던 서인들의 속마음이었다.

　　청나라 사신 문제는 전차 제작 반대론자들의 전가의 보도였다. 조선은 산천이 험해서 전차를 사용할 수 없다는 것도 주요한 반대 논리였다. 윤휴는 이것이 반대를 위한 반대라는 사실을 잘 알고 있었다. 그래서 자신의 영향력이 닿는 지역에서는 병거兵車를 만들게 했다. 그러나 이 또한 곧 반대론자들의 귀에 들어갔다.

　　숙종 1년 11월 21일 목래선이 이 문제를 제기했다.

　　"근래에 인심이 안정되지 않았는데, 황해도 병영에서 방금 병거를 크게 제조해 아주 요란擾亂하다고 합니다. 황해도는 서방西方의 큰 길이고 저 사람들이 왕래하는 땅인데 저들이 만약 이를 묻는다면 장차 어떻게 대답하겠습니까? 이것이 몹시 염려할 만합니다."

　　허적이 가세했다.

　　"황해도 병사兵使 김경金鏡은 바로 윤휴의 외삼촌입니다. 윤휴가 반드시 사사로이 통해서 만들었을 것입니다. 이목을 몹시 번거롭게 하는 것은 옳지 않습니다."

그러자 윤휴를 지지하는 북벌론자 이동규가 두 대장(大將: 유혁연, 김석주)이 수레를 만들지 않는다고 비판했고, 목래선이 반박했다.

"만약 병거가 이로운 군사 기계라면 두 대장이 찬성하는 데 겨를이 없을 것인데, 모두 그 편리함을 말하지 않으니 이것만 봐도 번거롭기만 하고 무익함을 볼 수 있습니다."

숙종은 일단 목래선의 의견을 지지했다.

"저 사신들이 나오는 것이 멀지 아니하였으니, 해서(海西: 황해도)의 병거 제작을 우선 정지하도록 하라." -『숙종실록』 1년 11월 21일

윤휴는 황해도 병사로 나가 있는 외삼촌에게 전차를 만들게 했다. 황해도는 청나라로 가는 주요 길목이므로 북벌 때 유용하게 쓸 수 있을 것이란 생각이었다. 그러나 북벌 반대론자들은 전차 제작 대신 산성을 수축하자고 주장했다.

숙종 2년 1월 12일 목래선은 사신을 접대하러 떠난다면서 청 사신의 질문에 어떻게 응답해야 하는지를 물었다.

"신은 빈접儐接의 임무로써 내일 마땅히 떠나야 합니다. 산성과 전차에 대하여 저들이 묻는다면 어떻게 응답해야 하겠습니까?"

허적이 답했다.

"산성은 다른 도적을 방비하기 위한 것이라고 대답하고, 전차는 없다고 대답하는 것이 옳습니다."

윤휴가 반대했다.

"저들이 만약 묻는다면 확실히 알고 묻는 것입니다. 마땅히 수적(水賊: 해적)을 방어할 때에도 육지에서 싸우기 때문에 만든다고 대답하는 것이 옳습니다."

그리고 윤휴가 덧붙였다.

"대흥산성大興山城의 역사는 정지할 만합니다."

대흥산성은 체찰부體察府 소관으로 개성에 있었다.

산성 수축 정지 요청에는 숙종도 반대했다.

"물력을 이미 준비했으니 이제 바꾸기는 어렵고, 저 사람들이 비록 묻더라도 병거와 같이 대답하기가 어려운 것은 아니다."

그러자 허적이 윤휴를 비판했다.

"윤휴는 성을 쓸데없는 것으로 생각하니, 신 등과 의견이 서로 어긋납니다." -『숙종실록』 2년 1월 12일

전차와 산성에 대해 허적과 윤휴의 생각은 근본적으로 달랐다. 윤휴는 방어용인 산성은 필요 없다고 생각한 반면, 허적은 북벌용인 전차가 필요 없다고 생각했다.

윤휴는 이런 상태에서 조정에 더 있어봐야 소용이 없다고 생각했다. 자신은 실제 북벌을 위해서 출사한 것이지 과거처럼 말로만 북벌하기 위해 출사한 것은 아니었다.

윤휴가 불만을 표시했다.

"신은 원래 학문에 실속이 없고 궁마弓馬에도 재주가 없으나, 신의 생각은 여기에서 거의 다 아뢰었습니다. 그런데 한 가지도 시행할 만한 것이 없다면 끝내 성상께 보답할 수 있는 것이 없을 것이니, 마땅히 일찍 스스로 물러가야 할 것입니다. 한두 가지라도 할 만한 것이 있다면 또한 마땅히 몸을 바쳐 힘을 다할 것입니다. 성상께서 생각하셔서 나아가든지 물러가게 하소서."

그러자 허적이 윤휴를 비판하고 나섰다.

"윤휴의 말은 지나칩니다. 신하가 임금을 섬기다가 예와 뜻이 쇠퇴하면 떠나야 하고, 경륜과 큰 뜻이 있는데도 시행되지 않으면 떠날

수 있지만 어찌 이 몇 가지 일 때문에 거취를 결정하는 것이 옳겠습니까?"

윤휴가 출사한 이유는 흉중의 포부를 실천하기 위해서였다. 윤휴가 보기에 조선은 그랜드 디자인을 다시 짜야 하는 나라였다. 소변통小變通이 아니라 혁명에 가까운 대변통大變通이 필요한 나라였다. 주희의 경전 해석만 금과옥조로 여기는 사상계도 변해야 하고, 말로만 북벌을 외치는 사대부들의 이중적 처신도 변해야 했다. 권리만 누리고 의무는 방기하는 사대부들의 계급 이기주의도 버려야 했다. 능력이 아니라 신분을 따지는 신분제도 바꾸어야 했다. 이렇게 국가 기운을 일신한 후 그 여세를 몰아 북벌에 나서야 했다. 그러나 윤휴의 야심찬 계획은 매번 저지되고 있었다. 숱한 개혁안 중에 겨우 만과萬科, 즉 만인과萬人科 정도만 실행되었다.

백성들이 응시할 수 있는
무과를 실시하다

만과는 무과에 국한되었으므로 무사 만과라고도 부른다. 숙종 2년 (1676)에 시행되었지만 윤휴가 주도한 정책은 그가 사형당한 후 대부분 왜곡되거나 은폐되었으므로 그 전모를 알기가 쉽지 않다. 다만 『숙종실록』 2년 1월 26일자에 "문과 정시庭試를 베풀어서 오시만吳始萬 등 일곱 사람을 뽑았다."는 기록 다음에 "무과武科는 장차 1만 명의 사람을 뽑으려 했기 때문에 3월에 이르러서 방방榜을 냈다."는 기록에서 문과는 일곱 명을 뽑았지만 무과는 무려 1만 명을 뽑으려 했음을

◆ 활쏘기 김홍도가 그린 조선시대 무과
의 풍경

알 수 있다.

무과는 원래 문과보다
는 많지만 급제자가 그리 많
지는 않았다. 문과가 3년마
다 뽑는 식년 문과인 것처럼
무과도 3년마다 식년 무과를
치렀다. 무과도 문과처럼 초
시初試, 복시覆試, 전시殿試의
세 단계가 있었다. 초시는 훈
련원에서 주관하는 원시院試
와 각 지방의 병마절도사가

주관하는 향시鄕試가 있었다. 원시는 70인을 뽑았고, 향시는 경상도
30인, 충청·전라도 각 25인, 강원·황해·영안(함경)·평안도 각 10인으
로 모두 120인을 뽑았다. 무과 초시는 원시와 향시를 합쳐 190인이
합격자 정수였다. 초시 합격자는 식년 봄 서울에서 모여 복시를 치
러 28인을 뽑았는데 이것이 사실상 최종 합격자였다. 초시는 무예 실
력만 봤으나 복시는 책을 읽고 해석하고 시험관의 질문에 답하는 강
서講書도 해야 했다. 강서란 사서(四書:『논어』,『맹자』,『중용』,『대학』)와
오경(五經:『시경』,『서경』,『역경易經』,『춘추』,『예기』) 중의 한 권과 무경칠
서武經七書, 즉 『손자孫子』,『오자吳子』,『육도六韜』,『삼략三略』,『사마
법司馬法』,『울요자尉.子』,『이위공문대李衛公問對』 중에서 한 권,『자
치통감資治通鑑』,『역대병요歷代兵要』,『소학』,『장감박의將鑑博議』 중
에서 한 권, 그리고『경국대전』을 시험 쳤다. 28인은 전시에 합격해야
최종 급제가 되었는데, 전시는 갑과 3인, 을과 5인, 병과 20인이 정원

이었으니 복시와 합격자 수는 같았다. 다만 그 등급을 갑, 을, 병으로 나눈 것이었다. 물론 이 밖에도 국가에 경사가 있을 때 실시하는 증광시, 별시 등이 있었으므로 그 급제자 수는 더욱 많았으나 숙종 초 윤휴가 주장한 만과와는 달랐다.

그러나 만과는 윤휴가 처음 주장한 것은 아니었다. 광해군 12년 (1620) 때도 만과를 실시한 적이 있었다. 그 무렵 만주족이 세운 후금이 맹렬한 기세로 성장하자 그에 대비하기 위해서 만과를 실시해 많은 무사를 급제시켰던 것이다.

숙종 초 윤휴가 출사하면서 재야 유학자들 사이에서도 북벌 주장이 대두되고 있었다.

숙종 1년(1675) 5월 13일 상소를 올린 풍덕豊德의 유학幼學 진현陳絢도 그런 인물이었다.

"호어(胡語: 만주어)와 한어(漢語: 중국어)를 잘하는 자를 뽑아서 간첩으로 적지에 깊게 침투시켜서 적노(賊奴: 청나라)의 허실을 염탐해야 합니다."

진현도 오삼계가 주도하는 삼번의 난이 중원을 휩쓸고 있다는 사실을 잘 알고 있었다.

◆
오삼계 상 중국 운남성 곤명 인근의 도교 사원에 있다.

"오장吳將의 승패를 살피고 문관이나 무관 가운데서 지모가 뛰어난 자를 통신사로 삼아 (대만의) 정금이 있는 해도海島에 보내고 그를 통하여 격서를 오삼계에게 보내서 모월 모일에 군사를 일으켜 협력하겠다고 기약해야 합니다."

그러면서 진현도 만과를 실시해 군사력을 강화해야 한다고 주장했다. 숙종은 진현의 상소를 허적에게 내려주었다. 허적은 "그 가운데 한 가지 일은 더 말씀 드리지 않겠습니다."라고 말했는데, 『숙종실록』 사관은 "통신사를 파견하는 일을 가리킨다."고 설명했다. 오삼계와 연결하는 것에 대해서는 더 말할 필요도 없이 허황된 이야기라는 뜻이다. 허적은 또한 "만과에 대한 일도 마땅하지 않다."고 반대했다. 만과에 대한 것 역시 북벌에 대한 견해에 따라 그 좋고 싫음이 분명하게 갈렸다. 북벌을 주장하면 만과에 대해서도 호의적이었고 북벌을 반대하면 회의적이었다.

숙종 2년에 실시한 만과는 그 급제자 수가 대단히 많았다. 훗날인 숙종 7년(1681) 2월 영부사 송시열의 사직 상소에는 만과의 급제자 숫자를 짐작할 수 있게 하는 단서가 나온다.

"무인 만과도 오늘날 처리하기 어려운 큰 폐단이 되었는데, 그 숫자가 2만 명에 가깝습니다. 그런데 모두 서울에 모여 조용(調用: 임용)되기를 바라다가 그렇지 못하면 원망하고 또 원망하니 서울의 쌀값이 비싼 것도 이 때문이고, 농민이 점차 줄어드니 이는 진실로 식자들이 깊게 염려하는 바입니다." -『송자대전』 16권 「일을 논한 소차論事箚」

숙종 2년에 치른 만과는 조선 역사상 가장 많은 합격자를 낸 무과 시험이었다. 이때 1만 명 이상의 급제자를 낼 수 있었던 배경은 양반 사대부가 아닌 상민들의 응시를 허용했기 때문이었다. 상민들의 만과 응시를 허용한 것에 대해서 사대부들의 반발이 거셌다. 심지어 미수 허목도 반대였다.

"또 만인과를 두었는데 이 과거는 심히 의미가 없습니다. 농農, 공工, 상고(商賈: 상인), 용례(傭隷: 노비), 하천(下賤: 천인)이 모두 응시할 수 있으므로, 비록 심산계곡의 사람이 드문 시골이라도 또한 활을 당기고 눈을 부릅뜨면서 논란하지 않는 자가 없으며, 스스로 때를 만남이 늦었다고 하면서 벼슬자리를 다투어 사모합니다. 혹 한 가지 일이라도 뜻대로 되지 않으면, 각각 힘을 내어 다투는 것을 능사로 삼는데, 이런 족속은 만인과 출신이 많으며, 모든 아문의 군관軍官, 아병牙兵, 졸오卒伍가 흉한 무뢰凶悍無賴하고 염치없고 방자하여, 병적兵籍에 속하지 않습니다.

이로써 미루어 보면 온 나라 안이 모두 그렇습니다. 조정의 근본에서부터 사방의 서천맹례(庶賤氓隷: 서자들과 천인들)에 이르기까지 명분이 문란하고 예의와 염치를 버렸으므로, 충성스럽고 착하고 법을 두려워하는 풍속이 없으니, 이는 나라를 어지럽히는 정치입니다."

-『미수기언眉記言』「자서自序」

허목은 3년설 정도에서는 청남에 속했지만 북벌에 대해서는 탁남과 마찬가지였다. 무사는 무예가 중요하지 신분이 중요하지 않았다. 그래서 윤휴는 만인과를 실시해 사실상 신분제의 틀을 무너뜨렸다. 그러자 양반 사대부들은 무과 자체를 천시하기 시작했다.

숙종 16년(1690) 1월 3일 병조참판 이집李鏶이 만과에 대해 한 말이 이를 말해 준다.

"한번 만과를 설치해 시행한 뒤부터 사대부의 자손은 다 무업武業을 일삼는 것을 부끄럽게 여기니, 이 때문에 무사武士에는 인재가 모자랍니다."

만과에 사대부 아닌 백성들의 응시를 허용한 후 사대부의 자손들은 무과를 상놈의 직업이라고 부끄럽게 여기게 되었다는 뜻이다. 막상 윤휴가 사대부의 자손들도 총부에 넣어 군역을 부과하려고 하면 어떻게 서얼들과 함께 근무하겠느냐며 반대하던 사대부의 자손들이, 이제 만과에 상민들이 응시하니까 무인 자체를 상놈으로 천시하게 되었다는 이야기였다. 윤휴가 당초 만과를 설치한 목적은 신분을 망라하고 능력이 있는 자를 선발해 북벌에 앞장서게 하려던 것이었다. 그런데 만과는 실시해놓고 북벌은 단행하지 않으니 많은 문제가 생길 수밖에 없었다. 지패법이 호포법과 함께 시행되어야 하지만 호포법은 실시하지 않고 지패법만 실시하니 많은 문제가 생긴 것과 마찬가지 상황이었다. 만과 급제자에게 벼슬을 주어야 했는데 북벌을 단행하지 않으니 자리가 모자랄 수밖에 없었다. 그러자 이들을 군졸로 편입시켰으니 큰 반발이 일어날 수밖에 없었다.

대사헌 윤휴가 상소했다.

"지패법을 호패법으로 변경하자 백성들이 더욱 난을 생각하게 되었고, 만과에 뽑힌 무사를 부영府營에 편입시켜 졸오卒伍에 밀어넣자 분노하는 마음이 일어났습니다." -『숙종실록』 3년 2월 15일

장교를 선발해놓고 사병으로 편성한 것처럼 무과를 실시해 선발해놓고 졸병으로 편입시켰으니 불평이 생기지 않을 리가 없었다. 반발하는 몇몇 급제자를 체포해서 심문했는데, 이 또한 많은 불만을 야기시켰다. 그러나 조정에서 만과를 실시하겠다고 밝혔을 당시에는 백성들의 호응이 대단했었다.

당초에 만과를 실시했을 때 나라 사람들이 소매를 걷고 옷자락을 떨치며 폭풍처럼 일어나 구름같이 모여서 활 쏘는 곳으로 달려가지 않는 이가 없었으니 이는 어찌 전하의 뜻이 있음에 감동했기 때문이 아니겠습니까?

윤휴가 처음 만과를 설치하자 인재들이 구름같이 몰려들었다. 이 인원만 잘 활용하면 북벌도 가능했다. 북벌을 단행하면 드넓은 영토가 생기고 그 영토를 다스릴 사람들이 필요했다. 그러나 1만 명 이상의 무사를 뽑아놓고 북벌은 하지 않으니 이들을 활용할 방도가 없었다. 1만여 명의 무사들은 귀찮은 존재가 되었다. 그런데 더욱 놀라운 일이 벌어졌다.

그런데 정수(征戍: 군사로 정벌하는 일, 곧 북벌)를 파하고 속포粟布를 거두었으니, 이는 진실로 큰 믿음을 잃고 만부萬夫의 원망을 부른 것입니다.

만과 급제자들을 군역에 충당해 곡식이나 베를 내게 했다는 이야기다. 군포軍布를 받는 존재로 전락시켰다는 뜻이다. 만과에 급제하면 벼슬을 준다고 해놓고 벼슬은커녕 군포를 징수했으니 원성이 하늘을 찌를 수밖에 없었다.

옛날에 원위(元魏: 북위)의 장중우張仲瑀가 무인을 배척하고 억압하여 청선(淸選: 중요한 관리 선발)에 참여할 수 없게 해서 시끄러운 비방이 길거리에 가득 차더니 그 자신이 찢겨 죽었고, 고려의 정중부鄭

仲夫 등은 문사文士 임종식林宗植, 한뢰韓賴 등이 오만하자 무사들이 대란大亂을 만들어 종사가 망했습니다. -『숙종실록』 4년 5월 11일

　　윤휴의 상소는 절규였다. 두 번의 큰 외침을 당하고도 무사를 천시하는 나라, 문신들이 무사를 종처럼 보는 나라에 대한 절규였다. 이렇게 군사를 무시하고도 나라가 망하지 않겠느냐는 경고이기도 했다. 윤휴는 오래도록 가뭄이 계속되는 상황에서 '민정民情을 거스르는 처사'를 다시 하는 것은 하늘의 분노를 살 것이라면서 "호패법을 폐지하고, 만과 출신자에 대해 형조에서 투옥하고 고문하는 일을 멈추어야 한다."고 주장했다.

　　숙종은 윤휴의 상소에 대해 "호패법에 대한 한 조목만은 경의 말이 나의 뜻에 부합한다."면서 만과 출신자에 대한 형조의 조치도 변통함이 있어야 한다고 답했다. 그러나 이로써 문제가 해결된 것은 아니었다. 호패법과 만과 출신자에 대한 대우 문제는 모두 양반 사대부의 반발을 넘어야 하는 문제이기 때문이다. 또한 만과 출신자에 대한 문제는 북벌과 밀접한 관련이 있었다.

군사 총사령부 설치를
주장하다

　　윤휴는 북벌을 단행하려면 이를 전담하는 군사 지휘부가 있어야 한다고 생각했다. 그래서 숙종 1년(1675) 9월 6일 숙종이 대신과 비변사의 여러 신하들을 인견하는 자리에서 체부體府 설치를 요청했다.

체부란 체찰사부體察使府의 준말로서 군부의 총사령부를 의미했다. 조선은 무장 위에 문신으로 체찰사를 설치해서 지휘하게 했다.

체부 설치 주장에 허적이 "저 사람들의 의심을 초래할까 두렵습니다."라고 우려하자, 윤휴가 답했다.

"해방海防 때문이라고 말한다면 저들이 어찌 책망할 수 있겠습니까?"

왜구를 막기 위해서 설치하는 것이라고 말하자는 뜻이었다.

권대운이 절충안을 내세웠다.

"마땅히 실상을 앞세우고 이름은 뒤로 미루어야 할 것입니다."

이름은 짓지 말고 먼저 일만 하자는 뜻이었다.

총융사 김만기도 권대운의 말에 동의했다.

"대신이 비국(備局: 비변사)에 앉아서 체부의 일을 행하면서 그 명호名號는 감추는 것이 좋겠습니다. 이름만 있고 실상이 없는 것은 나라의 큰 해입니다."

숙종은 여러 대신들의 이야기를 듣고 있었다. 한참을 생각하더니 잘 생각하고 해야 한다고 하교했다. 어린 나이에 왕위에 올랐지만 숙종은 군사권에 대한 문제는 민감했다. 이때 윤휴의 북벌대의에 적극 동조해 거병을 적극 주장한 인물이 우부승지 이동규였다.

윤휴가 거듭 체부 설치를 주장하는 가운데 숙종 1년(1675) 10월 22일 우부승지 이동규가 상소를 올렸다.

"체부를 다시 설치하고, 한 대신에게 명을 내려 군국軍國의 중임을 맡겨서 스스로 부사副使와 종사從事를 택하게 하고, 남다른 재능이 있는 선비를 불러 보좌하게 해서 충익忠益을 넓힐 것이며, 재주와 무예가 있는 사람을 모아서 군영의 부장裨將으로 삼아 융성하게 하

고 군사의 형편을 굳세게 하소서."-『숙종실록』 1년 10월 22일

　『숙종실록』은 "이동규는 줏대 없이 윤휴를 붙좇기 때문에 윤휴가 하는 말은 받들지 않는 것이 없었다."고 비난하면서 윤휴와 손님 사이의 일화까지 들고 있다.

　　윤휴의 객客이 윤휴에게 물었다.
　　"군君께서 만약 군사를 이끌고 북벌을 하게 되면, 조정에 남겨두어 뒷일을 맡길 자는 어떤 사람이오?"
　　윤휴가 답했다.
　　"이동규가 그 사람이고 그다음이 조사기입니다."
　　듣는 이가 이동규를 관파關播와 이원평李元平에게 비하였다. -『숙종실록』 1년 10월 22일

　『숙종실록』에서 윤휴와 가까운 사람에 대해 기술했다면 악의에 찬 비난이라고 보면 틀림이 없다. 관파는 당唐나라 덕종德宗 때 사람이다. 노기盧杞가 관파를 추천해 동중서문하평장사同中書門下平章事로 삼은 후 그를 조종해 실제 권력을 행사했다는 인물이다. 이원평도 마찬가지로 당 덕종 때 사람이다. 이희열李希烈의 난 때 덕종이 여주별가汝州別駕로 삼아 싸우게 했으나 사로잡히게 되자 화살을 땅에 던지며 항복했다. 이희열이 이원평을 재상宰相을 삼았지만 거짓 항복한 것이라는 말을 듣자 한 손가락을 잘라 두 마음이 없다고 맹세했다는 인물이다. 관파의 예를 든 것은 이동규가 윤휴에게 조종당하는 인물이라고 비난하기 위해서이고, 이원평의 예를 든 것은 북벌에 나서봤자 청나라에 항복하고 붙을 인물이라고 비난하기 위해서였다. 실제

로 북벌을 주장하면 극도의 비난과 조롱을 받는 분위기가 사대부 사이에 형성이 되어 있었다. 『숙종실록』은 "이동규가 체부 설치를 청한 것은 실로 윤휴에게 병권을 잡게 도모하기 위한 것이었다."라고도 비난하고 있다.

서인들은 윤휴가 실제로 체부를 장악할까봐 전전긍긍했다.

> 윤휴가 또 체부 설치에 관해 말하니 이동규도 말했는데 윤휴가 더욱 마음이 급해서 '신의 마음이 염려되어 잊히지 않습니다耿耿.'라고까지 하였다. 이때 윤휴가 병권을 잡으려고 도모한 지 이미 오래 되었지만 김만기, 김석주, 신여철申汝哲 등을 갑자기 쫓아내기가 어렵자 그 당과 함께 체부를 설치해 먼저 허적을 도체찰사로 삼고 자기는 부체찰사를 제수받으려 하였다. 또 개부(開府: 체부를 여는 것)를 핑계로 허적에게 바깥 군사 일을 맡기고 자기는 조정을 장악하고 중병重兵을 안에서 품으려고 밤낮으로 몰래 모여서 밀의密議했으나 사람들이 그 하는 짓을 헤아리지 못했다. -『숙종실록』1년 9월 23일

서인들이 재집권한 후 윤휴를 사형한 주요 혐의 중의 하나가 부체찰사가 되어 군권을 장악하려 했다는 것이었다. 윤휴가 병권을 원한 것은 사실이겠지만 그것은 북벌을 위해서였다. 앞서 윤휴의 객이 '군君께서 만약 군사를 이끌고 북벌을 하게 되면'이라고 물었듯이 실제 북벌을 하게 된다면 윤휴가 군사를 지휘하리라고 생각하는 사람들이 있었다. 윤휴나 이동규는 실제로 북벌을 단행해야 한다고 믿는 인물들이었다.

이동규의 상소는 계속된다.

"오늘날 남모르는 가장 큰 근심은 해상海上에 있는데 회렵會獵의 글이 하루아침에 남쪽에 오자 동오東吳의 모사謀士들이 적적賊을 영접하자는 계책을 다투어 바쳤습니다. 그렇게 되면 비록 전하께서 비록 주사(奏事: 임금에게 올리는 글)가 놓인 서안書案을 손수 찍더라도 소용이 없을 것입니다." - 『숙종실록』 1년 10월 22일

회렵의 글이란 삼국시대 위魏나라 조조曹操가 오吳나라 손권孫權에게 백만 대군을 거느리고 강하에서 회렵(會獵: 사냥, 전쟁)하겠다고 하자 오나라 모사들이 다투어 조조에게 항복하자는 계책을 바쳤다는 일화를 뜻한다. 조조와 싸우기로 결심한 손권이 칼로 책상을 찍으면서 '조조를 영접하자고 말하면 이 책상처럼 찍을 것'이라고 말한 것을 인용한 것이다. 해상은 대만의 정성공을 뜻한다. 대만의 정성공이 거병하면서 왜 조선은 일어서지 않느냐고 꾸짖는다면 할 말이 없다는 뜻이었다.

이동규는 그런 일이 벌어지기 전에 먼저 거병해야 한다고 주장했다.

"영남, 양호(兩湖: 호남, 충청), 경기, 양서(兩西: 황해, 평안) 연해에 사는 백성을 모두 수군에 소속시키면 훌륭한 병사 10만을 얻을 수 있습니다. 천하(天下: 중국 한족)의 힘을 합하고, 동남(東南: 일본) 세를 아울러 수군과 육군이 함께 거사하는 계책을 세우면 천신天神이 협조해 바람이 순조로울 것이니 돛을 펴고 바다를 가를 때 한 번에 천리를 달릴 것입니다." - 『숙종실록』 1년 10월 22일

드디어 숙종은 재위 1년(1675) 11월 8일 허적을 체찰사로 삼았다. 문제는 체찰사만 임명해놓고 체찰사부를 설치하는 일은 마냥 미뤄지는 점이었다. 허적은 청나라에 간 사신들이 들어온 다음에 설치

하자고 시간을 끌었고, 숙종도 청나라에서 눈치챌까 두려워 허적의 말을 따랐다. 그래서 체부는 도체찰사만 선정된 채 유명무실한 기관이 되었다.

그래서 윤휴는 숙종 2년(1676) 1월 19일에 다시 이 문제를 제기했다.

"체부의 일을 아직도 시행하지 않는 것은 무엇 때문입니까? 군국의 중대한 일은 미리 하지 않을 수 없는데, 어찌 뜻만 두고 있겠습니까?"

그러나 숙종은 역시 시간을 끌었다.

"사신이 3월 사이에 돌아올 것이니 잠시 자문咨文의 회보回報를 기다린 뒤에 할 것이다."

명목상의 체부는 설치되었지만 실제 집행한 것은 아무것도 없었다. 그나마 숙종이 재위 2년(1676) 10월 2일 체부에 활, 화살, 화살대, 통개筒箇, 갑주甲冑 등을 내린 것이 눈에 띈다. 만과 합격자들을 체부에 소속시켰지만 그 의복과 무기를 스스로 마련하게 함으로써 원망만 초래했다. 숙종 3년이 되자 체부를 혁파해야 한다는 의견들이 개진되

◆
조선시대에 쓰이던 갑주와 활, 화살을 담던 통개

정금의 초상 정금은 대만을
장악하고 일본과 우호적 관계
를 유지했다.

기 시작했다. 윤휴가 도체찰사부의
복설을 주장한 것은 북벌을 준비하
기 위한 것이었는데 북벌할 생각이
없으니 체부 또한 유명무실하게 된
것이었다. 그러나 윤휴는 이대로
북벌을 그칠 수가 없었다.

그래서 윤휴는 숙종 4년(1678)
9월 청나라의 정세가 심상치 않다
면서 다시 체부의 사업을 수행할
것을 주장했다.

"도로의 전언을 들으니, '정금
이 오삼계와 함께 모의해서 장차 주사(舟師: 수군)로서 왼쪽 바다를 둘
러서 산동山東으로 나온다.'고 하고, 또 '일본과도 통행通行한 형적이
있다.'고 합니다."-『숙종실록』4년 9월 10일

이런 정보를 전하면서 윤휴는 빨리 체부를 활성화하고 전쟁 준
비를 서둘러야 한다고 주장했다.

"체부에서 장수를 선발하고 군졸을 뽑고, 전차와 배를 만들고 기
계를 수선하는 등과 같은 일은 모두 별도로 구획區劃할 것을 생각하
는 것이 마땅합니다."

그러나 숙종은 체부를 실행 부서로 만들고 싶지 않았다. 숙종은
만에 하나 오삼계나 정성공이 승리하면 "우리도 체부를 만들어 도우
려 했으나……."라고 발뺌할 용도 정도로 생각했지 실제 북벌을 단
행할 생각은 전혀 없었다. 숙종 4년(1678) 9월 15일 대사헌 이원정李
元禎이 체부를 다시 설치할 것을 건의했다. 그러자 숙종은 "체부를 경

솔히 혁파한 것을 내가 심히 한탄하니, 다시 물어서 처리함이 마땅하다."고 말했다. 이렇게 체부 문제는 엎치락뒤치락하면서 시간만 가고 있었다.

숙종은 웬일인지 도체찰사부 절목(節目: 법령)을 의정하라고 명하고, 이어서 부체찰사副體察使를 추천하라고 명했다.

영의정 허적이 세 사람을 추천했다.

"김석주는 장수 역할에 익숙하고, 윤휴는 때때로 자세한 사정을 알지 못하는 데가 있지만 대체大體는 통달했으므로 훗날 국가를 위하여 죽을 사람은 반드시 이 사람일 것이며, 이원정은 용맹스럽지는 못하지만 일에 밝고 지혜가 있습니다. 이 세 사람 중에서 택정(擇定: 선택해 정함)할 만합니다."

숙종은 외척 김석주를 부체찰사로 삼으라고 명했다. 허적이 체찰사인데, 북벌에 반대하는 김석주가 부체찰사라면 북벌은 물 건너간 것이나 마찬가지였다.

그래서 윤휴가 문제를 제기했다.

"김석주는 방금 대사마(大司馬: 병조판서)가 되었고, 어영대장御營大將도 겸직하고 있는데, 이제 또 부체찰사까지 겸직한다면 권력이 너무 무거울까 합니다." – 『숙종실록』 5년 11월 3일

『숙종실록』은 이 말에 숙종의 얼굴색이 변해서 윤휴를 꾸짖었다고 전한다.

"대신이 이미 경卿의 이름을 거명했는데, 경의 이 말은 너무 꺼리고 싫어하는 것 아닌가?"

이때 이미 숙종의 마음은 윤휴나 북벌에서 떠나 있었다. 다만 북벌 의리에 너무 몰두한 윤휴가 눈치채지 못했을 뿐이다.

◆
7장

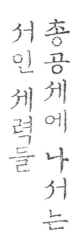

총공세에 나서는
서인세력들

사직과 출사를
거듭하는 윤휴

윤휴는 숙종 1년(1675) 6월 11일 대사헌이 되었다. 이때 윤휴는 장례를 검소하게 치르게 하고 과년한 미혼 남녀의 혼인을 장려했다. 흉년이 계속되면서 혼인 시기를 놓친 가난한 백성들이 많이 있었다. 반면 부유한 사람들은 이웃들이 굶어죽어 가는 것을 아랑곳하지 않고 호화로운 장례를 치렀다. 그래서 윤휴는 백관의 규찰과 백성들의 민심 순응을 담당하는 대사헌이 되자 이런 정책을 펼쳤던 것이다. 이에 대해

◆
윤휴 대사헌 교지 숙종 1년 6월 11일에 대사헌 교지를 받는다.

◆
조선시대의 혼례 모습을 담은 풍속화

『숙종실록』은 "강제로 시체를 벗기고 검시檢屍해 원망하고 울부짖는 소리가 가득했다.", "여자 20세, 남자 25세가 지나면 9월 이전에 혼인하게 해서 혼사가 가득한 탓에 여리(閭里: 동네)가 소란했다"고 악의에 차서 비난하고 있다. 그러면서 "영상 허적이 이를 듣고 금지하자 조금 그쳤다."고 말하고 있다.

윤휴는 같은 해 7월 5일에는 이조판서가 되었다. 여기에 대해서 『숙종실록』은 "윤휴를 이조판서로 삼았다. 이날 아침에 개가 연광문延光門으로 돌입했는데 잠시 후 제수의 명이 내리자 사람들은 이를 '구동(狗洞)에서 인사권을 잡을 조짐이라고 말했다.'"면서 "윤휴가 사는 동네의 이름이 구동狗洞이다."라고 비난하고 있다. 여기에서 '사람들'이란 물론 일반 백성들이 아니라 윤휴의 정적들을 뜻한다.

개가 이리저리 뛰는 것은 다반사인데, 이를 윤휴의 이조판서 제수와 연결시킨 증오의 상상력이 놀랍다고 하지 않을 수 없다. 그러면서 『숙종실록』의 사관은 "윤휴는 이정(복창군)과 이남(복선군)에게 붙어서 병조판서가 되려고 하다가 얻지 못하자 '국사를 하려면 이조판서가 아니면 할 수 없다.'고 했다."고 비난하고 있다. 이때

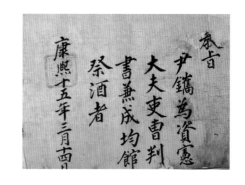

윤휴 이조판서 교지 숙종 1년 7월 5일에 이조판서 교지를 받는다. 『숙종실록』의 사관은 개가 뛰어다니는 모습을 윤휴에 비유하며 맹비난한다.

복창군 형제는 아무런 물증이 없었지만 대비의 공세 때문에 전라도 영암과 무안에 귀양 중이었다. 복창군 형제는 윤휴를 이조판서로 만들기는커녕 오히려 그해 7월 윤휴가 석방을 건의해 겨우 풀려난 신세였다.

복창군 형제를 무고했던 청풍부원군 김우명은 숙종 1년 6월 18일 사망했는데, 『숙종실록』은 "근심으로 죽으니憂卒 나이 57세였다."고 전한다. 그해 7월 9일 숙종이 한재를 극복할 방안을 묻자 윤휴는 김우명도 이미 사망했으므로 복창군 형제의 석방을 건의했던 것이다. 이런 상황을 무시하고 사관은 윤휴가 이조판서가 된 것을 귀양 중인 복창군 형제의 덕분인 양 비난하고 있는 것이다.

그 다음 날 윤휴는 경상도 장기長鬐로 이배되어 있는 송시열의 위리(圍籬: 가시울타리)를 풀어주기를 청했다.

"이미 장기瘴氣가 없는 곳으로 옮겨주었으니, 그 위리圍籬를 걷

어 없애는 것이 마땅할 듯합니다."

그러나 숙종은 송시열 문제에 대해서는 강경했다.

"마땅히 은혜를 갚을 데에 갚지 않았으니 사죄死罪를 면한 것만
도 다행이다. 무엇을 더 의논하겠는가?"

그러나 윤휴는 계속 송시열의 위리를 풀어주어야 한다고 주청
했다.

"웅천熊川에 토질土疾이 있다는 이유로 장기로 옮겼는데 위리를
가하는 것은 옳지 못합니다. 처음부터 위리하지 않으려는 것이 신의
뜻이었습니다."

"효묘孝廟의 죄인을 너그럽게 대한다면 비가 오지 않을 것이다."

비가 오지 않는 것이 송시열을 죽이지 않았기 때문이라는 암시
였다. 윤휴가 이렇게 송시열의 위리를 풀어줄 것을 거듭 주청한 것에
대해 『숙종실록』 사관은 '박헌朴瀗을 시켜 송시열을 죽이려고 하다가
뜻대로 되지 않자 그 자취를 가리려고 위리를 걷을 것을 주장'했다고
비난하고 있다. 또 이조판서로 제수되면 여러 번 사양해야 하는데도
그렇게 하지 않았다고도 비난했다. 사관史官이라기보다는 모든 것을
비뚤게 보는 사관斜官의 기술이라고 보는 편이 정확할 것이다.

윤휴는 그간 여러 차례 사직소를 올렸다. 관례 때문이 아니라 조
정에서 북벌의 의지가 없다고 생각했기 때문이다. 숙종 2년(1676) 1
월 6일 올린 사직 상소에서, '자신의 말이 쓰이는 것을 보지 못했기
때문'이라고 말한 것이 이를 말해준다. 이때 숙종은 사관을 거듭 보내
서 사직을 말렸다. 윤휴는 사직하면서 영의정 허적에 대한 불만을 토
로했다. 그러자 영상 허적도 사직하지 않을 수 없었다. 숙종은 허적에
게도 승지를 보내 달랬다.

허적이 다시 대궐에 나와 숙종에게 말했다.

"윤휴가 일시적 계책으로 상소하여 신을 배척하니, 신이 어찌 감히 편안하게 있을 수 있겠습니까? 신은 윤휴와 견해가 다르니, 윤휴는 바로 중원中原으로 쳐들어가려는 것이고, 신은 몰래 준비하면서 때를 기다리자는 것입니다." -『숙종실록』 2년 1월 7일

숙종이 답했다.

"응병應兵이 옳은데 윤휴는 의병義兵을 하려는 것이다."

의병은 먼저 일어나 적을 치는 것이고, 응병은 적이 침략하면 일어나는 것을 뜻한다. 의병이 선제공격이라면 응병은 방어전이었다.

숙종이 세 번 사관을 보내자 윤휴도 조정에 나오지 않을 수 없었다.

숙종은 미리 작성한 어제御製를 내려 읽게 했다.

"『시경』에 이르기를, '화살을 거두고 활을 간직한다戢矢囊弓.'라고 했으니 심오하도다. 병兵은 성인聖人이 숭상하는 바가 아니었도다. 대개 병은 완전히 없앨 수도 없지만 항상 쓸 수도 없다. 고사古史를 보더라도 구천이 오나라를 칠 적에 와신상담臥薪嘗膽 10년 동안 백성을 기르고 가르쳐 마침내 소오지첩(沼吳之捷: 오나라 궁실을 연못으로 만든 전투)에 이르렀다. 경은 우리나라의 좁고 작으며, 훈련받지 않은 약졸弱卒을 가지고 멀리 적을 몰아 쫓아 전진하려 하는데, 이 계책은 나로서는 그렇지 않다고 여겨진다." -『숙종실록』 2년 1월 8일

숙종도 공격전인 북벌에 반대한다는 뜻이었다. 허적의 준비론에 동의한다는 뜻이지만 청나라가 삼번의 난으로 혼란에 빠진 지금도 준비만 하자는 것은 북벌을 포기하자는 뜻이었다. 숙종은 "경의 추상秋霜같은 대절大節과 백일白日 같은 충성에 누가 감탄하지 않겠는

가만, 그 세력의 같지 않음이 하늘과 땅의 차이 같은데 어떻게 하겠는가? 내가 우선 정지하고 기회를 기다리는 것은, 그 실상을 먼저 하고 명분을 뒤로하자는 뜻에서 나온 것이다." - 『숙종실록』 2년 1월 8일

숙종은 결국 북벌 반대론으로 돌아섰다.

윤휴는 숙종의 반응을 미리 짐작하고 있었다. 그래서 소매 속에서 미리 준비한 차자를 꺼내 읽으려 했다. 사직 차자였다. 그러자 숙종도 윤휴의 반응을 미리 알고 있었다는 듯이 읽지 못하게 했다. 그래서 윤휴는 다음 날 사직 상소를 올리고 절하고 나왔다. 윤휴는 흥인문을 나와 왕십리에 이르렀다. 홍문관 응교 오시복吳始復, 교리校理 목창명睦昌明, 유명천柳命天, 수찬修撰 김환金煥, 유명견柳命堅 등이 숙종에게 차자를 궁중에 머물러두고 윤휴를 붙잡기를 청했다.

윤휴가 사의를 표한 것은 이번이 처음이 아니었다. 윤휴는 양반 사대부가의 자제들에게도 군역을 부과하자는 의견과 전차를 만들자는 의견이 모두 반대에 부딪히자 숙종 1년(1675) 1월 24일에도 사직했었다.

윤휴는 모든 것을 잊고 여주로 돌아가 백호 곁에서 독서하고 싶었다. 그러나 시대가 그를 놓아주지 않았다. 만약 삼번의 난이 없었다면 그는 출사하지도 않았을 것이다. 그를 잡아둔 것은 북벌의 꿈이었다. 그리고 백성들의 곤궁한 삶이었다. 저자를 알 수 없는 『수옥문답樹屋問答』은 "선생(윤휴)의 문자文字를 보건대 학문을 논한 것이 제일 많고, 다음은 대의大義, 다음은 민폐民弊이다."라고 말하고 있다. 대의와 민생의 폐단을 제거하는 것이 윤휴가 출사한 목적이었다. 그리고 그것은 모두 학문을 통해 습득한 선비의 길이었다. 그래서 윤휴는 숙종 2년 1월 11일 승지를 보내 효유하자 다시 조정에 나왔다.

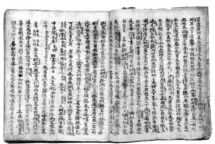

◆ 『수옥문답』 북벌대의와 민폐 해소 등 윤휴의 출사 목적을 밝히고 있는 저자 미상의 책이다.

윤휴가 숙종에게 말했다.

"전하께서 대사大事를 하시려고 하면 신이 어찌하여 머물지 않겠습니까? 이 말을 듣기를 원해서 들어왔습니다."

대사, 곧 북벌을 실천하자는 뜻이었다. 하늘이 준 이 기회를 놓쳐서는 안 된다는 뜻이었다. 윤휴는 또 전차를 만들어야 한다고 누누이 진달했다.

숙종이 말했다.

"북사(北使: 청국에 간 사신)가 3월에 돌아올 것인데, 그때를 기다려 병거를 만들 것이다. 경은 이것으로 거취를 결정하지 말라."

이때 윤휴가 조정에 다시 복귀한 것은 만과萬科 시행이 눈앞에 있기 때문이었다. 신분을 따지지 않고 치르는 만과는 윤휴가 북벌 인재를 구하는 핵심 사업으로 추진한 것이었다.

"무과의 일에 근심스러운 것이 있습니다. 서북(西北: 평안)과 양남(兩南: 영남, 호남)은 이미 향시鄕試를 나누어 실시케 했습니다. 그러나 강원도, 충청도, 황해도 세 도의 거자(擧子: 과거 응시자)로서 전시殿試

에 나가려는 자가 수만 명이 될 것입니다."

수만 명이 모두 서울에 모이면 곤란한 일이 발생할 수 있으니 각 지방에서 무과를 치러야 한다는 뜻이었다. 굳이 서울까지 와서 시험을 치를 필요가 없다는 뜻이었다.

숙종이 물었다.

"대사(代射: 대신 활 쏴주는 것)의 잡되고 어지러운 근심은 어떻게 할 것인가?"

무과 응시자가 수만 명이나 되면 대신 활 쏴주는 것 같은 부정행위를 모두 잡을 수 없다는 우려였다.

윤휴가 대답했다.

"이 과거를 설치한 것이 본래 군사를 얻으려는 것인데 간혹 대사하는 자가 있더라도 무엇을 거리끼겠습니까?"-『숙종실록』 2년 1월 11일

윤휴의 북벌은 허황된 꿈이 아니었다. 만과 응시자가 수만 명이나 되었다. 사회 분위기가 바뀌고 있었다. 신분제를 뛰어넘어 누구나 응시할 수 있는 만과가 실시되는 분위기였다. 만과에 응시하는 무사들은 전의에 불타 있었다. 조만간 북벌의 기치를 들고 압록강을 건널 것이란 사실을 이심전심으로 알고 있었다. 좁은 울타리 안에서 양반이다 상놈이다 구분 짓던 나라가 변하고 있다고 생각했다. 북벌이란 말만 들어도 간이 덜컥 떨어지면서도 말로만 북벌을 주창했던 허위의 나라, 모순의 나라가 바뀌고 있다고 생각했다. 그 선두에 윤휴가 있었다.

이조판서가 되자 윤휴는 다시 양반 사대부에게도 군역을 부과하는 호포법과, 마을 사람들이 함께 환란을 극복할 수 있는 상평법을 주창했다. 그때마다 서인과 탁남은 '뜻은 좋으나 시기상조'라면 반대

했고, 개혁은 지지부진했다.

　이조판서 윤휴는 전차 제작에 반대했던 인물들을 좌천시킴으로써 많은 벼슬아치들이 전차 제작에 나서게 하려 했다. 그러자 허적이 윤휴를 비판하고 나섰다. 승지는 지방관으로 보낼 수 없는데도 승지 이우정을 성천成川부사로 의망(擬望: 추천)했다고 비판하고, "최문식은 황해감사 때 병거를 만들지 않았다는 이유로 승지에 의망하는 것을 막았다."고 비판했다.

　윤휴가 반박했다.

　"신의 진달한 병거는 대계(大計: 북벌)을 위하는 것인데, 대계를 막은 자는 전일에 예를 그르친 자(誤禮者: 기년복과 대공복을 주창한 자)와 다를 것이 없으니, 벌이 없을 수 없습니다."

　허적이 반박했다.

　"지금 온 조정이 모두 수레는 쓸 수 없다고 말하는데, 그렇다면 온 조정 사람을 모두 쓸 수 없습니까?" -『숙종실록』 2년 1월 21일

　같은 당이라고 볼 수 없는 상황이었다. 탁남과 서인 사이에는 예

◆
무신들이 입던 갑옷

송에 관한 생각만 달랐다. 예송도 청남이 주창했지 허적이 주창한 것은 아니었다. 이때 숙종은 윤휴의 의견을 받아들여 무신들도 경연에 참여시켰다. 과거 경연은 문신들의 독무대였다. 윤휴는 종친들도 무신들처럼 돌아가면서 경연에 나와 임금을 만날 수 있게 해야 한다고 진달했다. 외척들은 각종 요직을 차지하고 있는 반면 종친들은 정사 개입 자체가 금지되어 있었다. 종친의 정사 개입보다 더 문제가 많은 것이 외척의 정사 개입이었다. 그러나 종친의 정사 개입은 극구 막는 반면 외척의 정사 개입은 묵인하고 있는 상황이었다.

윤휴는 숙종 2년(1676) 3월 16일 고향 여주에 내려가 이조판서 직을 사임했고, 숙종은 3월 19일 의정부 좌참찬에 제수했다. 윤휴가 거부하자 5월 12일에는 대사헌으로 삼았다. 이해 2월 윤휴는 태사(太師: 기자) 묘묘廟를 세우자고 주장했다. 기자를 조선 민족의 시조로 여기고 높이자는 뜻이었다. 훗날 윤휴는 기자묘를 공자묘처럼 높이려 했다는 비난을 받았다. 윤휴의 기자 존숭은 사대주의 유학자들의 기자 존숭과는 달랐다. 사대주의 유학자들의 기자 존숭은 중국인 기자가 조선을 교화시켰다는 관점이라면 윤휴의 기자 존숭은 민족의 시조로 여기기 때문이었다. 과거 「북벌포의소」에서 "우리가 의려(醫閭: 의무려산)에 가로질러 웅거하고서 유주(幽州: 북경)와 심양을 압박하면서 천하에 명을 청한다면, 제실帝室을 위했던 제齊나라 환공桓公이나 진晉나라 문공文公이 될 수 있다."고 주장한 것과 마찬가지였다. 무조건 망한 명나라를 되살리자는 것이 아니라 조선이 중원의 패자가 되자는 뜻이었다.

윤휴는 대사헌 사직 상소에서 파직당한 전 승지 이동규 문제를 제기했다.

"전 승지 이동규는 오자서伍子胥의 아픔이 있을 뿐 녹祿 때문에 벼슬하려는 마음이 없었기에 전하께서 이를 아시고 총애하여 발탁하셨습니다. 그런데 전일에 상소 하나가 시의와 맞지 않는다고 조정에서 다시 거두어 쓰지 않으니 신이 몹시 애석해합니다."

오자서는 초楚나라 평왕平王이 부친과 형을 죽이자 오吳나라로 도주해 끝내 복수에 성공한 인물이었다. 이동규는 윤휴 북벌론을 가장 강력하게 지지했던 인물이었다. 그렇기 때문에 더욱 북벌 반대론자들의 비판을 받았다. 『숙종실록』은 "이동규는 줏대 없이 윤휴를 붙좇기 때문에 윤휴가 하는 말은 받들지 않는 것이 없

◆
기자상 윤휴의 기자 존숭은 기자를 민족의 시조로 여겼기 때문이었다.

었다."거나 "이동규는 영광스러운 벼슬을 도모하기 위해 나왔는데, 복수復讐를 핑계 대어 겉으로 큰소리를 하였다."거나, "이동규가 체부 설치를 청한 것은 실로 윤휴에게 병권을 잡게 도모하기 위한 것이었다."고 비난하고 있다.

윤휴는 자신과 노선이 같은 사람들은 쫓겨나고 자신이 제기한 개혁 정책들이 모두 무력화되는 현실에 불만을 표시했다.

"오늘날 조정의 책벌責罰하고 전벌(剪伐: 나무를 벰, 쫓아냄)하는 자

들은 신이 일찍이 칭찬한 자들이며, 그 어지럽게 개정하는 일들은 신이 일찍이 건백(建白: 의견을 올림)한 일들입니다. 신이 무슨 얼굴로 다시 조정의 말단에 서겠습니까?"

윤휴는 자신의 개혁 정책이 모두 폐기되면서 북벌 또한 폐기되고 있는 현실을 안타까워했다.

"근일 국가에서 시행했던 오가작통제와 지패법은 진실로 역역(役)을 균등하게 하여 폐단을 없애려는 계책입니다. 신도 참여했는데, 시행 반년에 원망하고 소동이 일어 다시 시행할 뜻이 없어졌습니다." - 『숙종실록』 2년 6월 21일

신분 고하를 막론하고 오가작통제와 지패법을 실시하게 한 것은 양반 사대부들도 호포를 내게 함으로써 백성들의 생활을 안정시키고 국가를 부강하게 하기 위한 것이었다. 그러나 오가작통제와 지패법은 실시하면서도 호포제는 극력 저지해 백성들에게 되레 부담만 되고 만 것이다. 만과도 마찬가지였다.

"또 과거에 급제한 무사를 졸예(卒隸: 군졸)와 같이 봐서 강등시켜 대오(隊伍: 군졸 부대)에 편성해 군문軍門에 속하게 하니 (만과 응시를) 원망하고 후회하는 마음이 일어났습니다. 쌀을 공부公府에 바치게 하여 그 재물을 빼앗으니 국가의 체통을 크게 잃었습니다. 체부와 만과는 모두 신이 건백한 것이니 이 또한 신의 죄입니다."

국가에서 장교를 뽑는다고 만과를 실시해놓고는 급제자들을 졸병으로 편입시켰다는 것이다. 더 나아가서 이들에게 군포를 거뒀다. 무과 급제자들은 만과에 응시했다가 벼슬은커녕 쌀이나 포만 납부하게 되었다. 국가에서 백성들을 대상으로 사기를 친 셈이었다. 무과에 급제하면 봉록을 받을 수 있는 벼슬을 주어야 하는데 도리어 쌀과 포

를 빼앗은 셈이었다. 자세한 사정을 알 수 없는 백성들은 만과 실시를 주장했던 윤휴를 원망할 수 있었다.

윤휴는 자신이 조정에 의해 버림받았다고 말했다.

"사람들은 다만 신이 전하의 총애를 받아 발탁된 것만 봅니다. 그러나 신이 오활(汙濶: 물정에 어두움)하고 소광(疎狂: 촘촘하지 못함)하여 실로 조정에서 버려진 것은 알지 못합니다."

윤휴는 오가작통법과 지패법, 그리고 체부 설치와 만과 실시가 모두 본래 뜻과는 달리 흐르면서 자신의 역할은 끝났다고 생각했다. 윤휴는 또 뽕나무를 기를 것을 장려하고 개간지에 한해 2년 동안 세금을 걷지 않는 정책을 시행해 농지를 늘리려 했다.

그러나 이것조차 없던 일이 되자 청남인 호조판서 오시수가 문제를 제기했다.

"봄에 윤휴의 주청으로 새 개간지는 2년 동안 세금을 걷지 말라고 명하셨습니다. 그런데 좌상(左相: 권대운)의 말 때문에 선회해 다시 (면제 조치를) 실시하지 말라는 하교가 있었습니다. 지방에서 세금을 걷지 않는다는 명을 듣고 기뻐서 밭을 일군 사람들이 많은데 지금 만약 일체 세금을 거둔다면 백성들의 믿음을 잃게 될 것입니다." -『숙종실록』 2년 9월 10일

그러자 숙종도 한 발 물러섰다.

"금년에 새로 개간한 자는 2년을 한정하여 세를 거두지 말게 하여 믿음을 잃지 말게 하라. 그러나 이후에는 이것을 예(例)로 삼지 말라."

윤휴가 민생의 안정과 부국을 위해서 시행한 모든 정책들은 뒤집어지고 있었다. 이런 상황에서 윤휴는 대사헌직을 물러나고 다시 시골에 은거하려고 했던 것이다. 그러나 이 또한 윤휴의 뜻대로 되지

않았다. 북벌에 대한 뜻이 너무 컸기 때문이다.

바뀌는 숙종의 마음

윤휴의 사직 상소는 파문을 일으켰다. 영의정 허적과 좌의정 권대운이 윤휴의 사직 상소가 자신을 비난한 것이라면서 물러갔다. 이번에는 숙종이 양시론을 취하지 않고 허적을 달래면서 윤휴를 비난했다.

"이때 승지를 보내어 허적을 달랬는데, 그 전교에 '곁에서 저격狙擊할 기회를 엿보다가 터무니없는 사실을 만들어냈다虛無構捏.'는 등의 말이 있었다. 승지 정박鄭樸은 상소해서 윤휴를 찬미하면서 그 말을 삭제할 것을 청했으나, 임금이 따르지 않았다." -『숙종실록』2년 7월 1일

윤휴는 다시 경기도를 통해 사직 상소를 올렸고, 승지 정박도 사직 상소를 올렸다. 숙종은 두 사직 상소를 모두 받아들였다. 그러자 생원 김문하金文夏 등이 상소해서 윤휴를 옹호했는데, 『숙종실록』의 사관은 윤휴의 집안이 원래 소북이기 때문이라고 비난했다.

"이때 소북 무리들이 이 기회를 타서 힘을 다해 도와서 윤휴를 그들의 당으로 다시 돌아오게 하려 했다. 정박은 이미 글을 올려 거듭 변론했고, 김문하 등도 소북 집안의 자제이므로 정박의 뒤를 따랐는데, 시론時論이 미워했다." -『숙종실록』2년 7월 8일

윤휴의 대사헌 사직을 받아들인 숙종이 새로 내린 벼슬은 성균관 좨주祭酒라는 종3품 한직이었다. 그러나 윤휴는 숙종 2년 11월 22일 조정에 들어왔다. 자신의 상소로 영의정과 좌의정이 모두 사직하면서 국정에 공백이 생겼기 때문에 이를 해결해야 했다. 윤휴가 조정

에 들어오자 숙종은 허적과 권대운도 불러 함께 자리를 마련했다.

"신의 상소가 대신에게 미쳤기 때문에 사람들에게 죄를 얻어서 꾸짖음과 업신여김을 당한 것이 이르지 못한 곳이 없습니다. 성명聖明께서도 또한 의심하셨으니, 신에게 자의(赭衣: 죄인의 붉은 옷)를 입혀 방아에 절구질을 시켜도 그 죄를 속贖할 수는 없을 것입니다."

그러자 권대운이 윤휴의 잘못을 지적했다.

"윤휴는 이기기를 좋아하는 병이 있어서 범사에 반드시 자기의 의견만을 세우고 따르지 않으면 화를 냅니다. 모름지기 이 병을 고쳐야 할 것입니다."

숙종이 덧붙였다.

"사람이 어찌 한 가지 병통이 없겠는가?"

그러나 윤휴가 조정에 나온 이유는 따로 있었다. 이날 윤휴는 다시 오가통법과 지패법에 대해서 말했다. 호포법에 기반을 둔 구산법을 실시해야 한다는 말이었다.

그러자 권대운이 다시 윤휴를 비난했다.

"이 역시 윤휴가 자기 의견을 굳게 집착하는 해害입니다."

윤휴의 개혁 정책은 타협할 줄 모르는 성격 탓으로 돌려지는 상황이었다. 윤휴는 숙종 2년(1676) 12월 말 좌참찬이 되었다가 숙종 3년(1677) 초 다시 대사헌이 되었다. 윤휴가 잠시 조정을 나가 있는 동안 그가 추진했던 개혁은 도루묵이 되어가고 있었다. 그럴 수는 없었다.

그래서 윤휴는 숙종 3년 2월 15일 상소문을 올렸다.

지패를 호패로 변경하자 민중들이 더욱 난리를 생각하고, 만과에 급제한 무사를 부영府營에 편입시켜 졸오卒伍로 떨어뜨리자 분노의 마

음이 일어났습니다. 도안청都案廳 일은 민중들의 큰 원망을 불렀습
니다.

윤휴는 자신이 추진했던 모든 개혁 조치가 되돌려지는 데에 큰
위기를 느꼈다. 기껏 양반과 상민의 구별을 철폐한 지패법을 만들었
으나 사대부들의 반발로 호패법으로 회귀하려 하고 있었다. 또한 기
껏 만과를 실시하고는 급제자를 졸오로 편입시키고 쌀과 포를 받아
큰 원성을 사고 있었다. 병조의 한 관아인 도안청도 윤휴의 계획에는
사대부 출신들에게 군역을 부과하기 위한 것이었는데, 양반 사대부
들은 계속 면제되면서 가난한 백성들만 수색해 군포를 내라고 잡아
족치는 기관으로 변질되었다. 그래서 윤휴는 자신의 본뜻대로 개혁
이 이루어져야 한다고 주장했다.

신이 상소로써 진달한 말은 호패 한 가지 일에 국한된 것이 아니라
백성들의 사정과 형편民情에 따라 백성들이 싫어하는 것들을 없애
자는 것뿐입니다. 지패법이 이미 만들어졌으니 그대로 시행하면 부
역이 균등해져서 농상農桑에 힘쓸 수 있게 될 것입니다. 그러면 백골
(白骨: 사망한 사람)이 신역身役을 치러야 하는 폐단이 제거되어 백성
들이 즐겁게 생활할 마음이 생기게 될 것입니다. 만과를 이미 실시
했으니, 쌀을 납부하게 하거나 졸오에 편입시키라는 명을 도로 거둔
다면 마음을 잘리고 살을 깎이는 탄식이 일어나지 않아서 무사들이
적敵에게 의기와 사기士氣가 있게 될 것입니다. 도안청을 혁파한다
면, 경호京湖 백성들의 원망과 탄식과 사방의 놀람과 두려움이 그칠
것입니다. -『숙종실록』3년 2월 15일

그러나 숙종은 윤휴의 개혁안에 대해 더 이상 말이 없었다. 그래서 지패법은 숙종 3년(1677) 3월 1일 호패법으로 환원되었다. 서울은 이날부터, 지방은 두 달의 기한을 주어 5월 1일부터 시행하게 했다. 신분제를 완화시켜 백성들의 생활을 윤택하게 함으로써 부강한 나라를 만들려던 대개혁의 기본 틀이 무너진 것이었다. 지패법을 기초로 호포 구산제를 실시해 모든 양반 사대부들에게도 군포를 받으려던 계획도 함께 무산된 것이었다. 북벌의 진두에 서리라고 마음먹고 만과에 응시했던 무사들은 되레 군포만 부담해야 하는 상황이었다.

　　숙종은 윤휴를 다시 우참찬으로 삼았으나 윤휴는 사양했다. 윤휴는 형식상으로만 사직한 것이 아니라 국가에서 주는 월름(月廩: 녹봉)도 사양했다. 호조판서 오시수는 윤휴의 형편이 어려운 것을 알았으므로 경연에서 윤휴가 녹봉을 받지 않는다고 보고했다. 숙종은 주급(周急: 사정이 다급할 때 돌보아줌)하라고 명했으나 윤휴는 완강히 사양했다. 이런 상황에서 윤휴가 복설을 주창했던 체찰부도 혁파되었다. 청나라에는 더욱 기를 펴지 못하는 상황이 되었다. 윤휴는 나라 꼴이 한심했다.

　　숙종 3년(1677) 11월 숙종이 조선에 왔던 청 사신을 교외까지 나가 전별(餞別)하려 하자 윤휴가 말렸다.

　　"천연두가 성안에 널리 퍼져 있는데, 전하께서 어찌 가볍게 위험을 무릅쓰고 멀리 가실 수 있겠습니까?"

　　숙종이 영접 도감에 청나라 사신에게 나갈 수 없다고 말하도록 명했으나, 청나라 사신은 거부했다. 영접 도감의 신하들은 숙종이 나가야 한다고 말했지만, 윤휴는 다시 "저쪽에서 시종일관 들어주지 않는다 하더라도 결코 가실 수 없습니다."라고 반대했다. 그러나 숙종은

◆
청나라 사신 아극돈阿克敦이 그린 청나라 사신 접대도

"저들은 청나라 집정執政 삭액도素額圖가 거칠게 행동할까 염려스럽다고 말한다."며 나가겠다고 물러섰다.

삭액도는 강희제의 보필 중신으로 꼽혔던 인물이었다. 훗날인 강희제 42년(1703)에 "국사를 의논하면서 당을 만들어 요망한 행위를 했다."는 죄명으로 구금되어 옥사하는 인물이다. 일개 신하가 화를 낼까봐 두려워하는 광경이었다.

윤휴가 다시 숙종을 설득했다.

청나라 사람들은 오삼계와 서로 대치한 지 여러 해째입니다. 천하가 둘로 나뉘고 전쟁으로 어지러워서 나라 안이 쇠진하여 군사와 백성이 근심하며 원망하고 있습니다. 우리는 전성기의 나라로서 사졸이 정예로우니 이러한 때 대의를 부르짖으며 군중을 이끌고 적의 허술함을 틈타 곧바로 공격한다면 그것이 저 나라가 망하는 날입니다. 저들이 우리가 거칠게 행동할 것을 두려워할 텐데 어찌 감히 우리에게 거칠게 하겠습니까? -『숙종실록』 3년 11월 9일

모든 것이 이런 식이었다. 제 백성 잡는 데는 그토록 열심이지만 청나라 대신 한 명이 화를 낼까 두려워하는 것이 조선의 군왕이고 대신들이었다.

『백호행장』은 이때의 사정에 대해 이렇게 설명하고 있다.

공이 을묘년(숙종 1년, 1675) 이후 포부를 펼 수 없고 세도世道를 바로잡을 수 없는 것을 알고서는 하루도 조정에서 편히 있지 못했다. 그러나 임금을 사랑하고 백성을 걱정하는 마음이 나아가든지 물러가든지 차이가 있지 않았으므로 일이 진실로 임금의 덕의 득실과 민생의 휴척休戚에 관계되면 극언極言을 다했는데 조금도 유익함을 구하지 않았다. -『백호행장』 정사년(숙종 3년) 12월

윤휴는 이때 다시 백골白骨과 아약兒弱에게도 군포를 받는 폐단을 없애야 한다고 극력 주청했다. 『백호행장』은 이때 숙종이 긍정적인 반응을 보였다고 전한다.

"대동법을 처음 시행할 적에 이론異論이 크게 일어났지만 그 법이 이루어지자 백성들이 매우 편리하게 여겼다. 오늘날의 일도 이것과 무엇이 다르겠는가."

『백호행장』은 "그런데 대신과 여러 신하들이 합사合辭하여 저지하면서 기어이 이길 생각으로 질책하고 욕까지 했다."면서 "대체로 공이 전후로 계책을 말한 것에 대해서 이해를 막론하고 모조리 저지한 것이 모두 이런 식이었다."라고 전하고 있다. 윤휴가 강력하게 추진한 백골, 아약의 폐단 제거책은 양반 사대부의 과세를 전제로 하는 것이었다. 그러나 군포를 낼 생각이 없었던 사대부들은 편법을 만들어냈다. 군포 부과에서 빠진 한정閑丁을 대대적으로 색출해 세금을 물리자는 것이었다. 윤휴는 그 속셈을 알아차렸다. 사대부에게는 군포를 물리지 않는 대신 한정을 대대적으로 색출함으로써 백성들의 원망을 윤휴에게 집중시키려고 하는 것이었다.

그래서 윤휴는 차자를 올려 한정 색출에 반대했다.

오늘날 이 백성들에게 아약, 물고의 군포까지 징수하는 것은 한정을 찾아내기가 어려워 부족한 부분을 충당할 수 없기 때문이 아닙니까? 만약에 한정을 얻을 수 있다면 상사上司가 아무리 탐욕스럽고 가혹하며, 수령이 아무리 형편없는 인물이더라도 누가 죽은 사람과 강보에 싸인 아이에게 군포를 걸어 사람으로서 차마 할 수 없는 짓을 하려고 하겠습니까.

한정을 찾아낼 수 있다면 벌써 찾아내서 군포를 부과했을 것이라는 뜻이다.

이것은 조정에서 부법賦法이 균등하지 못하고 행민(倖民: 과세에서 빠진 양반)이 많아서 역호(役戶: 세금 내는 백성들)가 편중되어 있기 때문에 이런 폐단이 있는 것입니다.

윤휴의 진단은 간단했다. 행민, 즉 군포 납부 의무에서 빠진 양반 사대부들에게 군포 납부 의무를 지우면 간단하게 해결되는 문제였다. 그러나 사대부들은 결코 이런 방법을 원하지 않았다.

지금 한정 색출의 길을 크게 열어 빠진 숫자를 채우려고 한다면 반드시 여러 고을의 교생(校生: 향교 학생)과 가난한 사족土族들과 양반의 서얼과 각 아문衙門의 군관軍官, 업무業武들을 색출해서 군역에 낮춰 편입시키고 군포를 지우는 수밖에 없습니다.

한정을 색출하면 결국 걸리는 것은 교생이나 가난한 사족과 양반의 서얼 같은 힘없는 백성들이라는 것이었다.

이들이 온 나라가 동일하게 각자 그 힘을 내어 국가를 도와서 아약, 물고들이 치우쳐 겪는 고통을 구제한다면 진실로 심하게 원망하지는 않겠지만, 그들을 군역에 낮춰서 편입시키고 그들에게만 군포를 내게 할 경우 저들이 어찌 원망하지 않을 것입니까? …… 그리고 한정을 찾아내기 이전까지는 아약, 물고들이 거꾸로 매달려 있는 것과 같은 고통을 면할 수 없을 것이니, 이것은 묵은 원망이 없어지지 않았는데 새로운 원망이 또 일어나게 되는 것입니다.

정작 군포를 부과해야 할 부호 사대부들은 빠지고 사대부 중에서도 아주 가난한 사대부나 서얼 등만 새로 들어가면 원망이 일 것이란 뜻이다. 게다가 먼저 백골, 아약의 역을 탕감하고 한정을 색출하는 것이 아니라, 한정을 찾으면 탕감시켜주겠다는 방식으로 하니 묵은 원망이 없어지기 전에 새 원망이 일어나는 격이라는 뜻이다. 윤휴는 자신이 출사해 행했던 모든 개혁 정책이 수포로 돌아간 이유를 명확히 알고 있었다.

> 또한 신이 전후로 진언進言한 것은 나라에 보답하려는 마음이었으나 일은 다른 사람이 처리해서 단지 백성들에게 해독을 끼치는 계제가 되었습니다. …… 삼가 바라건대 신의 곤궁한 것을 살펴서서 신의 치사致仕를 허락해주소서. ─『백호행장』 무오년 (숙종 4년) 1월

윤휴의 개혁안은 설사 받아들여졌다 하더라도 그 실행은 다른 인물들이 맡았다. 그것도 대부분 개혁안에 반대하는 관료들이 맡았다. 그러니 제대로 시행될 리가 없었다. 윤휴는 개혁안이 개악안으로 변하는 현실을 뼈아프게 체험했다. 윤휴가 출사 후 역임했던 관직은 잠시 맡았던 이조판서만이 집행 부서일 뿐 주로 찬성贊成이나 대사헌 등 비非집행 부서였다. 숙종은 결코 윤휴에게 북벌을 추진할 수 있는 병조판서나 체찰사부의 도·부체찰사 같은 자리를 주지 않았다. 그런 자리는 김만기나 김석주 같은 척신들의 것이었다.

윤휴는 숙종 4년(1678) 2월 10일 공조판서로 이임되었다가 3월 9일 다시 대사헌에 임명되었다. 숙종 4년 6월 1일 윤휴는 다시 좌참찬으로 이임되었는데, 『숙종실록』 4년 6월 17일자에는 이런 내용이 실려 있다.

승지 이담명李聃命이 말했다.

"연전에 윤휴의 말로 인하여 동, 서, 남 삼교三郊와 경술년, 신해년에 아사餓死한 인민에게 제사를 베풀었기 때문에 비를 얻었습니다. 이제 다른 계책이 없으니, 또 거행함이 마땅합니다."

그러자 숙종이, "비록 이로써 그 비를 얻기를 바랄 수는 없더라도 차제에 거행함이 옳겠다."라고 답했다.

경술년, 신해년은 현종 11년(1670) 경술년과 12년 신해년을 말하는데, '경신 대기근' 또는 '경신 대참변'이라고 부르는 대재앙의 해였다. 한해(旱害: 가뭄), 수해水害, 냉해冷害, 풍해風害, 충해蟲害의 오재五災에 인간 전염병과 가축 전염병이 가세하고, 겨울 혹한까지 가세해 팔재八災가 되었다. 현종 12년 6월에는 "이달에 서울에서 굶거나 병을 앓아 죽은 자가 1,400여 명이었고 각 도에서 죽은 수가 1만 7,400여 명이었다. …… 도적이 살해하고 약탈하지 않는 곳이 없었는데, 호남, 영남이 가장 심했고, 두 도에서 돌림병으로 죽은 소와 가축도 다 헤아릴 수 없었다."-『현종실록』 12년 6월 30일라고 보고할 정도였다. 전 세계적인 소빙하기가 불러온 대재앙이었다. 윤휴는 숙종 3년에도 가뭄이 들자 경신 대기근 때 굶어죽은 인민들에게 제사를 지내야 비가 올 것이라고 주청했고, 그대로 했더니 비가 왔다는 것이다. 윤휴는 지배자는 백성들에게 무한 책임을 져야 한다고 생각했다. 이런 윤휴에게 사대부가 군포 납부에서 면제된 것은 죄악일 수밖에 없었다.

숙종은 재위 4년(1678) 10월 윤휴를 대사헌으로 삼았고, 윤휴는 세 번이나 사양했으나 거듭 부르자 다시 군사 문제에 대해서 진술했다. 돈대를 쌓는 것보다 군사 훈련에 열중하자는 것이었다.

"천하에 대란이 일어나서 천심이 오랑캐(청)를 미워합니다. 우리 나라가 비록 작더라도 자강의 방책을 극력 세우면 어찌 일을 도모할 만한 형세가 없겠습니까? 그러나 여러 사람의 힘을 탄환을 만들고 돈 대를 쌓는 역사에 허비하고, 군사를 다스리고 훈련하는 데 유의하지 않는다면 계책을 얻을 수 없을까 두렵습니다."

군사를 방어용으로 사용하지 말고 공격용으로 사용하자는 뜻 이었다. 그러자 숙종은 '맞다'고 대답했으나 실천할 생각은 없었다. 윤휴가 다시 혁파된 도체찰사부 재건을 주장하자 숙종은 재위 4년 (1678) 12월 23일 체부를 다시 설치하고 허적을 도체찰사로 임명했 다. 허적은 늙고 병이 있다면서 극력 사양했으나, 숙종은 임명을 강행 했다. 숙종은 재위 5년(1679) 1월 17일 윤휴를 다시 대사헌으로 삼았 다. 숙종은 윤휴에게는 어떠한 군권도 줄 생각이 없었다.

남구만,
허적을 저격하다

이 무렵 남인에 대한 숙종의 총애가 점점 옅어졌다. 송시열을 옹호해 도 과거처럼 강하게 대응하지 않았던 것이 그런 속내가 드러난 것이 었다. 숙종 5년(1679) 2월 10일 한성부 좌윤左尹 남구만南九萬이 상소 를 올려 허적과 윤휴를 직접 공격했다.

"신이 가만히 거리에서 모든 입이 떠드는 이야기를 들었습니다. 고 청풍부원군(김우명)의 첩의 동생은 곧 전 교서정자校書正字 허견의

◆
남구만(1629~1711) 사당　경기도 용인 갈당리에 있는 것으로, 그가 61세에 낙향하여
살던 고택을 중수해서 만들었다.

아내입니다. 부원군의 첩이 허견과 다툴 일이 있어서 그 집에 갔다
가, 허견에게 맞아 이가 부러지는 상처를 입고는 울부짖으며 귀가하
면서 욕하는 소리가 거리에 가득 차고 시가를 넘나들었으니 누군들
그 소리를 듣지 못했겠습니까? 한성부는 대개 여염집 천한 부인네나
시정市井에서 고용살이하는 종들이 사사롭게 치고받거나 사적인 말
다툼도 그 사유를 듣고 처리해서 강한 자와 약한 자가 서로 능멸하는
폐단을 없게 하지만, 유독 이번 일만은 법으로 추문해 처리했다는 말
을 아직 듣지 못했습니다."－『숙종실록』 5년 2월 10일

　　허견은 영의정 허적의 서자였다. 숙종의 외조부였던 김우명의
첩의 동생이 허견의 아내인데 김우명의 첩이 허견에게 얻어맞아 이

남구만 시조 '동창이 밝았느냐'로 유명한 남구만은 남인과 대립하였다.

가 부러졌는데도 한성부에서 모른 체했다는 이야기였다. 사실이라면 큰 사건이었다.

"부원군의 첩이 비록 천인賤人이라고는 하지만 곧 자전滋殿의 서모庶母입니다. 허견이 감히 구타하고 욕을 보였는데도 조신朝臣들은 전하를 위하여 말하는 자가 없으니, …… 이는 진실로 고금 천하의 위태롭고 어지러웠던 나라들에서도 있지도 않았고 들어보지도 못했던 일입니다." -『숙종실록』5년 2월 10일

10여 년 후 서인들은 장옥정(張玉貞: 장희빈)이 숙종의 첫 왕자를 낳자, 그 산후 조리를 위해 가마를 타고 들어오던 장옥정의 모친을 천인이라면서 끌어내리고 가마를 불태운다. 김우명의 첩을 자전의 서모라고 여기는 이때의 심정이 진실이었다면 있을 수 없는 일이었다.

남구만은 이어서 윤휴도 비리가 있다면서 공격했다.

"대사헌 윤휴는 강가에서 사는데, 서도(西道: 황해도)의 금송(禁松: 벌목이 금지된 소나무) 수천 그루를 베어다가 공공연히 새 집을 짓고 있다고 합니다. 무릇 생소나무는 열 그루만 베어도 죄가 전가사변(全家徙邊: 온 가족을 변방에 이주시키는 것)에 이를 정도로 금령이 지엄하거늘, 재신宰臣과 권문權門들은 온 산을 다 베어 집을 짓는데도 불문에

붙이고, 나무꾼 아이나 꼴 베는 목동은 마른 소나무의 낙엽을 주워도 즉시 법으로 다스리는 것을 금령이 잘 지켜진다고 생각하고 있으니 어찌 크게 한심하지 않습니까?" - 『숙종실록』 5년 2월 10일

윤휴가 채벌이 금지된 금송 수천 그루를 베어서 여주 강가에 집을 지었다는 고발이었다. 사실이라면 이런 일을 적발해 처벌하는 직책이 대사헌이란 점에서 윤휴로서는 큰 타격이었다.

남구만의 고발은 계속된다.

"또 들으니 요즈음 세력 있는 집안은 남의 아내나 첩을 빼앗아 간음하고 속이며 여러 방법으로 추행하고 욕보입니다. 도성 사람들이 원망하는 독기와 성내어 꾸짖는 소리가 들끓어 막을 수가 없으니, 이 또한 고금에 들어보지 못한 일입니다. 서울은 사방에서 으뜸 되는 곳인데 기강이 허물어져 이처럼 극에 달했으니 나라의 멸망이 장차 눈앞에 닥칠 것입니다." - 『숙종실록』 5년 2월 10일

요즈음 세력 있는 집안이란 영의정 허적의 집안을 뜻하는 것이었다. 남인 정권이 계속되면 나라가 망할 것이라는 이야기였다. 숙종은 깜짝 놀라서 해당 부서에서 엄격하게 조사해 보고하라고 지시했다. 소수당인 남인 정권으로서는 사실로 밝혀지면 정권이 붕괴될 사안이었다. 곧 엄격한 조사가 시작되었다.

그런데 조사 결과 엉뚱한 사실이 드러났다. 허견의 아내 홍예형洪禮亨이 유철柳澈과 간통한 사실이 드러난 것이다. 더군다나 둘은 친족이었으니 일종의 근친상간이었다. 남구만의 예상과는 달리 허견의 아내와 유철이 처벌받아야 했다. 『대명률大明律』에는 "시마복緦麻服 이상 친족의 간통은 장도(杖徒: 곤장을 치고 유배 보내는 것)에 처한다."고 되어 있고, 『대전속록大典續錄』에는 "사족士族 여자가 음행을 하면

그 간부奸夫와 함께 교수형에 처한다."고 되어 있었다. 시마복 이상의 친족이란 상사 때 상복을 입는 유복친有服親을 뜻한다. 자칫하면 사형까지 처해질 수 있었다. 의금부에서는 홍예형은 이름이 천적賤籍에 올라 있어 사족은 아니지만 허견이 문과에 급제해 승문원 정자(正字: 정9품)를 지냈으므로 그 아내도 천인이라고 할 수만은 없다면서 어느 조항을 적용해야 하는지 대신들에게 의논해달라고 건의했다. 허견은 허적의 외아들이므로 서자임에도 특별히 문과에 응시해 급제했으나 더 이상 진급은 못하고 벼슬을 그만둔 상황이었다.

좌의정 권대운과 우의정 민희는 먼 지방으로 유배 보낼 것을 건의했으나 숙종의 반응은 달랐다.

"유철과 홍예형의 행위는 개돼지와 같아서, 풍교風敎를 더럽힌 죄는 하늘과 땅 사이에서 결코 용납할 수 없다. 모두『대전속록』에 의거해 처단하라."

성종이 어우동을 사형시킨 것처럼 여성 관계가 문란한 임금들은 간통 사건의 경우 중죄를 선호했다. 허견의 구타 사건을 정치 쟁점화하려던 서인들의 의도와는 달리 홍예형과 유철만 사형당했다. 그러나 서인들은 공세를 멈추지 않았다.

20여 일 후에는 허견이 남의 아내를 빼앗았다고 공격했다. 이번에도 남구만이 저격수로 나섰다.

"남의 아내를 빼앗은 사건이 발각되어 법조(法曹: 형조)에서 수사해보니 이동귀李東龜의 딸 이차옥李次玉은 서억만徐億萬의 아내였습니다. (아내를) 남에게 빼앗긴 사실이 드러났지만 허적의 압력 때문에 장차 일이 실상이 없게 될 것입니다." -『숙종실록』 5년 2월 30일

허견이 역관譯官 서억만의 아내인 이차옥을 빼앗았는데도 영의

정 허적의 압력 때문에 묻히고 있다는 폭로였다. 이 역시 사실이라면 윤리를 어지럽힌 큰 죄였다.

그런데 이때 김석주가 뜻밖의 주장을 하고 나섰다.

"남의 재물을 도둑질한 자를 도둑이라고 이릅니다. 남의 부녀자를 도둑질한 자는 도둑 중에서도 심한 도둑이니, 마땅히 포도청에 명을 내려 조사하여 다스리도록 하소서."

김석주가 이런 주청을 한 것은 이유가 있었다. 절도는 포도청 소관이지만, 간음 등은 의금부 소관이었다. 그래서 이 사건은 의금부 관할이었다. 또한 의금부는 사대부들 관련 사건을 다루는 한편 포도청은 상민들 관련 사건을 다뤘다. 그런데 의금부는 남인들이 장악한 반면 포도청은 포도대장 구일具鎰이 서인인 것처럼 서인들이 장악하고 있었다. 그래서 남의 아내를 빼앗은 것도 절도이니 포도청에서 수사해야 한다고 나선 것이었다. 숙종은 김석주의 주청을 수락했다. 포도청에서 즉각 광범위한 수사에 들어갔다. 포도대장 구일은 주로 이동귀의 노비들을 상대로 수사했다.

이동귀의 종 득민得民이 서인들의 뜻대로 공술했다.

"방목교防木橋 근처 이씨 집에서 술자리를 차리고 맞이했다가, 이차옥이 날이 저물어 집으로 돌아가는 길에 납치되었는데 납치해 간 자는 바로 허견입니다."

포도청에서는 허적의 집을 집중 감시했다. 영의정의 집을 포도청이 감시하는 것은 전례가 없는 일이었다. 그래서 좌의정 권대운과 우의정 민희 등이 차자를 올려 이 문제를 거론했다.

"요즈음 남의 아내나 첩을 빼앗는다는 이야기가 항간에 퍼지고 있습니다. 세도가 크게 무너져 와언(訛言: 그릇된 말)이 날마다 꼬리를 물고 일어납니다. 전에도 마음과 귀를 깜짝 놀라게 하는 말들이 하나 둘이 아니었지만 끝내 근거 없는 맹랑한 이야기로 드러나 자연히 소멸된 것이 많았습니다. 조정이 가볍게 먼저 조사하지 않은 것은 진실로 이 때문입니다."-『숙종실록』 5년 3월 1일

항간의 많은 말들이 사실무근인 경우가 많기 때문에 수사하지 않았다는 변호였다. 서인들이 의도적으로 만들어 퍼뜨리는 것도 적지 않다는 암시이기도 했다. 이번 소문도 그런 유형으로 판단해서 조사하지 않았다는 것이다. 권대운과 민희는 "포도청은 도둑을 다스리는 일을 주관하며 간음이나 사기는 말할 것도 없이 법조(法曹: 의금부)에서 다스리는 것이 당연하다."면서 의금부에서 이 사건을 수사해야 한다고 주청했다. 숙종은 "포도청에서 철저하게 수사한 후에 형조로 이송해도 늦지 않다."고 거부했다. 그러다가 이틀 후인 3월 3일에는 판의금부사 오시수에게 "엄하게 조사하여 실정을 캐내라."고 사건을 의금부로 넘겼다. 남인 오시수에게 수사권이 넘어가자 다른 이야기들이 나오기 시작했다.

오시수는 다른 수사 결과를 숙종에게 보고했다.

"포도청에서 수사할 때 군관들이 귀엣말로 '아주 혹독하게 형장刑狀을 치자.'고 했습니다. 서씨(徐氏: 서역만)와 이씨(李氏: 이동귀) 식구들은 길을 막고, '포도청의 꾐에 빠져 거짓 자복을 했다.'고 말했습니다."

포도청에서 이차옥이 허견에게 납치당한 것이 사실이라고 자백하라면서 혹독하게 매를 쳤다는 것이다. 나아가 이차옥의 시댁인 서씨와 친정인 이씨 식구들도 모두 포도청의 이런 꾐에 빠져 허견이 차옥을 납치했다고 거짓으로 진술했다는 것이었다. 『숙종실록』 사관은

"이차옥의 옥사를 의금부로 이송한 뒤 여러 사람들에게 물으니 모두 포도대장이 교사하고 꼬이는 대로 거짓 자복했다고 말을 둘러댔다." 고 적고 있다.

판의금부사 오시수는 사건을 이렇게 처리하자고 건의했다.

"여러 사람들이 말을 둘러대니 진실로 형신刑訊을 청해야 마땅하지만, 포도청의 혹형酷刑으로 중상을 입고 혼이 나갔으니 우선은 형신刑訊하지 마시고 우선 허견부터 잡아 심문하소서."

이때 이차옥의 남편 서억만이 격쟁擊錚했다. 격쟁이란 임금이 행차할 때나 대궐 차비문差備門 밖에 설치된 징을 쳐서 억울함을 호소하는 제도였다. 서억만은 자신의 아내는 납치된 사실 자체가 없다고 하소연했다. 『숙종실록』의 사관은 "허적의 옥사가 반옥(反獄: 옥사가 뒤집힘)된 후에 허적의 당이 서억만을 위협해 격쟁하게 했다."고 비난하고 있다. 그러나 오시수가 "차옥이 과연 납치당한 일이 있다면 정조를 잃은 아내를 어찌 이렇게 사랑하고 보호하겠습니까?"라고 말한 대로 포도청의 무리한 수사였다. 포도청에서 가혹한 고문으로 허견을 납치범으로 조작했다고 본 것으로 드러나고 있었다.

비로소 숙종은 허적을 위로했고 허적이 하소연했다.

"신의 자식이 과연 남의 아내를 빼앗아 신의 집에 오랫동안 두었다가 돌려보냈다면 어찌 신이 집에 있으면서 알지 못했을 리가 있습니까? 신이 만약 알면서도 아뢰지 않았다면 이는 신의 죄입니다. 성상께서 물불 가운데서 건지시어 깔개 있는 자리에 놓아주시니 신은 실로 죽을 곳을 알지 못하겠습니다."

허적은 포도청의 수사를 비난했다.

"포도청은 도둑을 엿보라고 만들었습니다. 신이 대신의 자리에 있는데 그 엿봄의 대상이 되었으니 어찌 감히 편안할 수 있었겠습니까? 포도대장 구일이 신의 집에서 순기順己란 인물을 찾기에 신이 '우리 집에는 본래 순기가 없다. 믿지 못하겠거든 가서 장적(帳籍: 호적)을 살펴보라.'고 했습니다."

권대운은 이것이 서인들의 정치 공세라고 말했다.

"뜻을 잃은 무리들이 밤낮 원망하고 독을 품고는 교묘하게 일을 만들려고 하고 있습니다. 조정의 여러 신하들은 일찌감치 물러나는 것이 좋습니다. 신 등에게 돌아가 시골에서 죽도록 해주소서." -『숙종실록』 5년 3월 19일

숙종은 "포도청에서 교사하고 꾀어 거짓 자백을 받은 것이 명약관화明若觀火하다."면서 남구만을 유배하고 포도대장 구일을 심문하게 했다. 이로써 허견의 부원군 처 동생 구타 사건과 부녀자 납치 사건은 무고로 드러났다.

서인들의 조직적 공세, 금송 사건

윤휴가 서도西道의 금송 수천 그루를 베어다가 집을 지었다는 혐의에 대해서도 광범위한 조사가 이뤄졌다. 윤휴의 금송 사건은 포도청뿐만 아니라 한성부도 가담해 집중 수사했다. 한성 판윤 김우형金宇亨과 좌윤 신정申晸이 서인이었던 것이다. 심지어 수사관들이 윤휴의 여주 집에 몰려들어서 집에 사용한 나무를 일일이 세었다. 심지어 새 나무와 헌 나무의 개수까지 셌다. 탁남 허적과 청남 윤휴가 동시에

공격당하면서 비로소 탁남과 청남이 운명 공동체라는 사실이 드러났다. 비록 탁남이 정책에 있어서 서인들과 다를 것이 없었지만 서인들은 탁남과 청남을 가리지 않고 모두 무너뜨리겠다는 의지였다.

그래서 탁남이었던 좌의정 권대운이 윤휴를 변호했다.

"남구만의 상소 가운데 윤휴가 금송禁松을 베었다는 말은 전혀 사실이 아닙니다. 유혁연의 말을 들으니, 윤휴가 강가에 조그만 집을 짓기는 했지만 모두 다른 사람으로부터 묵은 재목을 사서 지은 것이라 했습니다. 평소에 예로써 우대하던 신하를 갑자기 불법으로써 조사한다면 예로써 대우하던 도리에 손상됨이 있을까 우려됩니다."

도승지 윤심尹深도 "(윤휴가) 집을 다 지은 뒤에 신이 가보았는데 묵은 재목으로 지은 것이 10여 칸이고 새 재목으로 지은 것이 3, 4칸이었으니, 수천 그루의 소나무를 베었다는 말은 결코 사실이 아닙니다."라고 변호했다. 『백호연보』는 숙종이 "윤휴의 집을 조사해보면 남구만의 말이 사실인지 거짓인지 알 수 있을 것이다."라고 계속 조사하려 했으나, 좌상 권대운이 거듭 "조사한다는 것은 그를 의심하는 것이니 예우하는 뜻이 아닙니다."라고 말해 조사를 중지시켰다고 적고 있다.

윤휴도 상소해 이 문제에 대해 언급했다.

"남구만의 상소를 보니 그 중 한 가지는 신이 소나무를 베어서 집을 지었다는 내용이었습니다. 신의 행신行身이 무상해 무고를 자초해서 '헛소문이 세 번 들리니 어머니가 도망가고, 백 번을 태우면 쇠붙이도 녹는다.'는 지경에 이르렀습니다. 신이 비록 염치가 없지만 조사받는 형편에 어찌 이 자리에 편히 있겠습니까? 이제 도성 바깥으로 나아가 엎드려 처벌을 기다리겠습니다."

◆

여주 금사2리 일대 사진 가운데 멀리 보이는 산이 파사산이고 산정 부분에 파사산성
이 있다. 그 앞에 남한강이 흐른다. 백호 호수는 사진 오른편 너머에 있다.

"헛소문이 세 번 들리니 어머니가 도망갔다."는 말은 삼지주모三
至走母, 혹은 투저지혹投杼之惑이라고 하는데, 헛소문이라도 세 번 들
리면 믿게 된다는 뜻이다. 증삼曾參이 비費 땅에 살 때 동명이인이 살
인을 했다. 베 짜던 증삼의 모친에게 증삼이 살인했다고 말하자 처음
에는 믿지 않던 어머니가 세 번째 사람이 말하자 베 짜던 북杼을 던
지고 도망갔다는 이야기다.

　사직司直 이무도 상소를 올려 윤휴를 옹호했다.

　"윤휴는 본래 포의布衣인데 이조판서에 발탁되었으므로 총애와
신임이 천고에 드문 일입니다. 졸지에 한 사람의 말 때문에 조사를 받

게 되었으니 신은 중외中外에서 전하의 마음을 엿볼까 두렵습니다."

이무는 흔들리는 숙종의 마음을 정확하게 읽은 것이었다. 숙종은 이제 남인 정권 전체를 버리려 하고 있었다. 청남 윤휴뿐만 아니라 탁남 허적도 이미 숙종의 마음속에는 제거 대상이었다. 다만 삼번의 난이 어떻게 끝나는지 주시하고 있을 뿐이었다.

숙종이 수사 중지 명령을 내렸지만, 한성 판윤 김우형과 좌윤 신정이 상소를 올려 윤휴를 공격했다. 한성부에서 광범위하게 조사한 내용을 상소라는 형식으로 보고했던 것이다. 상소에 따르면 서도(西道: 황해도)에 사는 김세보金世寶가 한성부에 소장訴狀을 내서 선산의 어린 소나무 뿌리가 선영의 봉분을 침범했다면서 벌목 허가를 요청한 것이 사건의 시작이었다. 한성부에서 벌목을 허가하자 김세보는 소나무를 베었다. 한성부에서 김세보를 찾았지만, 그는 고향에 가서 만나지 못했다. 대신 김세보의 사위 임대任戴로부터, "김세보가 벌목한 소나무는 364그루였는데, 이달 10일에 윤휴가 종들을 보내어 실어 갔다"는 말을 들었다는 것이다. 한성부는 또한 나무를 나누어준 사람들은 "지난해 윤 대사헌(윤휴)이 종들을 보내어 소나무 364그루를 베어서 일부는 수레로 운반하고 일부는 말에 실어 보냈으며 그 나머지 절단한 나무 93개는 지금 김세보의 집에 쌓여 있다."고 말했다고도 보고했다.

한성 판윤 김우형 등은 이런 사실을 보고하면서 "나무를 벤 흔적이 아직도 낭자하게 남아 있는데 있는 것을 없다고 하고 사실을 거짓이라고 한다면 나라의 기강을 확립하는 도리에 크게 방해가 되지 않겠습니까?"라면서 '이 죄를 묻지 않는다면 조종祖宗의 헌장憲章이 장차 이로 인하여 폐지될 것'이라고 숙종에게 따졌다.

그러자 예조판서 겸 판의금부사 오시수가 숙종에게 자신의 수사 내용을 보고했다.

"김우형은 상소 중에, '어느 사람에게서 샀으며 어느 사람에게서 얻은 것입니까.'라고 말했습니다. 윤휴가 (소나무를) 달라고 하여 준 사람은 전 한성 판윤 정익鄭榏이고 윤휴가 소나무 값을 바쳤으므로 그 값에 따라 판 사람은 신입니다. 작년에 신이 지부(地部: 호조)에 있었는데, 국장國葬 때 사용했던 기계와 재목이 거의 다 썩었습니다. 그때 마침 윤휴가 정장(呈狀: 문서로 요청함)하여 그 재목을 사고자 했고, 또 이러한 물건은 전부터 팔던 규례가 있기에 신이 규례에 의거하여 팔도록 했습니다. …… 그런데 김우형 등이 이 일을 가지고 죄안을 만들고 있으니, 또한 놀라운 일이 아니겠습니다."-『백호연보』

윤휴가 집을 지은 것은 서도의 금송이 아니라 국장에 쓰고 남은 나무라는 것이었다. 더구나 그 재목들도 모두 값을 치르고 샀다는 것이었다. 그제야 숙종은, "썩은 재목이야 판다 한들 무슨 상관이 있겠는가."라고 말했다.

오시수가 자신의 목격담을 말했다.

"신이 윤휴가 새로 지은 집을 보았는데, 절반 이상이 묵은 재목이었으며 몇 천 그루의 재목이 들어간 데가 없었습니다. 조사하라는 명을 이미 내리셨으니, 먼저 그 집을 살펴보아 새 재목과 헌 재목을 구별한 다음 새 재목은 또 수상水上의 것인가 경산京山의 것인가를 구별해야 하며, 분명히 경산의 재목일 경우에는 그 출처를 조사하여 정익이 준 것이 얼마이며 그 나머지가 얼마인지를 분명히 파악해야 합니다. 이처럼 조사하는 것이 옳은데 이렇게 하지 않고 온 산의 소나무를 한 사람이 벤 것으로 돌리려 하니, 이것은 무함하려고 작심한 것이 아니고 무엇이겠습니까."-『백호연보』

그러자 조사에 참여했던 한성 참군漢城參軍 이상은李相殷이 문서纖辭로 자신의 조사 내용을 보고했다.

"제가 판관判官 심익선沈益善과 함께 적간하였습니다. 그런데 심익선은 새로 벤 자국과 전에 벤 자국을 구분하지 않고 모두 작년 5월에 벤 것에 포함시켜 수량을 잡고서는, '당상관(남구만)이 상소에서 몇천 그루를 베었다고 했습니다. 산지기는 공초供招에 300 가닥이라고 했으나 숫자가 어긋나서는 안 된다.'고 말했습니다."-『백호연보』

남구만의 상소는 한성부와 미리 짜고 올렸다는 내용이다.

이상은은 보다 자세한 사항을 털어놓았다.

"김세보와 그의 사위 임대의 집에 베어서 쌓아놓은 재목이 200여 그루이고, 금년 봄에 새로 벤 자국이 50여 그루였는데, 심익선은 단지 여덟 그루만 봄에 벤 숫자라고 써 넣고 나머지는 모두 옛날에 벤 원래의 수량에 넣었습니다."

산의 주인 김세보와 임대의 집에 쌓아놓은 재목이 200여 그루에 금년 봄에 새로 벤 자국이 50여 그루였는데, 한성 판관 심익선은 모두 작년 봄 윤휴의 집을 지을 때 쓴 것으로 조작했다는 뜻이다.

"그리고 임대가 공초할 때 심익선이 여러 차례 공갈을 치면서, '네가 바른 대로 공초하지 않을 경우 전가사변全家徙邊의 벌을 받을 것이다.'라고 말하자, 임대가 겁을 먹고 심익선의 말에 따라 공초하였습니다. 저는 여러 사람의 공초 내용과 재목의 수를 치부(置簿: 장부에 적음)하여 소매 속에 넣고서 말을 달려 급히 돌아왔습니다. 그러나 조사하는 막중한 일에 대해서 다른 사람의 다그침을 받아 자신의 견해를 스스로 지키지 못했습니다……."-『백호연보』

참군 이상은은 자신이 조사한 내용을 모두 장부에 적어놓았지만 다른 사람의 압박을 받아 털어놓지 못했다는 것이다. 문서가 있었으므로 이상은의 주장은 믿을 만한 것이었다.

윤휴의 주장은 이랬다. 윤휴가 강가에서 지낼 무렵 훈국(訓局: 훈련도감)에서 창고를 짓느라고 부근의 민가를 철거했다. 윤휴는 철거된 민가의 주인에게 철거한 재목을 사고 또 호조에서 국상에 쓰고 내버린 재목을 사서 무쇠리水鐵里에 집을 짓기 시작했다. 그때 김세보가 한성부에 정장呈狀해서 선영 주위의 소나무를 베었기에 그 중 몇 그루를 사서 보충했다. 또 당시의 한성 판윤 정익이 서까래로 쓸 만한 재목 일부를 보조해주었다고 『백호연보』는 말하고 있다. 『백호연보』는 또 "새로 지은 집이 도성에서 10리 되는 곳에 있기 때문에 사람들이 모두 목격할 수 있어서 속일 수 없는데, 시골에서 갓 올라온 남구만이 다른 사람의 사주를 받아 무함했다."고 분석하고 있다.

숙종은 이제 사태의 진상을 파악했다.

"윤휴는 소나무를 빌렸거나 샀을 뿐인데 어떻게 금송을 벌목한 죄가 되느냐? 김세보는 문장(文狀: 허가서)을 핑계 삼아 소나무를 함부로 베었으니 매우 놀라운 일이다. 유사(有司: 관계 기관)에게 조사해서 처리하게 하라." -『숙종실록』 5년 2월 16일

윤휴가 김세보를 사주해서 한성부에 소장을 내지 않은 이상 허가받고 벌목한 소나무를 산 것뿐이었다. 숙종의 말대로 문제가 있다면 김세보가 문제지 돈 주고 소나무를 산 윤휴의 문제는 아니었다. 그러나 이 무렵 숙종의 태도는 모호했다.

대사간 유하익兪夏益이 이 사건에 대해 논계했다.

"남구만의 상소로 인하여 윤휴의 범법을 조사하라는 명이 있으

셨습니다. 법관이 된 자는 마음가짐이 마땅히 공정해야 하고 사의私
意를 용납하지 않아야 합니다. 그런데 목재가 많고 적은 것을 윤휴의
집에 가서 조사하지 않고 다만 산의 나무 그루터기를 증거로 삼았습
니다. 자세한 사정을 조사함에 있어 그 집종들에게는 묻지도 않고 곧
바로 여러 사람에게 물어서 온 산 가득한 도끼 자국을 윤휴 한 사람
에게 돌아가게 했습니다. 조사가 중지된 뒤에도 다시 급급히 상소해
서 성상의 총명을 의혹시키고 혼란시켰으니, 기회를 타서 일어나 반
드시 남을 함정에 빠뜨리려는 정상이 남김없이 드러났습니다. 청컨
대 판윤 김우형과 좌윤 신정을 파직시키고 서용하지 마소서." -『숙종
실록』5년 2월 18일

　　『숙종실록』은 대사간의 파직 계청에 대해 "임금이 따르지 않다
가 4, 5차례 아뢰자 비로소 윤허했다."고 전하고 있다. 또한 지평持平
신학申㴾이 소회를 말하면서 윤휴를 신구伸救했지만 "임금이 별로 귀
담아 듣지 않았다."고 전하고 있다. 숙종의 마음이 떠나가는 것이었
다. 삼번의 난이 거의 평정되어가고 있었기 때문이다.

8장

소현세자 후손
추대 사건

오삼계의 죽음,
끝나가는 삼번의 난

일진일퇴를 거듭했지만 전세는 차차 청나라에 유리하게 전개되었다. 강희제는 복건, 절강, 섬서, 강서성의 대부분을 수복했다. 오삼계는 악주와 장사를 계속 차지한 채, 10만 대군을 이끌고 장사에 주둔하며 청나라에 맞섰다. 강희제는 형부낭중 색도色度 등을 보내 악주를 탈환하라고 명하면서, "악주와 장사의 형세는 두 다리와 같아서 한쪽이 넘어지면 다른 한쪽도 혼자 설 수 없다." - 『청성조실록淸聖祖實錄』고 말했다. 오삼계가 악주와 장사를 장악하고 있는 한 아직 기회는 있었지만 주변이 무너지고 있었으므로 전세는 불리했다. 청군이 동정호의 군산君山 등지를 장악해 보급로를 교란시켰다. 전쟁이 오래 계속되고 지배 강역이 점점 축소되면서 오삼계는 군비 부족에 시달리게 되었다. 오삼계는 동정호의 요지 투하협套河峽에 나무 말뚝을 촘촘히 박아 청군의 군함들이 악주로 들어가지 못하게 막았다. 그러나 청군은

◆
악양루 동정호의 동안에 위치하여 호수를 한눈에 조망할 수 있는 중요한 건물이다.

나무 말뚝을 모두 제거해 드디어 악주로 들어가는 길을 확보할 수 있었다.

그러나 오삼계는 인생 전반부 대부분을 전쟁터에서 보낸 역전의 용장이었다. 그는 위기를 극복하기 위해 자신이 직접 칭제稱帝를 거행하려 했다. 지금까지는 복명復明을 주장했다면 이제는 자신이 직접 황제에 즉위하기로 한 것이다. 오삼계는 장사에서 형주衡州로 이동했다. 형산衡山 아래 단을 쌓고 하늘에 제사를 지냈다.

강희 17년(숙종 4년, 1678) 3월 초하루. 오삼계는 형주에서 즉위식을 거행했다. 국호를 주周나라로 정하고, 연호는 소무昭武로 정하고, 형주를 정천부定天府로 고치고, 오응웅吳應熊의 서자 오세번吳世璠

을 태손으로 정했다. 그러나 칭제는 오래가지 못했다. 어느 날 개 한 마리가 의자에 앉아서 그를 향해 짖어댔다. 오삼계는 상서롭지 못한 조짐이라고 생각했다. 그때부터 그는 병에 걸려 음식을 잘 삼키지 못했다. 드디어 칭제한 지 불과 6개월 후인 그해 8월 17일 형주에서 사망했다. 삼번의 난은 오삼계라는 거목이 있었기 때문에 성립될 수 있었다. 오삼계가 없었다면 봉기 자체가 불가능했거나 벌써 진압되었을 것이다. 그래서 하국상夏國相 등 오삼계의 부장들은 오삼계의 죽음을 숨겼다. 평소처럼 음식과 의복을 제공하는 한편 100여 리 떨어진 영흥永興을 공략하는 군사들을 은밀하게 철수시켰다. 오삼계의 시신을 상덕常德을 거쳐 운남으로 운반했다. 곽장도郭壯圖 등 오삼계의 무장들은 운남에서 태손 오세번을 즉위시켜 오삼계의 뒤를 잇게 했다.

오삼계의 사망 소식은 곧 강희제에게 들어갔다. 강희제는 "두목이 죽으면 반드시 내부에서 변란이 일어난다."면서 장군들에게 길을 나누어 일제히 토벌하라고 명했다. 악주는 여전히 오응기吳應麒가 장악하고 있었다. 그러나 청군이 보급로를 끊으면서 성안에 식량이 부족해졌다. 오응기는 사람을 파견해서 구원을 요청했으나 이미 제 코가 석 자인 다른 장수들은 구원병을 보낼 여력이 없었다. 오히려 투항하는 군사들이 속출했다. 그만큼 오삼계의 빈자리는 컸다.

강희 18년(숙종 5년, 1679) 정월 오삼계 군의 총병 왕도충王度衝과 장수 진박陳珀 등은 수군을 이끌고 투항했다. 고립된 오응기는 성을 버리고 달아났다. 정월 18일 청군은 드디어 악주에 진입했다. 오응기는 아직 자파가 성을 장악하고 있는 장사로 들어갔으나 청군은 곧 장사에 들이닥쳤다. 청군의 안친왕 악락岳樂은 수륙 양면으로 장사를 공격했고, 오응기와 호국주胡國柱는 장사를 버리고 도주했다. 정월 29일 청군은 장사까지 장악했다. 순승군왕 늑이금은 대군을 거느리고 양자강을 건너 송자松滋와 지강枝江, 의도宜都를 장악하고 호남성으로 남하해 예주까지 점령했다. 그리고 그해 2월 13일 청군의 간친왕 나포喇布는 형주를 공격했고 호국주와 하국상 등은 성을 버리고 도주했다. 드디어 청군은 형주衡州를 점령했다. 오삼계 군의 주력이었던 악주와 장사, 형주가 모두 청군의 손에 들어간 것이다. 드디어 6여 년에 걸친 대전이 청군의 우세로 돌아서고 있었다.

강화도의 변서變書와
송상민의 상소

청나라 남부에서 청군이 연승을 거두고 있던 무렵, 숙종 5년(1679) 3월 『백호연보』는 이때의 분위기를 전하고 있다.

"이달 초순부터 도성 백성들에게, '적이 쳐들어와서 화공火攻을 하려고 한다.'는 와언訛言이 전파되어 백성들은 모두 방 안에 물을 길어다 놓았다. 그리고 사대문에는 백성들에게 속히 도성을 나가 화란을 면할 것을 권하는 방문榜文이 나붙었으므로 사람들이 모두 두려워하고 불안해하였다." -『백호연보』

이런 상황에서 발생한 사건이 소현세자 후손 추대 사건이었다. 숙종 5년 3월 12일 좌의정 권대운, 병조 판서 김석주, 훈련대장 유혁연이 청대請對한 것이 시작이었다.

권대운이 숙종에게 주위를 물리칠 것을 청한 다음 병조판서 김석주가 말했다.

"어떤 사람이 강도 축성장江都築城將 이우李�에게 투서한 것을 이우가 사람을 시켜 신에게 전했습니다. 방금 신이 유혁연과 더불어 조사하여 체포하는 일을 의논하였는데, 극비에 속하는 일입니다."

『숙종실록』은 "(김석주가) 즉시 소매 속에서 흉서凶書를 꺼내어 바쳤는데, 흉서는 격문檄文으로 그 중 하나는 여러 장수 앞으로 보내는 것인데 모두 격동시키는 말이었으며, 하나는 이우에게 보낸 글이었는데 모두 행군을 지휘하는 일이었다."고 적고 있다.

숙종이 흉서를 보고 말했다.

"이 글은 종통宗統이 차례를 잃은 것을 분하게 여겨 쓴 것인데, 그 계획이 지극히 흉악하다." -『숙종실록』 5년 3월 12일

종통이 차례를 잃었다는 것은 왕위 계승 순서가 잘못되었다는 것을 뜻한다. 즉 효종의 왕위 계승이 잘못되었다는 뜻이다.

이때 숙종은 강화도에 군병軍兵, 승도僧徒 1만여 명으로 1년 이상 돈대墩臺를 구축하고 있었다. 혹시 청나라가 쳐들어올 경우에 대비하는 것이었다. 병조판서 김석주는 자신의 비장裨將인 전 수사水使 이우를 돈대 구축 책임자로 삼았다. 이우에게 세 장의 격서檄書가 전해졌는데 두 통은 이우에게 보낸 것이고, 한 장은 승장僧將에게 보내는 것이었다. 이우에게 보낸 격서가 소현세자의 손자를 추대해야 한다는 내용이었다.

아! 이때가 어떠한 때인가. 혼란이 그지없이 심한 때이다. 지금 여러 공公들이 대중을 거느리고 서울에서 가까운 강도(江都: 강화도)에 있게 되었으니, 이는 하늘이 공들에게 손을 빌려주어 공을 세울 수 있게 한 때이다. 오늘날 붕당朋黨의 화단이 이처럼 극심한 경지에 이른

◆
경안군(위)과 임창군(아래) 묘 경기도 고양시 대자동에 있다.

것은 어째서인가. 종통이 순서를 잃었기 때문이다. 소현세자의 손자
인 임창군臨昌君은 바로 경안군慶安君의 아들로서 지금 안국방安國
坊에 살고 있는데, 이 분은 진정 성인이시다. 온 나라 사람 가운데 누
구인들 임창군을 임금으로 세워 종통을 바로잡고 붕당을 제거하려
고 하지 않겠는가. -『숙종실록』 5년 3월 19일

경안군은 소현세자의 셋째 아들 이회李檜였다. 인조는 소현세자
를 독살한 후 세 아들도 제주도로 유배 보냈다가 첫째, 둘째 아들이
유배지에서 죽는 바람에 비난이 들끓자 셋째는 서울로 올라와 살게
했다. 효종은 이회를 경안군으로 봉했는데, 그는 현종 6년(1665) 9월
온천에 목욕하러 갔다가 병에 걸려 죽고 말았다. 경안군 이회의 두

아들이 살아 있었는데 임창군臨昌君 이혼李焜과 임성군臨城君 이엽李熀이었다. 격문은 소현세자의 손자인 임창군을 임금으로 세워 종통을 바로잡자는 주장이었다.

"이달 13일은 계해년癸亥年에 인조가 반정反正한 날이니 이날에 쳐들어가야 하며, 입성하는 날 밤에 먼저 군사 한 부대를 보내서 임창군을 맞이해 임금으로 세워야 한다. 그리고 영상(領相: 허적), 병판(兵判: 김석주), 훈련대장(訓鍊大將: 유혁연)은 집을 포위해서 목을 베어야 하고, 광성부원군(光城府院君: 김만기)은 제거할 만한 죄는 없지만 또한 제거하지 않을 수 없다. 그리고 영부사領府事 정지화, 전 참판 신정, 전 판서 김우형, 홍처량, 전 대사헌 이익상李翊相, 전 참판 윤심尹深, 전 판서 이정영李正英 등은 정치를 하게 할 수 있다."

격서는 군사를 움직이는 각종 계략과 궁성 방화에 대한 일도 담고 있었다. 그런데 이우는 글을 받은 지 며칠 지난 후에야 사람을 시켜 김석주에게 전했고 김석주가 또 며칠을 더 지체한 후에야 영상 허적과 상의하고 숙종에게 보고한 것이었다.

윤휴는 이 소식을 듣고 차자를 올려 말했다.

"신은 듣건대 흉도凶徒의 변서를 이우가 병조에 전달했다는데, 그 일은 극비에 부쳐 신이 자세한 내용을 알 수 없습니다. 그러나 이 일이 어떠한 일인데 이우가 사람을 시켜 전달했으며 또한 어떻게 그 사람을 잡지 못했다고 말할 수 있겠습니까. 그가 외딴 섬에 가 있는 이상 두 사람이 서로 주고받았을 터이니 시급히 수색하여 잡았다면 어찌 제때에 잡지 못했을 리가 있겠습니까."

윤휴의 말대로 이 격서 사건은 상식에 어긋났다. 이런 흉서는 지체 없이 전달자를 체포해 보고해야 했다. 그러나 흉서를 전달받은 이우는 며칠 후에야 김석주에게 전달했고, 김석주도 며칠간 묵혀두었다가 숙종에게 보고했던 것이다.

숙종이 강화 축성장 이우에 대한 처리 문제를 묻자 김석주만 홀로 다른 주장을 했다.

"고발한 자를 국문할 수는 없습니다. 만약 그렇게 하면 이 뒤로는 고발하는 자가 없을 것입니다."

그러나 숙종은 다른 여러 신하들의 의견을 들어서 이우를 국문하게 했다. 김석주가 강화도의 흉서 사건을 보고한 날 공교롭게도 송시열의 고향인 회덕懷德의 생원 송상민宋尙敏이 상소를 올려 송시열과 송준길을 옹호하면서 남인 정권의 실세들을 격렬하게 비난한 사건이 발생했다.

송상민은 송시열의 1년복설을 옹호하면서 송시열이 효종을 지칭했던 서자庶子라는 말은 중자(衆子: 여러 아들)란 뜻이라면서 이렇게 말했다.

『통전通典』 가운데서 성서(聖庶: 제왕의 서자)를 살펴보면 무왕武王은 서자庶子로서 성덕聖德이 있었습니다. 이를 오늘에 비교하면 인조는 문왕이요 효묘(孝廟: 효종)는 무왕입니다. 무왕이 문왕의 서자 된 것이 해롭지 않다면, 효묘 또한 인조의 서자 된 것이 해롭지 않습니다. 한나라 유자儒者들이 어찌 무왕을 폄손(貶損: 낮추고 헐뜯음)했겠으며, 송시열의 말 또한 어찌 효묘를 폄손한 말이겠습니까? ─『숙종실록』 5년 3월 12일

송시열과 송준길의 문인인 송상민으로서는 스승을 위해 용기를

낸 것이었지만 시기가 극도로 좋지 않았다. 소현세자의 후손을 적통이라고 주장하는 흉서가 보고된 당일이었다.

1년복설의 문제인 적통 문제에 대해 송상민은 이렇게 주장했다.

> 송시열의 논의는 다만 주공周公, 정씨(鄭氏: 정현鄭玄), 가씨(賈氏: 가공언賈公彦)의 글을 근거로 삼아 예를 만든 옛사람의 본뜻을 추측해 중자衆子로서 승통承統한 자는 3년복의 예를 가질 수 없다고 했을 뿐입니다.

송상민은 그나마 허적에 대해서는 비난의 강도가 약했지만 윤휴에 대해서는 격렬하게 비난했다.

> (윤휴는) 심지어 (주자가 분류한) 『중용』 장구章句를 오류라고 고쳐서 해설함으로써 한 세상을 바꾸려고 생각했습니다. 송시열과 송준길이 깊이 염려하여 글을 보내어 경계하고 책망했으나 끝내 따르지 않았습니다. 그 후에 송시열이 직접 윤휴의 집으로 가서, "공이 지금 『중용』의 주註를 틀렸다고 생각하느냐?"고 물으니 윤휴가 발끈하면서, "공은 자사子思의 뜻을 주자 혼자 알고 나는 알지 못한다고 생각하느냐?"고 말했습니다. 이 일 이후 송시열은 윤휴와 절교했습니다. 윤휴는 허물을 고칠 생각은 하지 않고 깊은 원한을 품어 오다가 복제服制 때에 3년설을 주창했습니다.

자사는 공자의 손자 공급孔伋으로서 『중용』의 저자로 알려져 있는 인물이었다. 윤휴가 주희의 주석대로 『중용』을 보지 않고 자신의

◆ 자사의 초상 공자의 손자로
『중용』을 지었다.

시각으로 해석한 사문난적이란 주
장이었다.

전하께서 오히려 깨닫지 못하시고 (윤
휴를) 간신 허목과 더불어 양현兩賢이
라 일컬으십니다. 무릇 이른바 현자
가 어찌 지금 이르는 자이겠습니까?
허목으로 말씀 드리자면 윤휴의 지시
에 따라 악惡을 함께하는 동업자입니
다. -『숙종실록』 5년 3월 12일

윤휴와 허목 등 청남에 대한 서인들의 시각이 담긴 상소였다. 송
시열을 비롯한 서인들이 2차 예송논쟁으로 정권을 빼앗긴 지 만 5년
이 되어가고 있었다. 서인들은 남인 정권을 저주했다. 숙종은 다음 날
송상민의 상소를 역률로 논단하라고 지시했다.

"전례典禮가 이미 정해졌고 큰 악인이 흩어져 도망간 후인데 송
시열의 혈당血黨들이 팔을 걷어붙이고 원망하며 더욱 방자하게도 원
망과 독기를 품고 있다. 이 무리들은 다만 송시열이 있는 줄만 알고
군신 사이의 분의分義는 모른다. …… 위로 선왕先王까지 언급하고
아래로 조정 신하들을 모함하니 나의 분함과 한탄이 어찌 끝나겠는
가? 마땅히 역률로 논단해 국법을 바로잡으라."

숙종은 송시열을 큰 대대(大懟: 악인)라고 지칭하며 강력하게 비
판했다. 윤휴는 강화도 흉서의 변과 송상민의 상소가 함께 시작된 것
에 대해 강한 위기의식을 느꼈다. 윤휴는 두 사건을 우연의 일치로

보지 않았다. 직접 연결되는 사건은 아니지만 서로 무관하지도 않다고 느꼈던 것이다.

"대례大禮가 이미 바르게 되고 종통이 다시 분명해졌는데도 뜻을 잃은 무리들이 사설邪說을 선동하고 있습니다. 강화도 투서의 변은 진실로 극도로 놀라운 마음입니다. 이우와 승장僧將이 함께 일을 하지 않았다고 누가 알겠습니까? 그들이 원망을 품은 채 기회를 기다려온 지 이미 오래되었으니, 마땅히 두 대장으로 하여금 궁성을 호위하게 하소서." -『숙종실록』 5년 3월 16일

윤휴가 보기에 이는 비상사태였고 이우나 송상민의 단독 소행이 아니라 조직적 행위였다. 강화 축성장 이우가 변서를 며칠씩이나 보고하지 않았다는 것은 변서의 내용에 내심 동조했다고 해석할 수도 있었다. 윤휴가 궁성을 호위하자고 건의하자 숙종은 대신들을 불러 논의했는데 허적은 "먼저 가볍게 움직이는 태도를 보여서는 안 된다."면서 호위는 지나치다고 말했고, 권대운도 동의하면서 궁성 호위는 하지 않는 것으로 결정되었다.

이때 허적은 소현세자의 손자들을 안치하자고 주장했다.

"송상민의 책자는 더욱 한심합니다. 요즈음 인심이 극도로 악해져서 이혼(임창군)과 이엽(임성군)이 영웅이라고 칭하고, 종통의 소재가 있다고 칭하면서 추대한다는 말이 공공연히 길에 전해지고 있는데, 김석주도 알고 있습니다. 서인들이 뜻을 잃고 나라를 원망하는 것이 이르지 않는 곳이 없습니다. 예부터 신하로서 추대되는 말을 듣고 목숨이 보전된 자는 결코 없습니다. 이 두 사람을 절도에 안치하여 나라의 의혹을 끊는 것이 옳습니다." -『숙종실록』 5년 3월 16일

이때 허적이 "추대한다는 말이 공공연히 길에 전해지고 있다."고

한 말은 중요하다. 쿠데타가 일어나리란 소문이 무성했다는 뜻이기 때문이다. 그럼에도 허적은 궁성 호위는 하지 말자고 청했던 것이다. 이런 느슨한 자세 때문에 훗날 자신의 목숨을 빼앗기게 되리라고는 꿈에도 몰랐을 것이다.

숙종은 허적의 주장대로 소현세자의 두 손자를 절도에 안치했는데, 다음 날 혹독한 형신을 받던 송상민이 옥사했다. 강화도 변서에 대한 수사는 계속되었다. 윤휴는 사직 상소를 내고 여주에 물러가 있을 때인데 숙종이 승지 박신규朴信圭를 보내 나라에 변고가 있으니 꼭 들어오라고 일렀다. 윤휴도 이런 비상시에 시골에 있을 수 없다는 생각에서 서울로 들어왔다. 윤휴를 만난 숙종은, "참소한 말을 분명히 살피지 못해서 현자賢者를 대우하는 도리를 잃고 경을 매우 급하게 도성을 나가게 했으니 매우 부끄럽다."라고 사과부터 했다. 그리고 강화도 사건을 언급했다.

"흉서를 보았는가? 이 글은 공개하지 않으려고 했지만 경은 국가와 휴척(休戚: 안락과 걱정)을 같이하는 신하이니 어떻게 보지 않을 수 있겠는가. 이우가 즉시 따라가 잡지 않은 것이 매우 통분스럽고 놀라운 일이다."

이우는 국문을 받았지만 자신이 직접 받은 것이 아니라고 주장했다.

"그 흉서는 술 파는 여인에게서 받았을 뿐입니다."

국청은 술 파는 여인을 불러 변서를 전한 사람의 모습을 물었다. 변서를 전한 인물을 잡기 위해 대대적인 수색령이 내려졌다.

숙종이 방안을 제시했다.

"이우는 석방할 수 없겠지만 갇혀 있는 자 중에 그의 얼굴을 알고 있는 자 두어 명을 석방시켜 범인 체포의 발판으로 삼는다면 체포할 길이 있음직하다.”

숙종의 말을 들은 우승지 유하익兪夏益이 대신들과 상의한 후 보고했다.

“대신이 말하기를, ‘이미 장교를 시켜 얼굴을 알고 있는 자를 데리고 나가서 살펴’고 했답니다. 또한, ‘만약 천금千金의 현상금을 걸고 벼슬을 상으로 아끼지 않는다면 함께 일을 한 사람도 체포하거나 밀고할 것’이라고 말했습니다.”

숙종이 답했다.

“옛날에 금 1,000근과 1만 호萬戶의 읍으로 (범인을) 샀다고 하더니 그 말이 정말 맞는구나.”

막대한 현상금이 걸리자 곧 고발하는 자가 나타났다. 광진廣津출신(出身: 무사) 이인징李仁徵, 이휴징李休徵, 이성징李聖徵이 수어사守御使 민희를 찾아와 경기도 양주의 미음촌美音村에 사는 사대부 이유정李有湞이 의심스럽다고 고발한 것이다.

“양주의 미음촌에 사대부 이유정이란 자가 사는데 3월 사이에 강화도에 왕래하더니 그 뒤로는 두문불출하고 있으니 그 자취가 매우 수상합니다. 또 그 생김새도 흉인과 흡사합니다.” -『숙종실록』 5년 4월 26일

민희는 즉시 군교軍校들을 보내어 이유정을 체포해왔다. 이유정은 강화도에 가서 축성장 이우를 만난 사실만 시인하고 나머지는 부인했다. 추국청에서 관련자들과 면질(面質: 대질 심문)시키자 비로소 서신을 승장僧將에게 주었다고 시인했다. 그러나 승장과는 10년 전부터 서로 아는 사이인데, 말먹이馬草를 빌렸기 때문에 추후 갚겠다

는 내용의 편지라고 둘러댔다. 국청에서 아들 이홍도李弘道를 잡아와 세 장의 서신을 보이자 부친의 필적이라고 자백했다. 점점 이유정의 소행으로 좁혀져가고 있었다. 이유정이 강화도에서 묵었던 숙소 주인의 딸 귀승貴升과 면질시키자 이유정은 드디어 말이 막혔다.

아들 이홍도의 자백서를 보여주자 이유정은 자백하기 시작했다.

"3월 13일은 계해반정(癸亥反正: 인조반정)이 일어난 날입니다. 이날 들어가야 마땅하다고 의논한 것은 안에서 먼저 도모해야 외부에서 지원할 수 있다고 이른 것인데 이는 속이는 말일 뿐 실로 사람들과 상의한 일은 없습니다." - 『숙종실록』 5년 4월 27일

인조반정은 서인들이 북인 정권을 무너뜨린 날이었다. 서인들이 다시 한번 일어나 남인 정권을 무너뜨려야 한다는 격문이었다. 그러나 자기 혼자 생각일 뿐 당인黨人들과 상의한 적은 없다고 변명했다.

"이른바 '종통이 질서를 잃었다'고 한 것은 근래 피차 적嫡이란 글자와 서庶란 글자를 가지고 소송하는데, 적嫡은 마땅히 장자에게 돌아가야 하고 서庶는 마땅히 중자(衆子: 여러 아들)에게 돌아가야 하므로 종통이란 말을 한 것입니다. 이른바 '임천군이 성인'이라고 한 것은 칭찬하여 기린 말에 불과합니다." - 『숙종실록』 5년 4월 27일

"종통이 질서를 잃었다."는 말은, 그 뒤에 소현세자의 손자 임창군이 성인이란 말이 덧붙여졌기 때문에 결국 숙종의 왕위 계승을 부인하는 말이었다. 효종 상사 때의 1년복설은 서인들의 쿠데타 명분이 될 수 있음을 뜻하는 것이었다. 이유정의 자백 중에는, "이른바 '지금이 어떠한 때이냐?'라고 한 말은 당론으로써 한 말에 불과합니다."라는 말도 있었다. '지금'은 서인들이 소현세자의 손자를 추대해 숙종과 남인 정권을 내쫓고 종통을 바로잡을 때라는 뜻이었다.

이유정과 그 친족들은 4월 2일 사형당하고 가산도 모두 몰수되었지만 문제는 그 뒤처리였다.

영의정 허적이 숙종에게 사건의 경위를 보고했다.

"이번 옥사의 처분이 모두 적당했습니다. 그러나 3월 13일에 대궐을 범한다는 말이 전파되어 인심이 흉흉해졌는데, 심지어 산에 올라가서 물을 길어놓고 변을 기다리자고 외치기까지 했습니다. 또 사대문에 방榜를 붙여 전파했는데, 이는 이유정 한 사람이 한 짓이 아닙니다. 틀림없이 큰 우두머리가 있어서 시킨 것인데 이유정 혼자 죽고 큰 우두머리는 아직 살아 있으니 차후의 걱정이 말로 할 수 없습니다."-『숙종실록』5년 5월 2일

이유정의 변서 사건은 사실상 반半공개적인 행위였다. 산 위에 올라가서 3월 13일 변이 일어날 것이라고 외치는 자가 있었는가 하면, 사대문에 거사를 알리는 대자보까지 붙인 자가 있었다. 사대문에 거의 동시에 방이 붙었다는 것은 이유정 혼자만의 행위가 아니라는 뜻이었다.

허적은 계속 이유정의 행위에 대해 보고했다.

"이홍식(李弘式: 이유정의 조카)이 말하기를, 이유정이 병진년(숙종 2년)에 종 귀일貴一과 장기長鬐에 내려간 적이 있다고 했습니다. 그 이유는 이유정이 일본을 거쳐 중국으로 가서 주씨朱氏를 세워 천하를 평정하고, 정금과 함께 조선으로 돌아와서는 장기에 사는 여종의 남편에게 배를 빌려 대기하게 하고, 귀일을 집으로 돌려보내려 했다고 했습니다."-『숙종실록』5년 5월 2일

장기는 송시열의 유배지였다. 이유정 변서 사건이 민감했던 이유는 송시열과 연관성 때문이었다. "종통이 순서를 잃었다."는 등 이

유정의 논리는 송시열의 1년복설과 맞닿아 있었다.

허적은 뒤이어 이유정과 송시열의 연관성에 대해서 보고했다.

"그리고 송시열이 위리안치된 곳에 가서 몇 달 동안 머물렀다고 했습니다." -『숙종실록』5년 5월 2일

『백호연보』는 "이유정은 송시열의 문도門徒로서 그때 송시열의 배소(配所: 유배지)에 막 따라갔다 온 자였다."고 전하고 있다. 드디어 이유정이 송시열의 장기 유배지에 가서 40일간 머물다 올라온 사실이 밝혀졌다. "종통이 순서를 잃었다."면서 반정을 일으키자고 주장한 강화 변서의 장본인 이유정이 송시열의 문인에다가 유배지까지 따라가 머물던 인물이었으니 큰 변수였다. 서인들의 조직적 움직임이 있었다고 볼 수 있었다. 산 위에 올라가서 반정 날이라고 외치는 자가 있었고, 사대문에 대자보를 붙이는 자가 있었다. 조직적 소행이었다. 그리고 이유정은 송시열의 유배지까지 가서 40일간 머물다 와서 사건을 일으켰다. 비록 송시열이 직접 지시하지 않았다고 해도 송시열은 빠져나갈 수 없었다. 이유정의 논리는 송시열의 1년설에서 나온 것이기 때문이다.

그러나 허적은 이 사건에서도 모호한 태도를 취했다. 허적은 사건을 확대하지 않으려 했다. 『백호연보』는 "영상은 그가 다른 사람을 끌어댈 경우 옥사獄事가 만연하지나 않을까 염려하여 끝까지 캐묻지 않고 즉시 사형시키려고 하였다."고 전하고 있다.

반면 윤휴는 국청鞫廳의 여러 신하들에게 편지를 보내 더 조사해야 한다고 주장했다.

"흉적兇賊을 체포한 것은 진실로 매우 다행스런 일입니다. 그러나 역적의 정상이 다 드러나지도 않았고 죄인들도 모두 다 체포하지

못해서 나라의 큰 화(禍)가 예측할 수 없는 데에 숨어 있습니다. 오늘의 일은 흉인을 잡은 것만 다행이 아니고, 함께 모의한 자를 잡아 화근을 끊는 것이 옳습니다. 지금 만약 여기에서 그친다면 흉당(凶黨)에게는 다행이겠지만 국가의 화(禍)는 어찌하겠습니까?" -『백호연보』

윤휴는 병법을 깊게 연구한 전략가였다. 그는 이 사건의 본질을 간파했다. 이 사건을 심상하게 넘기면 앞으로 어떤 일이 벌어질지 알 수 없었다. 그러나 허적을 비롯한 탁남은 이 사건의 의미를 축소 해석했다. 『백호연보』는 윤휴의 편지에 "여러 사람들은 별로 유의하지 않았다."고 전하고 있다. 윤휴가 보기에 이 사건은 서인 일각이 조직적으로 움직인 사건이었다. 이유정의 집을 수색했을 때 무려 500명의 명단이 열거된 문서가 나왔다. 그런데 오시수는 이 문서에 이름이 열거된 자들을 더 이상 수사하지 말자고 주청했다.

"이유정 집 문서를 수색할 때 찾은 500명의 열거된 문서는 이미 성상께서 친히 열람하시고 왕부(王府: 의금부)에 보관하고 있습니다. 그 가운데 이름이 들어 있는 자는 스스로 편안할 수가 없습니다. 이것은 의심할 만한 문서는 아니니 불사르소서." -『숙종실록』 5년 8월 3일

숙종은 이를 즉시 윤허했다. 청남으로 분류되는 오시수가 왜 이 문서를 불태우라고 주청했는지는 알 수 없다. 그러나 청남, 탁남은 몇 년 전 서인들이 분류한 것이고, 이 무렵 오시수는 대부분의 일에 허적과 견해를 같이해 탁남으로 분류해도 하자는 없었다. 권력에 극도로 민감한 숙종이 왜 이런 중요한 문서를 소각하자는 주청을 즉시 윤허했는지 남인들은 심각하게 생각하지 않았다. 이때 이유정의 아들 이홍도가 끌어들인 인물 중에 전 한성 판윤 김우형이 있었다. 남구만이 윤휴가 서도의 금송 수천 그루를 베어 집을 지었다고 주장했을

때, 조사를 중지하라는 숙종의 명을 무시하고 상소라는 명목으로 윤휴를 공격했다가 무고라는 이유로 파직되었던 인물이었다. 『백호연보』는 "전 판윤 김우형은 역적의 공초에 나와 체포되자 언어가 장황했다. 그러나 여러 신하들이 지시하고 가르쳐 죄를 면하게 하고 석방시켰다."고 전하고 있다.

김우형은 석방되자 이렇게 말했다고 전한다.

"속담에 '활인活人하는 부처가 곳곳에 다 있다.'고 하더니 오늘날 여러 사람이야말로 참으로 활불(活佛: 살아 있는 부처)이 아니겠는가."

이렇게 조직적으로 전개되었던 이유정의 '강화 변서 사건', 곧 '소현세자 후손 추대 사건'은 이유정의 개인 소행으로 정리되고 있었다.

남인 정권을 정리하려는 숙종

이유정이 주장한 내용은 송시열의 예론에 따른 것이고, 이유정 자신도 송시열의 문도였다. 그래서 이유정이 사형당한 얼마 후인 숙종 5년(1679) 5월 12일 사간원 대사간 최문식 등과 사헌부 지평 이한명李漢命 등이 합동으로 송시열에게 죄를 더해야 한다고 주청했다.

"당초 송시열의 예론은 비단 체이부정(體而不正: 서자를 후사로 세우는 것)을 효묘(孝廟: 효종)에게 씌웠을 뿐 아니라 단궁문檀弓免과 자유최子游衰를 인용해 적통이 엄하지 못하다는 증거로 삼았습니다. 단궁문, 자유최는 모두 적손을 두고 아들을 세운 것을 조롱한 고사입니다. 송시열의 이런 예론이 인묘(仁廟: 인조)께서 어진 이를 택해 세자로 세우시던 날이라면 오히려 옳을 수 있습니다. 그러나 이미 신하로서 효묘를 섬기고도 효묘께서 하늘로 돌아가신 지금 이런 말을 하는 것이 과연 한때 우연히 말한 것이겠습니까? 적통이 저쪽에 있음을 분명히 해서 미리 터를 삼으려는 것으로서 그 마음이 어디에 있는지도 길 가는 사람이 알고 있습니다."-『숙종실록』 5년 5월 12일

◆
송시열의 친필 글씨
'각고刻苦'

송시열은 효종의 왕위 계승이 부당하다고 생각해서 기년복설을 주장한 것은 아니었다. 다만 군신의 경계를 나눌 때 임금의 자리에 명황(明皇: 명나라 황제)만을 두고 조선 임금은 자신들과 같은 사대부라는 생각에서 기년복설을 주장했던 것이다. 명황의 자리에서 보면 조선 임금이나 자신들은 모두 사대부에 지나지 않으므로 조선 임금의 상사에는 왕가의 예법이 아닌 사대부의 예법을 적용해야 한다는 논리였다. 바로 이 점이 송시열을 비롯해 기년복설을 주장하는 서인들의 모순이었다. 현실적으로는 조선 임금을 신하로서 섬기면서 머릿속으로는 명황만을 임금으로 섬기는 자기모순에 빠진 것이었다. 예론 때문에 정권을 빼앗겼으니 정권을 되찾기 위해서는 송시열의 예론이 바르다고 주장해야 했다. 이유정의 변서는 바로 이런 상황을 정확히 반영하고 있었다.

"이전에 투서로 인한 역모의 변고는 송시열을 위한다는 의리를

외우는 무리에게서 나왔습니다. 이른바 '종통이 질서를 잃었다.'는 것이 곧 송시열의 말이며 '가까운 종친을 추대하려고 한 것'도 곧 송시열의 뜻에 부합되는 것입니다. 설령 송시열이 이유정의 모의에 참여하거나 아는 것이 없다고 하더라도 마음의 소재나 생각을 쌓아 앞에서 나라의 체통을 어지럽힌 자도 송시열이요, 성내는 마음을 쌓으며 위를 원망하고 뒤에서 역적의 난을 일깨워준 것도 송시열입니다."

－『숙종실록』5년 5월 12일

양사는 '춘추의 법으로 논하면 송시열은 우두머리요, 이유정은 따르는 자'라면서 송시열을 안율按律해야 한다고 주장했다.

그러나 숙종은 송시열에게 죄를 더하자는 양사의 주장에 반대했다.

"송시열이 종통을 어지럽힌 죄는 국인國人들이 모두 아는 바이다. 또 토역고문(討逆告文: 역적 토벌을 보고하는 글) 가운데에서도 소상하게 밝혀져서 간사한 싹들을 타파打破할 수 있을 뿐 아니라, 백대百代 뒤에도 충분히 할 말이 있게 되었다. 하필 안율한 후여야만 상쾌하겠느냐?"

송시열에 대한 숙종의 마음이 달라진 것이었다. 남인 정권은 송시열에 대한 숙종의 태도가 변했음을 눈치채지 못했다. 삼번의 난이 거의 끝난 데다 서인들은 반공개적으로 국왕 교체와 정권 전복을 주장하고 있었다. 숙종은 이 두 사태를 심각하게 받아들였다. 서인들이 죽기 살기로 덤비면 인조반정이 옛날 일만은 아닐 것이란 생각이 들었을 것이다. 숙종은 이제 서서히 남인 정권을 정리할 생각을 하고 있었다.

비슷한 시기인 숙종 5년 4월 익명서 사건이 발생했다. 대궐 밖의 남교南橋에 방서榜書가 내걸린 것이다.

"남당(南黨: 남인)은 어지럽고 흐리며, 서류(西類: 서인)는 원한에 차 있다. 인심은 이반되고 국사는 방도가 없으니 종사가 위급한데 하늘의 뜻이 정해지지 않아 통곡한다."-『숙종실록』 6년 5월 12일, 『백호연보』

남교에 내걸린 익명서는 두서가 없었다. 익명서는 "부득이 혈서로 정성을 드러내어 천지신명께 고하니, 군부君父가 있음을 아는 자는 급히 하늘에 부르짖고, 군부가 없는 자는 근심 없이 그대로 보고 있어라."라고 말했다.

"추대는 비록 밖에서 한다고 해도 사직을 세울 분이 어찌 멀리 있겠는가推戴雖在外, 立社則何遠. 가시울타리가 비록 엄중하나 상인(相印: 재상의 도장)은 올려 쓸 수 있다."

앞에서는 '군부가 있음을 아는 자는 급히 하늘에 부르짖고'라고 현 임금을 보위하는 듯한 말을 써놓고는 여기에서는 '사직을 세울 분이 어찌 멀리 있겠는가'라고 다른 인물을 추대하는 것처럼 서술했다.

"민정중, 김익훈, 이익상李翊相, 이선李選, 신완申琓, 이행익李行益, 권도경權道經, 이익형李益亨, 구일, 어영청 초관哨官 6명, 김부장金部長, 황선전黃宣傳, 이훈초李訓哨, 윤尹, 홍洪 등을 때맞추어 베어버린다면 국가의 복이다. 큰 자는 반드시 그 가족까지 다 죽여야 되기 때문에 그 이름을 썼으나 작은 자는 가족까지 죽일 것은 없으므로 이름을 쓰지 않은 것이다."-『숙종실록』 6년 5월 12일

익명서에서 베어야 한다고 적시한 인물들은 모두 서인 중진들이었다. 이 점이 의문이었다. 뒷부분에 가면 의문은 더 커진다.

"북부北部에 사는 사대부의 종인 거창居昌을 잡아 심문하면 알 수 있을 것이다. 왕가의 딸로서 불속에 뛰어들고 싶은 사람은 바로

나이다. 통곡한들 어찌하며 통곡한들 어찌할 것인가? 노인 충의忠義
김金이 눈물을 흘리며 쓴다."-『숙종실록』6년 5월 12일

  의문투성이의 방서榜書였다. 원래 자신의 신원을 밝히지 않은
익명서는 불태우는 것이 관례였다. 그러나 이 익명서는 북부의 거창
이란 이름이 적시되어 있기 때문에 북부北部의 호적戶籍을 조사해 거
창을 찾았다. 그러나 북부에는 거창이란 인물이 없었다. 그런데 며칠
지나서 북부에 사는 사대부 신성로辛聖老가 자신의 종 이름이 거창이
라고 사복시(司僕寺: 목장, 말 관리 부서)에 고발했다.

  사복시에서 거창을 체포해 포도청에 넘기자 거창은 익명서의
작자를 추측했다.

  "이것은 필시 무인武人 이환李煥이 한 짓일 겁니다. 이환은 전에
나와 송사를 해서 진 일이 있었으므로 그 앙갚음으로 나를 죽이려고
한 일일 것입니다."

  이환을 체포해 문초하자 이환은 "거창과 송사한 일이 없다."고
부인했다. 서로 말이 다르자 조정 신하들은 더 이상 캐묻지 않기로
결정했다.

  "이환과 거창이 서로 떠밀고 있는데 평문(平問: 말로 묻는 것)하면
반드시 바른 대로 말하지 않을 것이다. 그리고 방서에 대해서 형벌을
가하면 훗날의 폐단에 관계된다."

  익명서는 수사하지 않는 것이 관례라는 이유로 관련자들을 방
면했다. 강화도의 변서 사건에 이어 익명서가 내걸리자 민간에서 와
언(訛言: 유언비어)이 크게 일어났다. 큰 화란이 일어날 조짐이라고 수
근거렸다. 윤휴는 이 사건을 조사해야 한다고 주장했다. 윤휴는 "어떤
사람이 개인의 분노 때문에 남의 비밀을 들추어낸 것이라면 불문에

부쳐도 괜찮지만 이번 사건은 종사에 관계된다."면서 정승과 대신들을 불러 의논해야 한다고 주장했다.

"민가의 일로 비유하면 천금千金의 부자에게 이름도 모르는 사람이 편지를 보내서 '당신 집에 오늘 밤 강도가 들어 예측할 수 없는 변고가 있을 것'이라고 한다면, 그 집 주인은 마음을 가다듬고 대비하겠습니까. 아니면 웃음거리로 여기고 살피지 않겠습니까. 또 만약 남의 자제에게 어떤 사람이, '너의 집 노복奴僕이 오늘 밤 그대의 부형을 해치려고 모의하고 있다.'고 말한다면 자제들은 놀라는 마음을 가지고 그 노복을 부형의 곁에서 멀리 떼어놓겠습니까. 아니면 '이 노복은 충실 근면한 자이니 의심해서는 안 된다.'면서 그가 예리한 칼을 가진 채 부형 앞에서 일하도록 하겠습니까."-『백호연보』

익명서가 개인사가 아니라 사직에 관련된 것이라면 수사해야 한다는 주장이었다. 또한 거창이란 이름이 거론되었고 실제 거창이란 인물이 실존하므로 완전한 익명서라고 볼 수도 없었다.

"사노士奴 거창이란 자를 이미 잡았다면 비록 그 단서를 다 캐지는 못하더라도, 마땅히 이름이 익명서에 들어 있는 사람으로서 그 일의 허실을 따져 밝혀야 하지 않겠습니까? 이 또한 조정에서 일의 체모를 크게 잃은 것입니다."-『백호연보』

그러나 숙종은 더 이상의 조사를 거부했다.

"이번 방서는 강도江都의 흉서와는 다른 것이다."

그런데 이상한 일이 발생했다. 이환의 집은 방서가 내걸린 남교南橋에서 가까웠다. 그래서 의금부는 이환의 소행이라고 생각하고 이환에게 "그날 어디에서 잤느냐?"고 캐물으니 "윤휴의 집에서 잤다."고 대답한 것이다.

이환의 입에서 윤휴의 이름이 나왔으므로 윤휴는 숙종에게 차자를 올려 석명했다.

"죄수 이환이 공초에서 신의 성명을 거론했다는데, 이환은 신의 먼 친척으로서 신의 집에 왕래했던 자입니다. 그는 그의 소송 상대자가 지목했기 때문에 의심받아 금부禁府에서 형을 받고 있습니다. 만약 이환이 실제로 죄가 있는데 신이 그의 간악한 정상을 알지 못하고 그를 일찍 거절하지 못했다면, 이는 실로 신의 죄입니다. 마찬가지로 그에게 죄가 없는데 상대가 잘못 말해서 끝내 죽게 된다면, 이는 실제로 죄가 없으면서 신 때문에 죽는 것이니 또한 부끄럽습니다." -『백호연보』

이환은 윤휴의 먼 친척으로서 무과 벼슬을 얻기 위해 때로 윤휴의 집을 방문했던 인물이었다. 이환은 세 차례 형벌을 받고 변방에 유배되는 것으로 사건은 정리되었지만 어느 모로 보나 의문투성이 사건이었다.

이때 유학幼學 이후평李后平이 상소를 올렸다. 『숙종실록』에 따르면 이후평은 숙종 2년(1676) 5월 조사기와 이수경을 힘써 돕고 허적과 권대운을 극력 공격했다가 숙종에 의해 유적(儒籍: 유생들의 명부)에서 삭제되었다가 용서하자는 허적의 주청으로 다시 유적에 오른 인물이었다. 청남 조사기, 이수경을 옹호하고, 탁남 허적, 권대운을 비판한 것을 보면 청남으로 분류될 만하지만 딱히 그런 것도 아니었다.

그는 이유정의 변서 사건에 관해 다시 상소를 올려 현안에 대해 진술했다.

"송시열은 나라에 몸을 맡겼으면서도 칙사를 맞이할 때 호종하지 않았고, 영릉(寧陵: 효종릉)에 변고가 있을 때도 아무 일이 없다고 속였고, 몸은 전야에 있으면서 권세는 인주(人主: 임금)를 기울게 했습니다. 이 세 가지의 일은 죽여도 죄가 남으니 이것으로써 죽인다면 어찌 감히 변명할 수 있겠습니까? 만약 효종을 폄박(貶薄: 헐뜯고 깎아내림)했다고 한다면 시열이 효종에게 지극히 두터운 은혜를 받았으니 보통의 인정으로 헤아리더라도 결코 그럴 리가 없습니다." -『숙종실록』 5년 7월 14일

이후평의 말대로 송시열의 권세는 임금을 능가했다. 또한 송시열은 효종의 은혜를 두텁게 받고도 효종을 박하게 대했다고 비난받았다. 그러나 이후평은 송시열이 효종으로부터 지극한 은총을 받았으니 박하게 했을 리 없다면서 이유정과 송시열의 관계에 대해 이렇게 말했다.

"지금 또 이유정이 송시열의 말을 끌어들인 것 때문에 이것이 구실이 되어 시열이 역적의 괴수가 되었습니다. 그러나 송시열이 현저하게 이유정과 함께 모의한 정적情跡은 아직 드러나지 않았습니다. 억지로 역적이란 이름을 씌우기보다는 옥으로 송치해 물어서 그 실상을 얻은 후에 처단하는 것이 정대할 것입니다." -『숙종실록』 5년 7월 14일

송시열이 인신人臣으로서 군주를 깎아내린 것은 결국 효종 정통성의 문제를 불러왔고, 실세한 일부 서인들에 의해 역모의 명분으로 사용되었다. 송시열이 이유정과 함께 모의했다는 물증은 아직 드러나지 않고 있었다. 허적, 권

효종이 송시열에게 내린 담비 가죽 옷

대운 등의 탁남 정권이 이유정을 송시열과 연결시켜 대옥사를 일으키려고 마음먹는다면 얼마든지 가능한 일이었다. 이유정은 송시열의 유배지에 따라가 40일 동안 기숙했고, 강화 축성장 이우는 변서를 받고도 즉각 보고하지 않았으며, 김석주 또한 변서 처리에 미온적이었다. 그러나 탁남은 사건을 덮는 쪽을 택했고, 이유정과 가족들만 처벌하는 것으로 사건을 덮으려 했다. 유학 이후평은 소현세자의 혈육은 이 두 사람뿐이니 이혼, 이엽 형제들을 죽여서는 안 된다고 주장했다. 그러면서 송시열의 문인들인 서인들도 등용할 것도 주장했다.

"이상진李尙眞, 민정중, 민유중, 이숙李翩, 이익, 홍처량, 이단하 등 여덟 사람은 비록 망령되게 송시열을 추종하여 공도公道를 배신하고 사당私黨을 옹호한 죄는 있지만 그 재주와 식견, 일 처리 능력操執은 칭찬할 만합니다. 비록 그 죄는 다스리더라도 그 장점까지 함께 버리지는 마소서." -『숙종실록』 5년 7월 14일

이후평이 가장 강하게 비난하는 인물은 영의정 허적이었다. 이후평은 "허적은 본래 방자해서 사류士流의 반열에 끼지도 못한다."고 비난하고는 허적이 척리(戚里: 임금의 외척)들에게 군권을 준 것을 강하게 비판했다.

"척리는 비록 사적(仕籍: 벼슬 명단)은 터주더라도 청요직淸要職은 허락하지 말아야 합니다. 그러나 허적은 김만기를 추천하여 총융사로 삼고, 김익훈을 광주 부윤으로 삼았으며, 김석주를 병판 어장(兵判 御將: 병조판서, 어영대장)으로 삼았습니다. 척리와의 결탁이 어찌 이보다 더 심할 수 있겠습니까?" -『숙종실록』 5년 7월 14일

이것은 대단히 중요한 지적이었다. 허적은 권력의 근본은 군사력이란 사실을 모르는 인물이었다. 도체찰사부의 체찰사였지만 명목

뿐이었다. 척리들에게 군권을 준 것은 숙종의 의사이기도 했지만 영상 허적으로서는 남인들에게도 군권을 주어 상호 견제하도록 노력했어야 했다. 그러나 허적은 모든 군권을 척리 김만기와 김석주에게 넘겨주고 개인적인 친분을 쌓는 것으로 만족하고 있었다. 이후평은 이 상소로 경흥으로 유배되었는데, 그가 군사권을 척리에게 준 것을 경계한 지 1년도 되지 않아 그 우려는 남인들이 가장 두려워하는 시나리오로 현실화되었다.

이런 상황 속에서도 숙종은 윤휴에게 계속 벼슬을 내렸다. 숙종 5년(1679) 3월 윤휴는 형조판서에 제수되었지만 사양했고, 5월에는 대사헌에 제수되었지만 역시 사양했다. 6월에 다시 좌참찬에 제수되었지만 역시 사직하고 숙배하지 않았고, 7월에 다시 우참찬에 제수되었지만 사양했다가 9월에야 드디어 받아들였다. 이번에는 받아들인 이유는 전차가 완성되어 숙종이 노량진에서 열무閱武하기 때문이었다. 열무란 일종의 군사 퍼레이드인데 서로 편을 나누어 모의 전투도 했다.

숙종 5년 9월 11일 노량露梁에서 전개한 대규모 열무에서 숙종은 융복戎服과 우립羽笠 차림

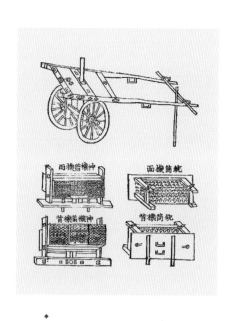

16세기 화차의 설계도

으로 말을 탔고, 관원들도 모두 융복 차림으로 어가를 따랐다. 이때 화차火車도 등장했는데, 『숙종실록』은 '유혁연이 화차火車를 내어 따로 한 진영을 편성할 것을 청했는데, 이 화차는 지난해 훈련도감訓鍊都監에서 새로 만든 것'이라고 전하고 있다.

"화차 한 대는 5층으로 되어 있는데 매 층마다 10정의 화총火銃을 설치해 전진하거나 후퇴하면서 싸웠다. 화총 50정이 일시에 쏘니 참으로 평지의 이기利器이다. 임금이 군기시軍器寺와 훈련도감에 명하여 더 만들게 하였다." -『숙종실록』 5년 9월 11일

삼번의 난이 거의 평정되었지만 윤휴는 이 정도 군사력이면 한번 붙어볼 만하다는 생각이 들었을 것이다. 윤휴는 병법과 군례軍禮에도 능통했다.

그래서 양국(兩局: 어영청과 훈련도감)의 장신將臣이 모두 단상에 서 있는 것을 보고 문제를 제기했다.

"이번 열무하는 대상은 모두 금군禁軍 병졸들인데, 임금께서 직접 사열하시면 임금께서 직접 통수하시는 때입니다. 따라서 대장들은 직접 군진에 나가서 전진 후퇴시키는 것을 임금께 물어야 마땅하거늘 어떻게 갑주甲胄 차림도 하지 않고 단상에 자기들 마음대로 서 있으면서 중군中軍에게 자기들의 일을 대신하게 할 수 있습니까."

열무가 끝나자 숙종이 안장이 있는 말을 상으로 주었는데, 장신들이 또 단상에서 절하고 받았다.

윤휴가 다시 문제를 제기했다.

"신하가 임금과 행례할 때는 당堂 아래에서 절하는 것이 예입니다. 더구나 개나 말은 당상에 가지고 올라갈 수 없는 법이니 단상에서 절하고 받는 것은 매우 잘못된 행동입니다."

윤휴는 군례는 지극히 엄해야 군기가 바로 선다고 생각했다.

그해 11월 윤휴는 전염병瘟疫에 걸려 매우 위독했다. 숙종은 어의와 약물을 보내 치료하게 했다.

숙종은 경연 중에 윤휴의 병세에 대해서 다시 물었는데, 문병을 다녀왔던 특진관 유혁연이 보고했다.

"신이 얼마 전 가서 보았더니 꿈속의 말처럼 이야기한 것이 모두 복수 설치復讐雪恥의 일이었습니다. 또 '10만의 군사를 거느리고 가야 한다.'고 했는데, 말이 분명치 못했습니다."

전염병에 걸려 혼수상태에 빠졌으면서도 훈련대장 유혁연이 왔다는 것을 알고는 북벌에 대해 이야기한 것이었다.

김석주가 덧붙였다.

"그 일에 대해서 지극한 성의를 가졌기 때문입니다."

윤휴는 겨우 전염병이 조금 낫자 숙종 6년(1680) 1월 한강 동작진銅雀津 가의 집으로 이주했다. 그리고 다시 사직 상소를 올렸다.

"신의 처음 뜻은 궁전 뜰에 나가서 하직하려는 것이었습니다. 그러나 큰 병을 앓고 나자 걸음이 절뚝거려서 궁전의 높은 계단과 넓은 뜰에 다닐 수 없었습니다. 이에 곧바로 도성 밖의 사가로 나왔습니다……"

숙종은 윤휴에게 사관을 보내 들어오라고 권유했으나, 마음은 이미 윤휴에게서 떠나 있었다.

9장

금기가 되어버린 이름

숙종, 하룻밤 사이에
정권을 교체하다

숙종 6년(1680)은 모든 게 뒤바뀌는 운명의 해였다. 윤휴는 약 5년 정도 벼슬에 있었지만 실제 벼슬에 있은 기간은 불과 1년도 채 되지 않았다. 그 기간 동안 줄기차게 주장한 것은 북벌과 민생의 폐단 해소였다. 윤휴에게 이 두 가지는 자신을 조정에 서게 한 핵심 요소였다.

그래서 윤휴는 숙종 6년(1680) 2월 20일 다시 북벌과 민폐 해소에 대해서 밀차密箚를 올렸다.

"오늘 일의 요체는 우리가 군사를 조련하고 전차를 수선해서 길을 나누어 번개같이 달려서 천도天道와 인사人事의 모임에 달려가는 것입니다. 위로는 천하에 대의를 발표하고 그다음에 살아남은 백성의 극심한 고통을 위로하는 데 있습니다." – 『숙종실록』 6년 2월 20일

윤휴는 다시 북벌을 강조했다.

"지금 일기도 장차 좋아져서 군사 일으키기에 유리한데, 천시天

時에 순응해서 행하는 것이니 더욱 그만둘 수가 없습니다. 신은 불행히도 이런 때에 이런 고질적인 병이 있어서 군사에 힘을 다할 수가 없습니다. 그러나 국가를 경영하고 일을 처리할 때 날짜만 소비하지는 않는 것 같으니 신의 힘을 헤아려 혹은 수습하고 획책하여 스스로 전장에서 싸우다가 죽으려고 합니다." - 『숙종실록』 6년 2월 20일

자신이 비록 지병이 있지만 북벌을 단행한다면 전장에서 싸우다가 죽겠다는 상소였다.

"진달한 상소를 내가 어찌 알지 못하겠는가? 그러나 강(强: 청나라), 약(弱: 조선)이 서로 대적하지 못할 것을 염려하기 때문이다."

『수옥문답』은 윤휴가 숙종에게 "듣건대 요즘 경연 중의 강신(講臣: 강의하는 신하)들이 소국과 대국으로 스스로 비유하여 소국과 대국이 다투면 반드시 뒤에 재앙이 있다고 말하여 성상이 일하려는 뜻을 저지하고 한 세대 충의忠義의 기대를 떨어뜨리는 말이 하나뿐이 아닙니다."라고 말했다고 전한다. 신하들이 경연에서 소국이 대국을 적대하다가는 큰 화를 입는다고 말했다는 것이다. 숙종 또한 그런 모험을 할 생각이 없었다. 더구나 삼번의 난도 거의 진압된 상황이었다. 이 마당에서 윤휴 같은 인물을 계속 지근거리에 두었다가는 자신이 화를 입을지도 모른다고 생각했다.

숙종의 마음이 남인에게서 떠났다고 판단한 서인들은 드디어 정권을 되찾을 때가 되었다고 생각했다. 그 선두에 선 인물들이 척신들이었다. 가장 적극적인 인물은 숙종의 비 인경왕후의 아버지이자 송시열의 문인인 김만기였다. 『윤휴 행장』은 윤휴의 문인이기도 한 내종제內從弟 김현필金鉉弼이 윤휴를 병문안 와서 김만기의 행적을 전했다고 말하고 있다. 김현필은 자신의 매제 윤총尹撼이 김만기

의 어머니와 사촌 남매인 윤항尹
抗에게서 들었다는 이야기다.

윤항이 김만기의 집에 갔더
니 김만기가 동생 김만중金萬重
에게 이렇게 말했다는 것이다.

"내가 오늘 대궐에 들어가서
전하와 중궁中宮을 모시고 가인
례(家人禮: 왕실 가족들이 만나는 예
법)를 행하고 성대한 음식을 대접
받았다. 그리고 조용히 국가의 일

◆
김만기(1633-1687)의 편지 글씨
김만기는 서포 김만중의 형으로
송시열의 문인이며 노론 핵심 인
물 중의 한 명이었다.

을 언급했는데, 나는 하염없이 눈물이 흘러 옷자락을 적셨다. 상이 왜
그렇게 우느냐고 물으셨다." -『백호연보』

김만기는 이렇게 답했다고 『백호행장』은 전한다.

"내가, '신은 국가에 대해서 다른 신하들과 다릅니다. 지금 주상
께서는 위에 고립되어 계시고 조정 신하들은 마음이 모두 낙동공자
(洛東公子: 복창군)에게로 돌아가 있어서 신의 집과 나라가 함께 망하
게 되었으니, 신이 어떻게 슬퍼하지 않을 수 있겠습니까.'라고 말하니
상께서 놀라시며 두려워하셨다. 이어 조정에 있는 신하들을 차례로
지목하면서 물으시기에 내가, '허적 이하의 사람은 모두가 낙동공자
에게 마음이 돌아가 있으므로 큰 화단의 발생이 아침저녁 사이에 있
습니다.'라고 하니, 상께서도 슬퍼하셨다." -『백호행장』

김만기의 말은 계속된다.

"얼마 있다가 또 병조판서 김석주에 대해서 물으시기에 내가 '국
가에 단지 그 사람 한 사람이 있을 뿐입니다. 그는 충성스럽고 어질

며 지혜가 많은 사람이니 국가의 일을 맡길 만합니다.'라고 대답하니, 상께서도 '그렇다.'고 하셨다고 합니다." -『백호행장』

윤휴는 우려를 금할 수 없었다. 김만기와 김석주라는 두 외척이 결탁하면 귀가 얇은 숙종은 넘어가게 되어 있었다. 김만기는 숙종의 장인이고, 김석주는 숙종의 모친 명성왕후 김씨의 부친인 김우명의 조카였다. 윤휴는 우려를 금할 수 없었으나 대책을 의논할 만한 사람이 없었다. 그래서 장자 윤의제를 우의정 오시수에게 보내 이 이야기를 전했다.

오시수는 이렇게 답했다.

"나는 광성(光城: 김만기)이 대궐에 들어갔었다는 말을 듣지 못했는데, 지금 알아봐야겠다."

오시수는 김만기의 말이 사실인지 김석주에게 물었다. 그만큼 김석주는 처신에 능했다. 『백호연보』는 "이때에 관학(館學: 성균관) 유생들이 상소를 올려 송시열에게 죄를 더할 것을 청하자, 김석주가 조정시趙挺時에게 '나도 아들을 보내서 상소에 참여하도록 해야겠다.'라고 말하자 당시의 재신宰臣들이 김석주를 더욱더 굳게 믿었다."고 전하고 있다. 조정시는 판서 조성趙䃏의 아들로서 자주 벼슬아치들의 집을 쫓아다니며 논의하는 것을 듣고 여기저기 옮겼으므로 사람들이 조문견趙聞見이라고 불렀던 인물이다. 조문견이라고 불리던 조정시에게 "아들을 송시열에게 죄를 더하자는 상소에 참여시키겠다."고 말한 것은 남인 대신들의 귀에 들어가라고 한 말이었다. 그래서 오시수는 김석주를 믿고 그에게 윤휴의 아들 말의 진위를 물었다.

공작 정치의 귀재인 김석주는 딱 잡아떼며 되물었다.

"광성이 대궐에 들어갔었다면 내가 들었을 것인데 아직 듣지 못했으니, 필시 거짓말일 것입니다. 대감께서는 그 말을 어디에서 들었습니까."

오시수는 조정에서 영상 허적을 만나 경과를 전했다.

"백호가 어디에서 허튼 말을 듣고 아들 의제를 보내어 말을 하기에 내가 병판(兵判: 김석주)에게 물었습니다."

김석주의 친필

오시수가 "김만기는 대궐에 들어온 적이 없다."는 김석주의 말을 전하자 허적이 웃으면서 농담했다.

"백호의 허튼 말을 가지고 병판에게 물었으니, 그대의 허튼 것이 백호보다 더 심하다."

남인들은 곧이어 자신들에게 덮칠 거대한 운명의 그림자를 보지 못하고 있었다. 이미 머리 위에 검은 그림자가 뒤덮고 있음을 알지 못했다.

숙종 6년(1680) 3월 27일 윤휴는 사인士人 박창하朴昌夏와 이삼달李三達을 데리고 경기 금천衿川의 안양安陽으로 갔다. 말년을 이곳에서 보내기 위해 답사한 것이었다. 여기에 현재는 관악산이라고 부르는 삼성산이 있는데『신증동국여지승람新增東國輿地勝覽』은 삼성산에 안흥사安興寺, 삼막사三幕寺, 망일사望日寺, 성주사聖住寺 등이 있었다고 전한다. 윤휴는 이날 삼막사三幕寺에 들어갔다. 삼막사는 세 막이 있어서 붙은 이름인데 원효가 지은 것이 일막一幕이고, 의상義湘과 어머니는 같지만 아버지가 다른 윤필尹弼이 지은 것이 이막(二幕:

염불암)이고, 의상이 지은 것이 삼막三幕이었다. 삼막은 이때까지도
남아 있었다.

윤휴는 삼막사 망해루望海樓에 올라 절구絶句 한 수를 읊었다.

푸른 산에 찬 기운 일어 망해루에 바람이 거세고,	岳翠生寒風滿樓
강구름이 비를 불러 해는 모래톱으로 사라지네,	江雲拖雨日沈洲
이때에 높이 올라 바라보는 것도 우연한 충성인데,	此時登眺赤偶爾
눈 들어 산하를 보니 시름을 이길 수 없도다.	擧目山河不堪愁

윤휴는 산하를 바라보며 북벌대의를 이루지 못한 것을 시름했
다. 그러나 바로 그 다음 날인 3월 28일 조정에서는 정권이 교체되
는 대사건이 벌어지고 있었다. 정권 교체의 계기는 숙종이 재위 6년
(1680) 3월 19일 영의정 허적에게 안석과 지팡이, 그리고 1등의 음악
을 내린 데서 비롯되었다.

이건창은 『당의통략』에서 이 사건의 주모자를 김석주라고 보고
있다.

김석주가 이처럼 안팎의 권력을 다 차지하니 허적의 무리인 탁남이
다 따랐다. 김석주는 눈치가 빠르고 시세를 잘 엿보는 자이다. 청남,
탁남이 분열된 후 임금의 뜻과 세상의 인심이 점점 남인들을 싫어하
는 것을 알고 남인 정권을 무너뜨리려는 의지를 가졌다. 숙종의 장
인인 광성부원군 김만기와 모의하여 김만기의 숙부 김익훈을 끌어
들여 어영대장으로 삼아 돕게 했다. ─『당의통략』

김석주와 김만기, 그리고 김익훈이라는 서인 출신의 척신들이 남인 정권을 무너뜨리기 위해 결탁한 것이다. 이들이 김익훈을 어영 대장으로 삼은 것은 중요한 의미가 있었다. 김익훈은 송시열의 스승 김장생의 손자이자 김만기의 숙부였는데, 김석주의 부하가 되어 남인을 살육하는 여러 정치 공작에 깊게 개입하는 인물이다. 『당의통략』은 "(김석주는) 그 뜻을 송시열에게 전해 감정을 풀고 일을 함께하기로 약속했다."고 전하고 있다. 산림 송시열이 배후에 있고 척신 김석주, 김만기가 앞에서 나선다면 일은 이미 성사된 것이나 마찬가지였다. 김석주의 이중 처신을 허적 등이 전혀 눈치채지 못한 채 허적의 조부 허잠許潛이 충정忠貞이란 시호를 받고, 허적이 궤장을 하사받은 것을 축하하는 연시연이 열렸다.

이때 허적의 할아버지인 허잠이 시호를 받아 잔치를 했는데 고관들을 많이 초청했다. 서인들이 서로 놀라서 허견이 숨겨놓은 병기로 잔치에 참석한 자들을 죽이려 한다고 말했다. 이에 김석주는 사양하고 가지 않았으며 김만기만 참석했다.
김만기는 자신의 술잔이 오기 전에 다른 술잔으로 마시고 말했다.
"마침 시장해서 먼저 마셨소이다."
술잔이 자신에게 오자 김만기는 허견에게 가서 말했다.
"나는 벌써 취했소."
이는 술에 짐독鴆毒을 탔을까 염려해서였다. 이때 갑자기 닭이 날아들어 술병을 다 깨버렸다.
허적이 닭을 잡아 죽이라고 명령하고 스스로 말했다.
"닭이란 것은 '유酉'이고 유는 서인西人을 뜻하는데……."

그날 비가 많이 내리자 숙종은 왕실에서 쓰는 장막을 허적의 집에 보내 성대한 잔치가 되게 하라 명했는데 좌우에서 아뢰었다.

"허적이 이미 가져갔습니다."

숙종이 대로大怒하여 "한명회韓明澮도 감히 이런 일은 하지 못했도다."라고 말했다. 숙종이 대장 유혁연(남인)과 신여철(서인)을 급히 소환하니 김만기도 따라 나섰다. 허적이 크게 놀라 급히 수레를 타고 따라가 대궐 문에 이르렀는데 들어갈 수 없었고 여러 대장들은 이미 교체되었다. …… 남인을 모조리 축출하고 서인을 불러들이니 이를 경신환국庚申換局이라고 이른다. - 『당의통략』

이처럼 숙종의 정권 교체는 군사권 교체로 시작되었다.

『숙종실록』은 이날 숙종이 비망기를 내려 이렇게 말했다고 전한다.

아! 재이災異가 거듭 이르고, 위태로운 의심이 많은 단서가 있고, 와언訛言이 비등하니, 연하(輦下: 임금 산하)에 있는 친병親兵을 거느릴 장수는 국가의 지친과 지위가 높은 사람으로 임명하지 않을 수 없다. 광성부원군 김만기를 훈련대장으로 삼으니 즉시 병부를 받아서 임무를 살피라. 유혁연은 삼조三朝의 숙장(宿將: 오래된 장수)으로서 내가 매우 의지하고 중히 여기지만, 20년 동안 이 자리에 있었고, 지금은 연로했으니 잠시 해임한다. 총융사는 신여철을 제수하니 역시 당일로 병부를 받아서 공무를 집행하라. - 『숙종실록』 6년 3월 28일

군권을 서인 척신으로 바꾼 것이 정권 교체의 시작이었다. 숙종

은 다음 날 철원에 귀양 가 있던 전 좌의정 김수항을 사면하고 한쪽 사람들만 등용했다는 이유로 이조판서 이원정의 관작을 삭탈했다. 무관들의 인사권은 병조판서 김석주가 갖고 있으니 문관들의 인사권도 서인에게 주겠다는 속셈이었다. 숙종은 이조판서 이원정의 관작을 삭탈하면서 "태아太阿를 거꾸로 쥐어서 군주의 세력을 위에서 고립시키고 아래에서 당여(黨與: 같은 당파)의 이익을 치성하게 했다."고 비판했다. 태아는 군주의 보검으로서 인사권을 뜻한다.

5년 전인 숙종 1년(1675) 좌의정 김수항이 송시열을 옹호하면서 남인들을 비난했을 때 숙종은 김수항을 크게 꾸짖었다.

"하물며 송시열은 효종의 후한 은혜를 잊었으며 효종의 종통을 그르다고 했으니誤孝廟之宗統, 이는 참으로 효종의 죄인이다. 효종의 죄인을 석방해서야 어찌 하늘의 노여움을 돌리고 재이가 그칠 도리가 있겠는가?" - 『숙종실록』 1년 7월 12일

숙종은 또 김수항에게 "대신의 하는 짓이 이러고서야 어찌 재앙을 부르는 데 한 도움이 되었다고 하지 않을 수 있겠는가? 나는 실로 국가가 장차 망할 것을 통탄한다."라고도 꾸짖었다. 이때 김수항의 차자에는 명성왕후의 부친 김우명이 복창군 형제를 제거하려던 사건을 설명하면서 윤휴를 격렬하게 비난하는 말이 있었다. 김수항은 "전하는 하늘이 내신 효자로서 무릇 자성(慈聖: 대비)의 마음을 기쁘게 해드리는 것이라면 진실로 지극하게 하지 않은 것이 없었다."면서 윤휴를 극력 비난했다.

"전하의 신자로서 전하의 효성을 체득하지 못하고서, …… 전하께 '자성의 동정을 조관照管하라照管慈聖之動靜.'고 권하는 자까지 있기에 이르렀습니다. 예로부터 오면서 아들로서 부모를 조관했다

는 말은 듣지 못했습니다. 이 어찌 이치에 거슬리는 말이 아니겠습니까?"―『숙종실록』 1년 7월 12일

윤휴가 숙종 1년 명성왕후가 불법적으로 정청에 나타나 부친 김우명을 옹호했을 때 윤휴가 한 말은 "전하께서 여기에 대하여 조관하지 못하신 것이 있는 듯합니다恐殿下於此, 有不能照管者."라는 말이었다. "조관하지 못하신 것이 있는 듯하다."는 말과 "자성의 동정을 조관하라照管慈聖之動靜."는 말은 큰 차이가 있다. 김수항이 윤휴를 비난하기 위해 '동정'이란 말을 추가한 것이다. "조관하지 못하신 것이 있는 듯하다."는 말이 "자성의 동정을 조관하라."는 말로 변하면서 "어머니의 동정을 감시하라."는 뜻으로 바뀐 것이다.

조관은 한글로 번역하기 쉽지 않은 용어로써 그만큼 쓰임새도 많다. 『세종실록』에는 태종이 세종에게 "군국 사무를 조관하라고 위임했다委照管軍國事務."는 말이 나온다. 이때는 군국 사무를 살피라는 뜻이다. 그만큼 다양하게 사용되는 용어이다.

그런데 김수항을 방면한 다음 날인 숙종 6년(1680) 3월 30일 숙종은 느닷없이 이 조관照管이란 단어를 들고 나오면서 윤휴를 극력 비난하고 나섰다. 숙종은 승지들을 불러 "김수항의 을묘년(숙종 1년)의 차자를 내가 이제 막 펴보았다. 경들은 그때의 처리를 어떻다고 여기는가?"라고 물은 것이 시작이었다.

숙종은 김수항을 옹호하면서 윤휴를 비난했다.

"김수항의 차자는 윤휴가 '자성을 조관한다.'라고 한 말을 타파한 것인데, 대간이 그 말을 반대하는 상소를 올려서 죄안을 만든 것이다. 그때는 내가 어려서 기만당했는데 지금 생각하니 어찌 통한함을 견딜 수 있겠는가? 김수항을 곧 서용하고, 그때의 대간을 모두 국

문하라."-『숙종실록』6년 3월 30일

먼저 대간을 국문하고 나중에 윤휴를 주범으로 몰아 죽이려는 계획이었다. 조관이란 단어를 가지고 사람을 죽이려는 발상이 악독하다 하지 않을 수 없다.

그러나 뜻밖에도 도승지 경취慶取가 조관이란 용어에 대해 해박한 지식을 갖고 있었다. 경취는 "윤휴의 '조관'이라는 말은 고인古人 중에도 쓴 사람이 있었습니다."라고 말했다. 고인, 즉 옛 선인이 썼던 말이라면 죄가 될 수 없었다.

숙종이 따져 물었다.

"일찍이 모자母子 사이에 쓴 일이 있는가?"

도승지 경취는 무슨 연유인지 조관에 대해 정확한 사례를 갖고 있었다.

"이 말은 송나라 때의 『명신언행록名臣言行錄』 가운데 적혀 있

◆
송나라 때의 『명신언행록』 이 책의 사례처럼 '조관照管'이라는 말은 고인들이 쓰던 말이었다.

는데, 그 대략은 '폐하는 태후太后를 조관照管하고, 태후는 폐하를 조관照管한다.'라고 했습니다. 즉 모자 사이에 쓴 것이므로, 윤휴가 처음 만든 말은 아닙니다." -『숙종실록』 6년 3월 30일

경취가 제시한 사례는 '폐하(임금)는 태후(임금의 어머니)를 조관한다.'는 말로서 윤휴가 숙종과 명성왕후에게 적용한 것과 정확히 들어맞는 사례였다.

그러자 숙종이 어거지를 쓰기 시작했다.

"김수항의 차자는 윤휴의 상소를 분별하여 깨뜨린 것이다. 그러나 김수항이 죄라고 한 자는 그 말과 거꾸로 '김수항이 조관照管이란 말을 했다.'고 하는 자가 있는 것 같았으니, 속인 것이 아니고 무엇이겠는가?"

윤휴가 아니라 김수항이 조관이란 말을 했다고 죄준 자가 있다는 주장이었다. 실제 그랬다면 그때의 『승정원일기』 등을 상고해서 찾아서 처리하면 될 것이다. 그런 인물이 있을 리가 없었다. 논리에 막힌 숙종의 억지였다.

우승지 민취도閔就道가 다시 말했다.

"윤휴의 상소는 옛말을 인용한 것에 불과한데, 김수항이 얽어서 죄로 만들었기 때문에 대간이 논핵한 것입니다."

사실대로라면 죄 없는 윤휴를 얽어서 죄인으로 몰려고 했던 김수항을 처벌한 5년 전의 처사가 정당한 것이었다. 도승지 경취와 우승지 민취도의 말 때문에 당시 김수항을 논핵했던 대간들을 처벌하는 것이 불가능해졌다.

도승지 경취는 숙종의 그제 전격적으로 정권을 갈아치운 사건에 대해서 유감을 표했다.

"장신將臣 교체는 나라의 대사인데 대신이 참여해 듣지 못했고 심지어 이원정은 '태아를 거꾸로 쥔다太阿倒持.'고까지 하교하셨으니 군정(群情: 여러 사람들의 마음)이 놀라고 당혹해합니다. 신은 성스런 조정을 위해서 이 조치를 애석하게 생각합니다." - 『숙종실록』 6년 3월 30일

경취의 말대로 하룻밤에 갑자기 군권을 척신들로 바꾸고 정권을 갈아치워야 할 이유는 하나도 없었다. 그러나 경취는 이 말 때문에 쫓겨나야 했다.

"이원정은 임금을 어린애처럼 대했으니 미워해야 할 정상情狀인데, 경취는 대장을 구원해서 국가 대사를 바꾸어놓으려고 하니 어찌 모든 사람과 함께 의논하겠는가? 그런데도 감히 거만하게 진술하니 매우 놀랍다. 경취를 파직하라."

숙종은 같은 날 윤휴를 무고하다가 귀양 간 남구만과 포도대장 구일에게 다시 벼슬을 주었다. 이제 정권을 서인에게 넘기려는 숙종의 속마음이 환히 드러났다. 힘을 얻은 서인들은 총공세를 펼쳤다. 서인들은 숙종이 윤휴를 죽이려는 마음을 갖고 있음을 알고 쾌재를 불렀다.

4월 2일 사헌부 장령 심유沈濡가 "우찬성 윤휴는 바로 광해군의 얼신孼臣 윤효전의 아들로서 세상의 연좌世累를 덮으려고 유학자란 이름을 빌려 세상을 속이고 몸이 발탁되는 자산으로 삼았습니다."라고 공격했다. 자신들과 생각이 다르면 '유학자의 이름을 빌렸다'며 학자가 아니라고 공격하는 주자학자들의 전가의 보도가 다시 나타났다.

"그(윤휴)의 화심禍心은 그치지 않아 흉악한 꾀를 품고 감히 '자성의 동정을 조관하라.'는 말로써 탑전(榻前: 왕의 자리 앞)에 진달했으니 이것이 어찌 신하로서 감히 마음속에 일으켜서 입 밖에 낼 것이겠

습니까?"

심유는 이때 윤휴의 "조관하지 못하신 것이 있는 듯하다."는 말을 "자성의 동정을 조관하라."는 김수항의 차자와 같이 바꿔치기해 공격했다. 사헌부와 사간원은 윤휴의 극변 안치를 요청했고 숙종은 바로 받아들였다. 윤휴는 졸지에 갑산甲山으로 유배 가는 신세가 되었다. 그러나 이것으로 끝이 아니었다. 실제로 북벌을 단행하려 하고, 양반에게도 군포를 받으려 하고, 백성들의 이중, 삼중의 군포를 탕감하려 했던 윤휴는 조선에서 목숨을 부지해서는 안 되었다. 신분제를 흔들려고 했던 윤휴의 숨이 붙어 있어서는 안 되었다.

이런 상황임에도 허적은 아직도 숙종에게 미련을 가지고 있었다. 4월 1일 상소를 올려 허적은 자신을 견책했다.

◆
허적(1610-1680) 신도비 충청북도 충주 소태면에 있다.

"한쪽에 치우치지 않으려 했기에 이쪽, 저쪽에 다 거슬려 외롭게 고립되었습니다. 그러나 마침내는 평생에 하지도 않은 것을 가지고 인애하신 하늘에게 꾸짖음을 입었으니 장차 무슨 얼굴로 죽어서 선왕을 뵙겠습니까? 쓸쓸한 강, 싸늘한 집에서 밤을 새우며 잘못을 스스로 꾸짖으니, 첫째도 신의 죄요, 둘째도 신의 죄입니다." -『숙종실록』 6년 4월 1일

허적의 상소에 숙종은 일단 "본직에 힘써 부응하라."고 답했

다. 마치 허적을 파직시키지 않을 것처럼 답한 것이다. 그러나 숙종의 마음은 이미 정해진 것이었다. 허적이 예상하는 것보다 허적에 대한 숙종의 미움은 더욱 컸다. 그나마 아직 파면시키지 않은 것은 그가 도체찰사부를 장악하고 있기 때문인지도 몰랐다. 허적은 4월 2일 도체찰사부의 체찰사와 내의원 제조의 자리를 사직하기를 청했고, 숙종은 얼른 허락했다. 그리고 도체찰사 자리를 김석주에게 주었다. 허적이 믿어 의심치 않던 김석주에게 뼈아픈 배신을 당한 것이었다. 허적의 영의정 자리는 귀양 갔던 김수항에게 주었다. 숙종은 4월 6일에는 김수항에게 사관을 보내 빨리 올라오라고 말했다.

김수항이 병 때문에 올라오지 못한다고 답하자 다시 사관을 보내 상경을 재촉했다.

"지금 서계書啓를 보니 올라올 기약이 막연하여 듣지 못하겠으니 실로 나의 성의가 미쁘지 못한 까닭이므로 마음이 몹시 부끄럽다. 모름지기 나의 지극한 뜻을 체득하여 빨리 길을 떠나 상하의 바람에 부응하라." -『숙종실록』 6년 4월 6일

귀양지에서 원한에 차 있던 인물에게 수상의 자리를 주었으니 정치 보복의 면허장을 준 셈이었다.

역모 사건의 덫에
걸려드는 허적

이른바 경신환국으로 정권은 다시 서인이 차지했다. 서인들은 남인들이 재기하지 못하게 철저하게 짓밟을 생각이었다. 그러나 탄압할

명분이 없었다. 남인들은 서인들의 기년복에 맞서 참최복설을 주창해 왕가의 권위를 높였다. 실제로 송시열의 문인 이유정은 "종통이 순서를 잃었다."면서 소현세자의 손자를 추대하자는 변서를 작성해 숙종의 승통을 부인했다. 서인들은 역모로 몰릴 논리와 실제 행동까지 있었지만 남인들은 아니었다. 그래서 서인들은 정치 공작을 자행했다.

숙종 6년(1680) 4월 5일!

정원로鄭元老와 강만철姜萬鐵이 허견을 역모로 고변했다.

"신(정원로)은 허견과 병진년(숙종 2년)부터 서로 사귀어 정의가 자못 두터웠는데, …… 뒤에 이태서李台瑞가 갑자기 신을 초청해서 가보니 한 사람이 자리에 있었는데 의젓한 귀인貴人이었습니다. 서로 이야기해보니 바로 그가 복선군이었습니다." - 『숙종실록』 6년 4월 5일

정원로의 고변은 허견과 복선군을 목표로 하고 있었다. 서인들의 전가의 보도인 복창군 형제가 다시 등장한 것이었다. 숙종 1년 김우명이 삼복三福 형제를 제거하려 했던 사건의 재판이었다.

"신(정원로)의 집에 모였는데 허견이 말하기를, '주상의 춘추가 젊으시지만 몸이 자주 편찮으시고 또 후사儲位가 없으니 만약 불행한 일이 있으면 대감(大監: 복선군)이 면하려고 해도 면할 수가 없을 것입니다大監欲免不得.'라고 했는데 복선군은 대답이 없었습니다. …… 신이 듣고는 송연하여 즉시 고하려고 했지만 주상께서 영상(領相: 허적)을 중하게 여기시므로 무고죄를 입을까 두려워하다가 지금 감히 숨길 수 없어서 이제 자세히 아룁니다." - 『숙종실록』 6년 4월 5일

자식이 없는 데다 병약한 숙종이 병사할 경우 종친 복선군을 추대하기로 했다는 고변이었다. 숙종은 실제로 병약했으므로 그가 급

서할 경우에 대한 우려를 각 당파 모두 갖고 있었다. 삼복 형제가 남인들과 친하다는 것은 주지의 사실이었고, 이 때문에 5년 전에도 김우명이 삼복 형제를 제거하려 한 것이다. 그러나 정원로가 고변하기 하루 전에 이미 대사간 유상운柳尙運이 복창군 이정, 복선군 이남, 복평군 이연을 체차遞差해야 한다고 주청했다는 점에서 정원로의 고변은 서인 정권의 잘 짜여진 시나리오였다. 정권이 서인으로 넘어가자마자 삼복 형제에 대한 죽이기가 시작된 것이다. 정원로의 고변은 복선군의 목숨을 노린 적극 공세였다.

이때 정원로는 강만철을 대동했다. 강만철은 허견의 부인 동생의 남편이었다. 그 아내는 이미 현종 3년(1662)에 죽었지만 허견은 아랑곳하지 않고 자못 후하게 대해주었다. 그러나 정권이 바뀌자 정원로는 강만철을 협박해 같이 끌고 나온 것이었다. 정원로가 허견과 만났다는 이태서는 남인 오정일吳挺一의 조카로서 모든 혐의를 부인했다. 그래서 서로 면질이 이루어졌다.

이태서가 정원로를 꾸짖었다.

"내가 너를 흉인이라고 사람들에게 말했더니 네가 이로써 혐의를 품고 무고하느냐?"

정원로는 "네가 무슨 까닭으로 나를 네 집에 불러서 복선군을 보게 하였느냐?"라면서 이렇게 반박했다.

"네가 또 일찍이 나에게 말하기를, '고신孤臣, 얼자孼子 가운데도 인재가 많이 있는데, 나라 일이 만약 동촌東村에 돌아가면 이 무리들이 어찌 쓰이지 않겠느냐?'라고 하지 않았느냐?"

동촌은 복선군 이남의 집을 뜻한다. 이남의 집이 성안의 동쪽에 있기 때문이었다. 정원로는 이미 죽은 정승 정지연(鄭芝衍: 1527-1583)

의 서예(庶裔: 서자의 후예)였다. 이태서가 복선군이 임금이 되면 서자들도 벼슬길에 나가게 허용하는 대개혁을 단행할 수 있으리라고 정원로에게 말했다는 것이다. 이태서는 "글을 허견에게 보냈다."고 한 것은 정원로의 위조라고 주장했다. 강만철이 이태서에게 "너는 비록 나를 알지 못하더라도 나는 너를 보았다."라고 주장하자, 이태서는 "하늘의 해가 위에서 비치고 있는데, 네가 어찌 차마 이런 말을 하느냐?"라고 반박하는 등 사건의 진상이 모호했다.

복선군 이남이 체포되어 왔지만 승복하지 않았다. 그러자 정원로와 면질시켰는데 역시 혐의를 부인했다. 그러자 국청에서는 고문하기를 청했다. 왕족 신분으로 국청의 고문을 견디기는 힘들었다.

그래서 복선군은 고문을 견디다 못해 혐의 일부를 시인했다.

"작년 가을과 겨울 사이에 허견과 함께 정원로의 집에 모였는데 허견이 '주상의 춘추가 막 젊으시지만 옥체가 편찮으시고 또 후사가 없으니, 만약 불행한 일이 있으면 나라 일이 어느 지경에 이르겠는가? 국사의 폐단이 고질이 되었는데 바로 잡을 자가 없으니, 다른 날에 모름지기 잘해야 할 것이다. 또 당론을 타파하는 것이 마땅하다.'라고 말했는데 내가 듣고 놀라서 대답하지 않고 일어나 나왔습니다." - 『숙종실록』 6년 4월 6일

◆
조선시대의 고문 장면을 묘사한 풍속도

이때는 고문에 의한 자백도 인정되던 때였다. 허견이 체포되어 수사를 받았다. 핵심은 허견이 복선군을 추대하려 했느냐 하는 점과 이를 허적이 알고 있었느냐 하는 점이었다.

허견은 부인으로 일관하지는 않았다.

"무오년(숙종 4년)에 옥후(玉候: 임금의 병)가 편찮으실 때에 대궐 문에 갑병(甲兵: 군사)을 매복시키고 역사力士를 대궐 뜰에 매복시키고는 장차 허견의 아비와 군사를 거느리는 사람을 제거하려 한다는 말이 있었습니다. 만약 그 계획이 실현되면 이씨의 종사가 다른 성씨에게 돌아갈지 알 수 없었으니 어찌 예방할 도리를 생각하지 아니하겠습니까?" -『숙종실록』6년 4월 9일

숙종 4년 숙종이 병석에 누웠을 때 허적을 제거하고 다른 성씨를 왕으로 추대하려는 불순한 움직임이 있었다는 것이다. 그래서 이씨 종사도 보호하고 자신의 집안도 보호하는 차원에서 예방 조치를 생각했다는 말이었다.

"끝에 이남(복선군)에게, '성상의 춘추가 젊으시므로 근심할 만한 것은 없지만, 만일 서인이 임성군을 옹립한다면, 어찌 복갑(伏甲: 군사가 덮침)의 화가 먼저 우리 집에만 미칠 뿐이겠습니까? 지금 종중(宗中: 전주 이씨)의 여망이 대감에게 있으니 대감을 버려두고 그 누구겠습니까?'라고 말했습니다." -『숙종실록』6년 4월 9일

서인들이 소현세자의 손자 임성군을 추대하려고 하기에 만약 숙종이 잘못되면 복선군이 후사를 맡아야 한다고 말했다는 것이다. 허견의 답변을 보고 받은 숙종은 "그 아비에게도 물을 일이 많이 있을 것이니 또한 잡아들이라."고 명했다. 그래서 허적도 체포되어 수사를 받게 되었다.

정원로의 위협에 못 이겨 함께 고변한 강만철은 실토하지 않는다는 이유로 곤장을 맞고서야 일부 자백했다.

"허견이 또, '저들이 다른 날에 이혼(임창군)과 이엽(임성군)을 (임금으로) 삼으려고 한다고 하는데 이 사람들이 어찌 종묘를 맡을 수 있는가? 내가 복선군을 보니 기도(器度: 그릇)가 비범하니 만약 임금이 되면 종사의 복이다. 반드시 체부體府를 설치해서 장사를 많이 모아서 저들이 변을 일으키려고 하면 이로써 대응하겠다.'라고 말했는데, 이른바 저들은 김석주와 김만기를 가리킨 것입니다." -『숙종실록』6년 4월 11일

허견은 김석주, 김만기가 일을 꾸미고 있는 것을 알고 있었다. 허견은 김석주, 김만기 등의 서인들이 소현세자의 손자를 추대하는 역모를 우려해 장사를 모아서 막으려고 했다는 말이다. 양측에서 서로 권력을 두고 치열하게 경쟁했던 것이다.

그런데 4월 12일 정원로는 김석주가 배후에서 시켰다고 실토했다. 드디어 정치 공작의 배후가 드러났다.

"고변 초에 강만철이 나(정원로)에게, '이는 모두 김석주가 얽어 만든 일인데, 김석주는 비록 동요시키기 어렵더라도 그의 표종(表從: 외종사촌)을 나도 깊이 근심하니 허견을 위해 복수하겠다.'고 했습니다. …… 허정승의 집은 비록 패하더라도 반드시 다 죽지는 아니할 것인데 네가 비록 시골집에 가 있더라도 반드시 탄환을 맞을 우려가 있다. 너는 다 말하지 말고 허견만 죽게 하고 허정승에는 미치지 않게 하는 것이 좋다.'고 하기에 사실대로 다 말하지 않았습니다." -『숙종실록』6년 4월 12일

김석주가 배후에서 얽어서 만든 고변이란 뜻이었다. 정원로는

또 "병조판서(김석주)와 김익훈에게 고하고 상변했습니다."라고 김익훈과 김석주에게 미리 보고했다고 실토했다. 정상적인 상황 같았으면 김석주와 김익훈이 반좌율에 걸릴 상황이었다. 고변 자체가 김석주의 정치 공작임이 분명해졌다. 그러나 서인이 장악한 대간은 아무런 말이 없었다.

정원로는 허견에게 복선군에 대해서 들었다고 말했다.

"허견이 또, '체부體府를 다시 설치할 때 권좌상(權左相: 권대운)과 민우상(閔右相: 민희)이 아비(허적)의 집에 모여서 종일토록 서로 의논했는데, 허적이 말하기를, '임금의 환후가 위급하니, 장차 어떻게 할 것인가?'라고 묻자 민희가 '복선군이 있다, 복선군이 있다.'고 했다고 말했습니다." -『숙종실록』 6년 4월 12일

허견이 부친 허적과 정승들이 숙종이 갑자기 죽을 경우 어떻게 할 것인가를 의논하던 중 민희가 "복선군이 있다."고 말했다는 이야기를 정원로에게 말했다는 것이다. 그러면서 정원로는 "허견은 그 아비에게는 고하지 않은 것 같습니다."라고 덧붙였다. 허견이 부친과 정승들의 대화를 듣고 복선군을 추대하는 듯한 말을 했지만 허적과 미리 상의한 것 같지는 않다는 말이었다.

실제로 허적은 국문에서 자신이 허견의 역모에 참여했다는 혐의에 대해 담담하게 서술했다.

"일찍이 이정, 이연이 죄를 범했을 때 바로 처단하기를 청했고, 뒤에 윤휴가 용서하자고 청했을 때 또 불가하다고 하였습니다. 성상의 생각이 총명하시니 반드시 기억하실 것입니다. 하물며 주상의 춘추가 젊으신데 어찌 다른 사람을 촉망(屬望: 잘 되기를 바람)할 이치가 있겠습니까?" -『숙종실록』 6년 4월 10일

허적은 사실 김석주와 모든 정치 행위를 함께 수행했다. 명목만 남인이지 내용은 서인이라고 말해도 과언이 아닌 인물이었다. 게다가 허적은 절대로 무리수를 두지 않는 인물이었다. 허적은 체부를 설치할 때 처음부터 '긴요하지 않다'고 반대했던 사실과 여러 차례 체부를 폐지해야 한다고 주청했던 사실을 상기시켰다. 체부가 역모의 근거지였다는 사실 자체를 무너뜨리는 논리였다.

허견은 "윤휴를 부체찰사로 삼으려 했으나 부친에게는 미처 말하지 못했다"고 진술했는데 허적은 여기에 대해서도 진술했다.

"(허견이) '윤휴를 부체찰사로 삼으려고 했지만 허견이 미처 내게 말하지 못했다.'고 한 것은 아들이 아비를 구하려는 뜻에서 한 말이지 사실이 아닙니다. 허견이 일찍이 나에게 그 말을 하기에 까닭을 물으니, 허견이, '이 사람이 대의를 밝히려고 하는데 어찌 이 사람을 버리고 다른 사람을 구하겠습니까?'라고 했는데 그 말도 이치가 있기 때문에, 부체찰사를 차출할 때에 김석주, 윤휴, 이원정을 천거해 성상께서 결정하게 했는데 김석주가 뽑혔습니다. 그 뒤에 내가 입진入珍할 때, '윤휴의 북벌대의는 그 뜻이 가상하니 부체찰사로 가차(加差: 정원 외로 임명하는 것)하소서.'라고 진달했으나 주상께서 뽑지 않으셨습니다." -『숙종실록』 6년 4월 10일

숙종과 김석주가 허적을 죽이려고 하는 것은 어느 모로 보아도 무리였다. 허적은 신중할 뿐만 아니라 군권을 탐했다는 기색을 전혀 보이지 않았기 때문이었다. 경신환국의 두 주역 김만기, 김석주와도 사이가 좋았고 그들 두 척신을 추천한 인물도 허적이었다.

허적은 두 척신이 자신의 목숨을 노릴 줄은 꿈에도 몰랐다.

"당초 주상이 어리서서 나라에서 미혹迷惑이 있기 때문에 총융

사에 김만기를 먼저 의망(擬望: 추천)했습니다. 윤휴가 탑전에서 '주상께서 어리셔서 나라에서 미혹해하는데 어찌 병권을 외척에게 맡길 수 있겠는가?'라고 말하기에, 내가 '임금이 어리셔서 나라에서 미혹하기 때문에 더욱 외척에게 맡기지 않을 수 없다.'고 말했습니다. 이 문제로 서로 다툰 것이 한두 번이 아니었습니다. 내가 어영대장 김익훈은 장수의 재목이 아니라는 이유로 김석주로 대신하도록 청했으니 만약 다른 뜻이 있었다면 어찌 외척으로 군사를 거느리게 하려고 할 이치가 있었겠습니까?"-『숙종실록』6년 4월 10일

허적은 마지막으로 자신이 역모와 관련 없다는 결정적 증거를 댔다. 작년에 모후 명성왕후 김씨가 위독할 때 김석주와 함께 승지와 사관이 없는 가운데서 숙종에게 한 말을 공개한 것이다.

"내가 김석주와 서로 상의하고 주상을 뵐 때 승지와 사관이 없었으니 일을 아뢰는 것은 미안하지만 망극罔極한 와중이므로 할 수 없이, '일이 만약 불휘(不諱: 모후의 죽음)하면 전하의 음식 모두를 반드시 조심하시고 또한 마땅히 전내殿內 깊은 곳에 거처하시면서 내관(內官: 내시) 중에서 성품이 좋은 자를 골라서 종실(宗室: 종친)로 안에 출입하는 자를 금지시키는 것이 마땅합니다.'라고 진달했는데, 이른바 종실이란 바로 이남을 가리킨 것입니다. 내가 나라를 위하고 환란을 염려함이 이처럼 깊은 것을 성상께서 반드시 기억하실 것입니다."-『숙종실록』6년 4월 10일

명성왕후가 사망하면 숙종이 독살당할 염려가 있기 때문에 음식을 조심하라고 말했고 복선군의 출입을 금지시키라고 말했으니 복선군을 추대하려 했다는 혐의는 어불성설이란 변명이었다. 이처럼 허적은 모든 일을 김석주와 상의했는데, 그 김석주가 자신을 역

모로 모는 것이니 기막힐 수밖에 없었다. 윤휴와 싸워가면서 김석주,
김만기를 시종 옹호한 것이 극한의 배신으로 돌아왔던 것이다. 허적
은 "불행히 나쁜 자식을 낳아서 이 지경에 이르렀으니 이 또한 죄입
니다."라고 진술을 끝마쳤다. 허적이 조목조목 사례를 들어 반박했기
때문에 숙종은 허적을 죽이기 어려웠다. 그래서 4월 12일 허적의 벼
슬을 깎고 백성의 신분으로 전리田里로 돌아가게 하였다. 이로써 허
적은 목숨만은 건진 것으로 생각했겠지만 이 역시 착각이었다. 숙종
과 김석주는 허견이 이차옥을 겁탈했다는 과거 사건을 재수사했다.
허견은 이미 사지가 찢기는 능지처사陵遲處死를 당한 후였기 때문에 반박할 사람이 없었다. 숙종은 5월 5일 이 사건을 빌미로 허적의 사사賜死를 명했다. 그렇게 남인 영상 허적은 형장의 이슬로 사라졌다. 시종 서인들을 옹호한 결과가 서인 정권에 의한 사형으로 돌아온 것이었다. 그야말로 명분도, 실리도 모두 잃은 허무한 정치 인생이었다.

시대의 우환을 짊어진 죄

갑산으로 유배를 떠나라는 명이 내렸을 때 윤휴는 당황하지 않았다. 예견했다는 투였다. 자신이 그토록 우려했던 척신들에 의해 정권이 뒤바뀐 것이었다. 당장 유배지로 떠나야 하지만 노자가 없었다. 종친인 이희년李喜年이 찾아와 자신의 말을 내주면서 노자로 쓰게 했다. 동작진에서 강을 건넜는데 도중에 명령을 집행하러 온 금오랑金吾郞을 만나서 이태원에서 묵었다.

밤중에 문생門生 한 명이 찾아와 고민을 토로했다.

"세상의 화액이 이 지경에 이르렀으니 사람들이 참살을 당할 것입니다. 저는 집에 노모가 계시니 어떻게 해야 합니까. 옛날에 어떤 사람은 환관의 집에 가서 조문하고 화난을 면한 자가 있었는데, 저는 새로 정승이 된 사람들의 집에 출입해서 화를 모면하려고 합니다. 어떻겠습니까?"

목숨을 건지기 위해 당적을 바꾸겠다는 말이었다.

윤휴가 답했다.

"화복은 하늘에 달려 있고 귀신은 주변에 있다. 먼저 자신을 잃고 남을 따른다면 그러한 행동이 옳은 것인지 나는 모르겠다."

윤휴는 흔들리지 않았다. 그 위태로운 와중에 오정창, 이수경, 이상현李象賢, 이온李薀, 박만정朴萬鼎, 양섬梁暹 등이 와서 전송했다. 청남에 속했던 인물들이거나 평소 윤휴를 존경했던 인물들이었다. 몇 잔의 술을 나누고 다시 길에 올랐다. 김석주가 갑졸 두 명을 보내 감시하게 했다. 이들이 무서워 흩어지는 사람도 있었고 남아 있는 사람도 있었다.

남아 있던 이상현에게 누가 물었다.

"참살의 화가 닥칠 터인데 그대는 어째서 피하려고 하지 않는가?"

"나를 죽이는 것은 쉽지 않겠지만 금고禁錮시키는 것은 어렵지 않을 것이다. 내가 어찌 종신토록 금고되는 것을 두려워하여 이 어른이 떠나가는 길을 전송하지 않을 수 있겠는가."

사람들의 우려는 빈말이 아니었다. 이상현은 실제로 엄한 수사를 받고는 먼 지방으로 유배되었다. 윤휴와 가깝다는 사실 하나만으로 유배되는 상황이었다. 윤휴는 갑산에 유배되었으나 끝은 아니었다. 서인들은 윤휴를 살려두어서는 안 된다고 생각했다. 감히 주희에 맞서면서 사상의 자유를 논하고, 사대부의 특권을 폐지하려 한 윤휴를 살려두어서는 자신들의 계급적 특권을 계속 누릴 수가 없었다. 다시는 윤휴 같은 인물이 출현하지 못하게 싹을 잘라버려야 했다. 서인들은 윤휴의 죄를 만들었다. '조관照管'이라는 단어가 전가의 보도로 다시 사용되었다. 도체찰사부가 설치될 때 부체찰사가 되기를 원했다는 것도 죄로 추가되었다. 그래서 윤휴는 다시 갑산에서 서울로 끌려 올라와야 했다.

윤휴가 서울로 끌려올 때 압송하는 금부도사는 권수만權秀萬이었다. 『백호연보』는 '권수만은 오정창의 동서로서 오정창이 윤휴에게 천거하여 금부도사로 삼은 자'라고 전하고 있다. 그러나 정권이 바뀌자 권수만은 윤휴와 무관함을 입증하기 위해서 갖은 모욕을 가했다. 윤휴는 압송되어 오는 도중에도 평소처럼 새벽에 일어나 빗질하고 세수했다. 수신修身은 어떤 상황에서도 잠시라도 멈출 수 없는 것이었다. 권수만은 수하를 시켜 방해하면서 "죄인이 빗질과 세수는 무엇 하러 하는가?" 하며 힐난했다.

"죄인이라도 빗질과 세수하는 것은 금부도사가 알 바가 아니다. 도사의 임무는 단지 죄인을 압송해 가는 것뿐이다."

윤휴가 다시 서울로 끌려올 때 명성왕후가 정청에 나타났던 일을 잘못이라고 비판했던 전 이조판서 홍우원은 함경도 명천으로 귀양 가는 길이었다. 두 사람은 서로 길에서 만나게 되었는데, 권수만이 군졸들을 질책하며 서로 접근하지 못하게 방해했다.

이때 홍우원의 나이 만 75세의 고령인데, 큰 소리로 권수만을 질책했다.

"나는 홍우원이다. 각자 죽을 곳으로 가면서 길에서 만났는데 서로 만나보지도 못하게 하다니, 이것이 어찌 사람의 도리인가."

그나마 홍우원은 귀양 가는 길이지만 만 63세의 윤휴는 목숨을 기약할 수 없는 국문장에 끌려가는 길이었다. 뿐만 아니라 윤휴의 서족庶族들 중에서 중간에 영접하는 자가 있으면 고을 관리에게 잡아 가두게 하고 따라갈 수 없을 정도로 거리가 벌어진 뒤에야 풀어주게 시켰다. 윤휴의 서형제들은 바로 이순신의 손자들이었다. 윤휴의 부친 윤효전의 측실은 바로 이순신의 서녀였던 것이다. 『백호연보』는

"권수만은 이후 시배時輩의 총애를 받아 좋은 벼슬을 차지했다."고 적고 있다.

이렇게 서울로 다시 압송되어 온 윤휴는 5월 12일 병조의 내병조內兵曹에 설치된 국청에 끌려갔다. 『추안급국안推案及鞫案』에 따르면 5월 12일 국청에는 영의정 김수항과 그 형인 영중추부사 김수흥, 우의정 민정중, 동지의금부사 남구만 등 서인들이 자리 잡았다. 행판중추부사 권대운과 허목, 그리고 행지중추부사 민희 같은 남인들은 병이나 재외在外라는 이유로 참석하지 못했다. 그들 자신도 곧 죄인이 될 신분이었다.

윤휴가 국청으로 끌려온 바로 그날 숙종은 송시열의 위리안치를 풀고 중도부처中途付處를 명했다. 중도부처는 거주지만 한정시키는 비교적 느슨한 귀양살이었다.

윤휴에게 씌워진 혐의는 크게 두 가지였다. 하나는 "대비를 조관照管하라."고 했다는 말이고, 다른 하나는 도체찰사부를 설치할 때 부체찰사가 되기를 원했다는 것이다. 두 번째 혐의는 허견과 엮으려는 의도였다. 4월 27일 사간원 사간 이무李堥와 정언正言 이언강李彦綱이, "(윤휴가) 감히 '자성慈聖을 관속管束하라.'는 말을 함부로 진달하고 체부(體府: 도체찰사부)의 의논을 힘써 찬성하여 병권을 잡는 일을 도모했으니 어찌 작은 일이겠습니까?"라고 공격하는 상소를 올렸다. '조관照管'이란 말이 '관속管束'이란 말로 바뀌어졌다. 윤휴의 "조관照管하지 못하신 것이 있는 듯합니다."라는 말을 김수항이 "자성의 동정을 조관한다."라고 '동정'이란 말을 만들어 넣어 공격하더니, 이언강은 '관리하고 단속한다'는 뜻의 관속으로 다시 마음대로 바꾸어 공격하는 것이었다.

윤휴는 조관이란 말에 대해서 답변했다.

'조관照管'이라는 두 글자는 본디 송나라의 『명신언행록』 및 『자경편自警編』에 나온 말입니다. -『숙종실록』 6년 5월 12일

윤휴는 조관이란 용어에 대해 설명을 덧붙였다.

(『명신언행록』 및 『자경편』에는) '뜻을 받들어 살펴 단속하기를 마치 효자가 엄한 아버지를 섬기는 것처럼 해야 한다.'고 하였고, 또 '받들어 섬기고 살펴 단속하기를 효자처럼 한다'고 하였습니다. 그러니 '조관'이란 말은 바로 '받들어 섬기고 인도하여 예로써 부모를 섬기고 도리로써 부모를 깨우친다.'는 뜻입니다……. -『백호연보』

윤휴는 숙종 1년 명성왕후가 느닷없이 정청에 나타나 국사에 개입했던 사실을 상기시키고 숙종에게 "전하께서 특별히 유념하시고 조관하시어 온당치 못한 일이 없게 하심으로써 효도와 공경의 도리를 다하셔야 합니다."라고 말했더니 숙종이 "경의 말이 옳다. 이후로 나는 자전께 아뢰어 그러한 일이 없으시도록 해야겠다."라고 답했다고 진술했다. 윤휴는 "예전에 송나라 상신相臣 한기韓琦가 태후太后에게 영종英宗을 조관하라고 했다."는 사례 등을 설명했다. 송나라 때 한기가 이미 사용한 단어였다는 것이다. 조선은 송나라를 모범적인 나라로 본받는 나라였으니, 송나라의 상신이 사용한 단어라면 죄로 삼기 어려웠다. 윤휴는 조관이란 단어에 대해 결론지었다.

이로써 살펴보건대, '조관'이란 두 글자는 옛사람들이 부모를 섬기고 임금을 섬기고 윗사람을 섬기는 데에 사용했던 것으로써, 오늘날 사람들의 말과는 다른 것이었습니다. 이 두 글자가 과연 신하로서 말할 수 없는 말이었다면, 제가 감히 성명(聖明: 임금) 앞에서 진달하지 못했을 것이고 성명께서도 어떻게 저의 말에 대해서 옳다고 하실 수 있었겠습니까. 이것은 많은 말을 하지 않아도 분명한 것입니다. -『백호연보』

조관이란 단어로 윤휴를 죽이려는 것은 아무리 정적 제거에 눈이 멀었다고 해도 무리한 시도였다. 그러나 이들의 목적은 윤휴가 무슨 뜻에서 조관이란 용어를 사용했는지 알려는 것이 아니었다. 이를 불경으로 몰아 죽이려는 의도였다.

그래서 장본인 김석주가 5월 15일 드디어 직접 나서서 윤휴를 공격했다.

윤휴의 죄악은 가득 차서 만 번 죽여도 아까울 것이 없습니다. 조관照管이란 말은 바로 구속拘束한다는 뜻으로서 뜻대로 행동하지 못하게 한다는 뜻이니 죽여야 할 죄목의 첫째입니다. -『숙종실록』 6년 5월 15일

조관이란 말에 김수항이 동정이란 말을 집어넣더니, 이무는 묶을 '속束'자가 들어간 관속管束으로 슬그머니 바꾸었다. 김석주는 관속은 곧 구속을 뜻하는 것으로서 죽여야 할 죄라고 단정 짓고 나섰다. 그야말로 윤휴를 죽이는 데 수단 방법을 가리지 않겠다는 뜻이었

다. 김석주는 또 말했다.

체부 설치를 꾀한 것은 그의 기본 계략으로서 반드시 내병內兵을 총
괄하고 스스로 부체찰사를 차지하려고 하면서 역적 이태서와 결탁
하고 얼자 허견을 부추겼으니 죽여야 할 죄목의 둘째입니다. -『숙종
실록』6년 5월 15일

김석주의 이 말은 무슨 수를 써서라도 윤휴를 사형시키겠다는
뜻이었다. 도체찰사부는 북벌에 명운을 건 윤휴가 북벌 추진을 위해
복설을 주장한 기구라는 사실은 아무도 이야기하지 않았다. 말로는
북벌을 소리 높여 주창하던 서인들이 실제 북벌 단행을 위해 설치한
체부까지 역모의 증거로 삼으려 했으니 자기 부정도 이런 자기 부정
이 없었다.

윤휴는 이에 대해서도 담담하게 진술했다.

"체부 건립 사실은 일찍이 송나라 때 선무사宣撫使, 도독부都督
府 같은 벼슬이 있었고, 고려조에도 체찰사體察使라는 명칭이 있었
고, 우리나라(조선)에도 이러한 벼슬이 있었습니다. …… (체부 설치를)
성상께 진달하자 성상께서 즉시 재가하신 뒤에 부찰(副察: 부체찰사)에
대한 의논이 나오자, 허적이 김석주, 이원정 및 나를 천거했고, 임금
께서는 김석주를 부찰로 명하셨습니다."-『숙종실록』6년 5월 12일

도체찰사 설치 건의가 역모로 몰렸다는 것은 심각한 사실이었
다. 숙종이나 서인들은 당초 북벌에 대한 생각이 전혀 없었다. 삼번의
난이 일어났을 당시 송시열은 집권 서인의 영수였지만 '북벌'에 대
한 마디도 하지 않았다. 괜히 북벌 운운했다가 청나라의 심기를 거슬

러 국내의 기득권을 빼앗길 것을 우려했을 뿐이다. 북벌은 '명황明皇'을 위한다는 명분으로 조선 국왕을 압박하기 위한 도구에 불과했다. 위로는 조선 국왕을 압박하고 아래로는 백성들을 억압하면서 사대부들의 기득권을 영구히 잇겠다는 것이 서인들의 전략이었다. 그런 전략의 허구성과 이중성이 윤휴의 북벌론에 의해 만천하에 드러났으니 윤휴를 살려둘 수 없었던 것이다.

> 내(윤휴)가 아뢰기를, '김석주는 이미 대사마(大司馬: 병조판서)가 되었으니 대장 중에서 가려 뽑으소서. 또 어영대장이 되었으니, 권한이 너무 무겁지 않겠습니까?'라고 했더니, 성상께서 '영상이 이미 경을 천거했는데, 이런 말은 혐의에 가깝다.'라고 하셨습니다. 만약 내가 스스로 하고 싶은 생각이 있었다면, 어찌 여러 사람들 가운데서 이런 혐의스런 말을 발설했겠습니까? - 『숙종실록』 6년 5월 12일

어영대장을 겸하고 있던 병조판서 김석주가 부체찰사까지 겸하면 한 사람의 손에 너무 많은 군사권이 주어진다고 우려했다는 말이었다. 병권이 한 신하 손에 집중되는 것을 우려했다는 것은 그만큼 임금을 위한다는 뜻이었다. 이것이 불과 6개월 전인 작년 11월 3일의 일이었다.

윤휴는 허견과 함께 복선군을 추대하려 했다는 혐의에 대해서도 항변했다.

> 나는 병진년(숙종 2년)에 허적의 실정失政을 조목조목 들어서 상소했습니다. 허적에게도 이렇게 했는데, 하물며 그 얼자(孽子: 서자 아

들)겠습니까? 이정과 이남 등의 일은 더욱 사실이 아닙니다. 나는 이들과 일찍이 안면도 없었고 단지 조정에서 조회할 때 반열에서 바라보거나 혹은 길에서 만나면 서로 읍(揖: 손을 맞잡고 인사함)할 뿐으로 누가 이정이고 누가 이남인지도 구분하지 못합니다. —『숙종실록』 6년 5월 12일

윤휴는 허적이 김석주와 함께 여러 개혁을 반대하는 것에 불만을 가졌다. 그래서 숙종 2년에는 허적을 공개적으로 비판했다. 그런 윤휴가 허적의 아들과 함께 공모한다는 것은 이치에 맞지 않았다. 더구나 얼굴도 제대로 모르는 복선군을 추대한다는 것도 말이 성립되지 않았다. 그러나 서인들이 이런 사실을 몰라서 윤휴를 다시 국청에 끌고 온 것이 아니었다. 윤휴는 서인들의 영구 집권을 위해서, 그리고 사대부들의 특권 유지를 위해서 반드시 사형시켜야 하는 인물이었다. 그래야 앞으로 감히 사대부들의 기득권을 저해하고 백성들의 편을 드는 윤휴 같은 인물이 나오지 않을 것이었다. 국청은 윤휴를 죽일 죄목을 찾는 데 실패했다. 그러나 김석주, 김만기는 포기하지 않았다. 같은 날 숙종은 전교를 내려 이환의 익명서 사건을 다시 수사하라고 명령했다. 김석주, 김만기의 사주를 받은 것이었다. 숙종은 "국청에서 (이환을) 같이 국문하되 윤휴와는 각기 먼 곳에 두어 서로 의사를 통하지 못하게 하라"고 명했다. 윤휴를 사형시킬 죄목을 찾기 어려우니까 이환을 끌어들여 윤휴를 연루시키려는 계획이었다.

윤휴는 당초 국청에 끌려 나왔을 때 혐의에 대해 들은 후 "말로 공초하려고 하는데 괜찮겠습니까?"라고 묻자, 국청에서는 "문자로써 하는 것이 좋겠다."라고 말했다. 그래서 윤휴는 입으로 문자를 불러

대답했다. 한문으로 문장을 만들어 대답했다는 뜻이다.

윤휴는 긴 공초의 마지막에 '자신은 독서한 뜻을 실천에 옮겨 성상의 은덕에 보답하려 한 것'이었을 뿐이고, 그렇기에 '혐의를 피하지 않고 사람들의 원망과 분노도 생각하지 않고 국가의 일만 생각하고 임금에게 충성을 다했다.'면서 이렇게 끝맺었다.

그런데 불행하게도 재주가 허술하고 사려가 부족하여 일이 크게 잘못되고 자신이 불충 불효의 죄에 빠지게 되었습니다. 따라서 몸에 형틀을 쓰고 많은 사람이 둘러서서 보는 가운데서 목숨을 형장刑杖 아래 맡기게 되었으니, 제가 오늘 죽더라도 이 수치를 없앨 수 없고 이 눈을 감을 수 없습니다. 제가 나이는 많고 몸은 병들었으므로 수천 리의 먼 길을 달려온 끝에 정신이 혼곱하고 말이 두서가 없습니다. 성명께서는 살피소서. - 『백호연보』 및 『추안급국안』

윤휴의 공초가 끝났을 때 시간은 이미 자정을 넘고 있었다.

숙종은 윤휴의 답변을 보고 국청의 여러 신하들을 불러 말했다.

"윤휴의 공사(供辭: 공초에 대답한 말) 중 이른바 '누가 이정이고 누가 이남인지 분간하지 못한다.'고 한 것은 지극히 무상(無狀: 실상이 없다)하다. …… 그 공사를 보니 감추려고 하지만 감출 수 없는 것이 있는데, 형신(刑訊: 고문)하는 것이 어떻겠는가?" -『숙종실록』 6년 5월 12일

영의정 김수항이 얼른 동의했다.

"정상이 아주 악하고, 공사도 어긋난 단서가 있으니, 법으로는 당연히 형신을 청해야 합니다."

민정중이 "형을 더하지 않을 수 없습니다. 다만 이미 매우 노쇠

했는데 형을 더하면 반드시 죽을 것입니다."라고 말했다. 형을 더하지 않을 수 없는데 더하면 죽을 것이니 숙종이 결정하라는 말이었다. 이때 판의금부사 이상진이, "형벌을 상대부上大夫에게 시행하지 않은 것은 관대하고 후한 도입니다."라고 반대했고, 지의금부사 김우형도, "유배지로 돌려보내는 것이 합당할 듯합니다."라고 고문을 반대했다.

이런 분위기에 대사간 유상운이 찬물을 끼얹었다.

"윤휴가 이정과 이남을 분별하지 못한다는 말은 너무 심한 거짓말이어서 극도로 통분합니다. 심문하지 않을 수 없습니다."

숙종은 "한 차례 형신한 뒤에 다시 의논해서 처리하라."고 답했다. 윤휴는 만 63세의 노구로 삼경(三更: 밤 11시-1시)이 지난 뒤에 한 차례의 형신을 받았고, 다음 날 새벽에 또 한 차례의 형신을 당했다. 한 차례 형신이 30대를 치는 것인데 추국청의 곤장은 여타 곤장보다 두세 배가 굵었으므로 한번 형신당하면 죽거나 피투성이가 되게 마

조선시대에 형신을 하는 모습을 그린 풍속도

련이었다. 노구의 윤휴는 피투성이가 되었다. 그러나 윤휴는 몇 차례 형신을 당해도 말이 변할 것이 없었다. 두 차례의 형신 후에 국청은 더 형신해야 한다고 주청했다. 숙종은 "이원정도 이 죄목으로 유배 갔으니 벌이 같지 않을 수 없다."면서 윤휴를 다시 유배지로 보내 위리안치시키라고 명했다. 윤휴는 수레에 갇혀 옥을 나왔다.

아들들과 사위 이수길李樹吉이 다리를 만지며 통곡했다.

"처신이 지혜롭지 못해서 이런 상황에 이른 것이니 괴이하게 여길 것 없다. 옛날에 장홍萇弘은 시세를 헤아리지 못하고 주周나라 왕실을 부지하려고 하다가 끝내 죽음을 당했는데, 지금 내가 당한 처지도 그와 같은 것이 아니겠는가."

장홍은 주나라 때 정치가로 공자가 스승으로 여겼다는 인물인데, 미약해진 주 왕실을 보호하려 하다가 죽은 인물이다. 『장자莊子』「외물外物」편에 따르면 장홍의 피가 3년 후 푸른 옥碧玉으로 변했고, 이 때문에 '벽혈단심碧血丹心'이란 고사성어의 유래가 되었다. 윤휴에게 조선 왕실은 제후들의 발호로 나약해진 주 왕실이었고, 자신은 미약해진 조선 왕실을 지키려다가 죽음을 당하는 장홍이었다. 윤휴는 강한 서인들이 쿠데타를 일으킬 것이라는 소문에 숙종이 두려움을 품고 소수당인 남인과 자신을 내친 것으로 여겼는지도 모른다.

사람들이, "민정중도 국청에 참여했습니까?"라고 묻자 윤휴가 답했다.

"아니다. 그를 보지 못했다. 그가 그 자리에 있었다면 그에게 꼭 할 말이 있었다."

민정중은 윤휴가 공초할 때 방으로 피해 들어갔다고 전해진다. 윤휴가 동대문 밖으로 나가자 도성 백성들이 양쪽 길가에 모여서 눈

◆
장흥과 공자의 석상

물을 닦으며 탄식하였다. 시종 상민들의 고통을 덜어주려고 노력하다가 사지에 빠진 노대신을 위로하는 것이었다. 백성들은 사형을 면한 것이 그나마 다행이라고 눈물지었다. 동대문 밖의 여염집에서 잠시 머물 때 친구 몇 명이 와서 위로하는데 모두 노복과 말들을 숨겨두고 소리도 내지 못할 정도로 공포 분위기에 휩쓸렸다. 윤휴의 부인 권씨와 며느리, 딸들이 모두 눈물을 흘렸지만 윤휴는 평소와 다름없이 온화한 음성으로 이야기했다. 피 묻은 버선을 갈아 신으라고 권하자 윤휴가 거절했다.

"그대로 두어라. 자손들 가운데 시대의 형세를 알지 못하고 함부로 시대의 우환을 범한 자에게 경계가 되게 하리라可作子孫之不識世勢妄犯世患者之戒."─『백호행장』

윤휴는 자신이 이 모양이 된 것이 시대의 우환을 범했기 때문이라고 생각했다. 대부분의 사대부들이 제 한 몸의 영화와 제 집안의 부귀만 힘쓰는 것이 조선의 형세였는데 이를 무시하고 북벌을 하겠다고 나선 것이 시대의 우환을 범한 것이었으며, 사대부들이 힘없는 백성들의 등골을 빼서 제 배를 채우는 것이 시대의 형세였는데 양반들에게도 군역을 부과해야 한다고 나선 것이 시대의 우환이었으며, 입으로 주자학을 외우는 것으로 학문이 완성되었다고 자부하는 것이 시대의 형세였는데 "천하의 이치를 어찌 주자 홀로 안다는 말이냐!"라면서 새로운 학문의 길을 열려고 했던 것이 시대의 우환이었다. 주자학 절대주의 사상으로 가는 것이 시대의 형세였는데 다른 사상도 용인함으로써 사상의 자유를 꾀하려 했던 것이 또한 시대의 우환이었다.

나라에서 유학자를 왜 죽이는가?

윤휴는 갑산 유배지에 되돌아가 가시울타리에 갇힐 것이었다. 그곳에서 마지막 학문의 불꽃을 태우리라고 마음먹었다. 그것이 이 세상에서 할 수 있는 마지막 존재의 이유였다. 그러나 그 또한 이룰 수 없는 꿈이었다. 윤휴가 서울 북쪽 미아리에 도착해 길가의 촌가에서 잠시 쉬고 있을 때였다. 금부도사가 뒤쫓아 와서 고함을 치면서 사방을 수색하듯이 뒤졌다.

막내아들 윤경제尹景濟가 통곡하며 부르짖었다.

"저들의 행위를 보니 반드시 우리 가족을 모두 잡아 죽이려는 것입니다. 우리 집은 본래 친족이 없는데 누가 시체를 거두어주겠습니까."

윤휴가 조용히 타일렀다.

"저들은 나를 죽이려는 것이다. 내가 죽은 뒤에는 화란도 사라질 것이다. 어찌 처자식까지 죽이기야 하겠는가."

서인들은 이환에게 갖가지 형벌을 가했다. 그 목적은 윤휴를 잡기 위한 것이었다. 윤휴가 익명서를 붙이라고 사주했다는 답을 듣기 위해서였다. 『추안급국안』에 따르면 이환은 두 번의 형신을 받으면서도 과거 진술했던 내용을 바꾸지 않았다. 국청은 세 번째로 형신을 가했다. 고문을 못 이긴 이환은 익명서를 이태서가 짓고 그 아들 이경명李景明이 썼으며 이태서의 종이 다리 위에 걸었다고 자백했다. 그러면서 서로 모의한 곳은 사직동에 있는 허적의 집이라고 진술했다. 허적의 집에서 익명서를 주도했다고 진술한 것은 물론 허위였다. 이환의 진술은 모두 허위였다. 이태서도 이경명도 허적도 모두 죽은 인물들이었다. 이태서는 경신환국 후 서인 정권으로부터 일곱 차례 형신, 즉 270대의 곤장과 무릎 위에 무거운 돌을 올려놓는 압슬형, 인두로 지지는 낙형烙刑까지 받았으나 모두 불복하다가 4월 17일에 죽고 말았다. 이경명은 4월 20일 국청에서 잡아오는 과정에서 왼쪽 다리의 뼈가 부러져서 형신하기 어렵다는 이유로 먼저 처단할 것을 청해서 이미 사형시킨 후였다. 허적도 이미 사형당했으니 이환은 일단 매를 피하기 위해 이미 죽은 사람들만 진술한 것이었다. 그런데 서인 정권이 이환으로부터 듣기를 원하는 대답은 허적이 아니라 '윤휴'였다. 그러나 이환은 죽기를 각오하고 윤휴의 이름을 대지 않았다.

이환은 윤휴와 이태서의 관계에 대해서 서인들의 의도와 전혀 다른 대답을 했다.

"이태서가 또 '윤희중(尹希仲: 윤휴)은 사람됨이 매우 용렬하여 모

든 일을 일체 따르지 않고 내 말이 합당한 것도 혀를 차며 타박한다.'
라고 두 번 세 번 말했습니다." -『숙종실록』 6년 5월 13일

원하던 대답이 나오지 않자 계속 형신을 가했다. 그러나 이환은
서인 정권의 바람과는 달리 끝내 윤휴를 끌어들이지 않았다.

> 국청에서 이환을 다시 국문했는데, 탑전에서 전교한 내용 및 윤휴도
> 참여하여 알았는지의 여부를 다시 심문했으나 이환은 모른다고 공
> 초했다. 국청에서 부대시不待時로 처단할 것을 청하니, 임금이 그대
> 로 따랐다. -『숙종실록』 6년 5월 14일

만물이 생장하는 춘분과 추분 사이에는 사형을 집행하지 않는
것이 관례인데, 아주 중한 죄는 추분 때까지 기다리지 않고 사형을
집행하는 것이 부대시였다. 이환은 추분까지 기다리지 말고 즉각 죽
여야 한다는 것이었다. 그런데『숙종실록』은 "연달아 구기(拘忌: 꺼리
는 것)가 있기 때문에 4일을 지나 비로소 교형絞刑에 처했다."라고 전
하고 있다. 이환은 그 후로도 나흘 동안은 살아 있었다는 뜻이다.

이환이 끝까지 윤휴를 끌어들이지 않고 사형당하자 서인 정권에
혼선이 생겼다. 윤휴는 이 세상에 살아 있어서는 안 되는 인물이지만
그를 죽일 방법이 없었던 것이다. 그래서 익명서가 걸렸을 때 윤휴가
그 내용을 수사하자고 비밀 차자를 올렸던 것을 죄목으로 삼아 다시
국문을 요청했다. 윤휴는 당시 "남의 자제에게 어떤 사람이 '너의 노
복이 오늘 밤 부형을 해치려고 한다.'고 말하면 그 노복을 부형에게서
떼어놓지 않겠느냐."면서 수사하기를 요청한 것을 서인들을 죽이려는
의도였다고 몰아가려는 것이었다. 판의금부사 이상진이 어디에서 비

밀 차자에 대한 이야기를 듣고 윤휴의 재수사를 요청했다.

이상진은 물러 나온 후에 『승정원일기』를 보고 윤휴의 비밀 상소가 있다는 것을 알았다면서 이렇게 말했다.

"필시 이환의 흉서를 인해서 큰 옥사를 일으켜 화를 옮겨 어육魚肉으로 만들 계책이었을 것입니다. …… 이환의 정상은 이미 자백했으니 윤휴가 흉서를 빙자해서 당시 문무 여러 신하들을 섬멸하려던 실상도 여지없이 탄로났습니다. 그 흉악한 계획의 근원을 추궁하면 윤휴 또한 이환입니다."-『숙종실록』 6년 5월 14일

느닷없이 그날의 승정원일기를 살펴봤다는 것은 변명이었다. 누구의 사주를 받았다는 사실을 감추기 위한 것이었다. 이상진의 '윤휴 또한 이환'이란 말은 윤휴도 이환처럼 사형시켜야 한다는 말에 다름 아니었다. 그런데 이해할 수 없는 일이 있었다. 당시 익명서에 거명되었다고 심문 받았던 거청(居靑: 거창)은 그 존재조차 거명되지 않았다. 거청이 끌어들인 이환만 계속 고문하면서 윤휴의 이름을 대라고 요구한 것이었다. 『백호행장』은 그 이유에 대해 "(윤휴의) 차자의 문자를 따다가 거청이란 이름을 없애버리고 '국문하는 것이 급하다鞫問爲急'라는 네 글자를 따내어 여러 신하들을 국문하라는 말이라 했다."고 기록하고 있다. 윤휴는 익명서 사건 당시 비밀 차자에서 "거창을 잡았다면 그 일의 허실을 따져 밝혀야 한다."고 주장했는데, 거창이란 이름 자체를 지웠다는 것이다. 익명서에 거론된 거창이란 이름은 지우고 대신 '여러 신하들을 국문하라는 말'이라고 조작했다는 뜻이다.

이환은 익명서가 걸린 날 밤 윤휴의 집에서 자지 않았다고 답변했다. 이환은, "방서가 걸린 밤에는 때마침 상한(傷寒: 감기 몸살)에 걸려 땀을 내려고 이교항二橋項에 거주하는 사주인私主人인 이사립李士

立의 집에서 잤는데, 이는 사주인에게 캐물으면 알 수 있습니다."라고 답했다. 익명서가 걸린 날 이사립의 집에서 잤다고 자백하자 서인들은 당황했다. 이환의 말대로 그날 잤다는 이사립을 조사하면 진위 여부를 알 수 있는 일이었다. 그러나 이사립에 대한 조사는 이루어지지 않았다. 서인 정권이 원하던 대답이 아니었기 때문이다. 윤휴의 집에서 잤다고 한 말에 대해 묻자 평소에 왕래한 곳을 묻기에 윤휴의 집이라고 대답했다는 것이다.

윤휴를 죽이려던 계획은 다시 차질이 발생했다. 이환이 죽음을 무릅쓰고 윤휴는 아무런 관련이 없다고 진술하고 있었기 때문이다. 윤휴 또한 아무리 국문해봐야 형장에서 죽으면 죽었지 조작된 혐의를 인정할 인물이 아니었다. 그래서 대사헌 신정은 "윤휴의 죄는 죽을죄가 한두 가지가 아닙니다."라고 전제한 후 "이환이 윤휴를 끌어대지 않았는데 곧바로 형신하는 것은 사체事體에 방해될까 우려됩니다."라고 말했다. 대사간 유상운도 "이로써 윤휴를 국문하는 것은 옥사의 체모에 어긋날 것입니다."라고 말했다. 그렇다고 이들이 윤휴를 살려두자는 것도 아니었다. 유상운은 "이정과 이남을 구분하지 못한다고 한 말과 체찰사부를 복설해서 병권을 독점하려고 한 일을 가지고 국문해야 한다."고 주장했기 때문이다. 억지로 죄를 만들려고 하니 서인 정권 내에서도 혼란이 생긴 것이다.

숙종은 국청의 여러 대신들을 불러 윤휴의 처리 방법을 물었다.

영의정 김수항이 말했다.

"윤휴의 '조관'이라는 말과 체찰사부 복설을 청한 것은 그 죄가 비록 무겁기는 하지만 곧바로 사형으로 논단하기는 혹시 지나친 감이 있습니다."

아무리 윤휴를 죽이려고 해도 논리가 없었다. 조관은 원래 고전에 인용되었던 내용이고, 체찰사부 복설도 북벌을 위해서였다는 것은 모두가 아는 사실이었다. 그렇다고 해서 송시열의 지시를 받은 김수항이 윤휴를 살려둘 수는 없었다. 이들이 우려하는 것은 윤휴가 고문을 당하다가 죽는 것이었다. 윤휴는 끝까지 무죄를 주장하며 죽어갈 것이었다. 그래서는 안 되는 것이 서인들의 당론이었다.

그래서 김수항은 이렇게 말했다.

"비밀 차자는 비록 죄가 다소 가볍지만 그 실정을 용서할 수는 없으니 이로써 형을 청하는 것은 불가하다고 할 수 없습니다."

김수항 스스로 무슨 말을 하는지 알 수 없었을 것이다. "비밀 차자는 그 죄가 다소 가볍지만 사형시켜야 한다."는 말이니 어찌 이해할 수 있었겠는가.

이 비논리에 한때 윤휴의 옆집으로 이사 와서 매일같이 드나들었던 우의정 민정중이 동조했다.

"이미 유배지로 보낸 뒤에 다시 이전의 죄를 가지고 국문하는 것은 불가합니다. 곧바로 비밀 차자를 가지고 죄를 결단함이 마땅합니다."

'죄를 결단함'은 사형을 뜻했다. 죽일 죄를 찾을 수 없으니 비밀 차자를 올린 것을 가지고 사형시키자는 뜻이었다. 과거 "안자가 사는 마을에는/사계절 언제나 봄기운이 감도는 것을."이라며 윤휴의 안빈낙도安貧樂道를 기리는 시를 지었던 민정중이 "윤휴는 무조건 죽여야 한다."고 주장하는 것이니 공자의 말씀이 무색하지 않을 도리가 없었다.

숙종은 이 주청을 받아들여 윤휴를 죽이기로 결심했다.

"이 차자가 이미 그의 손에서 나왔으므로 그의 음험하고 참혹한 흉역은 더욱 현저하게 드러나서 가릴 수가 없다. 문초하지 않아도 알 수 있다. 마땅히 곧바로 방형(邦刑: 능지처참)을 시행할 것이지만 차마 하지 못하는 점이 있으니 특별히 사사賜死한다." - 『숙종실록』 6년 5월 15일

그나마 목을 베지 않고 사약을 내리는 것이 은혜라는 투였다. 윤휴의 자제들은 도성 문 안에서 윤휴가 나오기를 기다리고 있었다. 이상진 등이 이 소식을 듣고 아들 다섯 명을 모두 의금부에 불법으로 가두었다. 윤휴를 역적이라고는 지칭하지 못했으므로 자식들은 연좌시킬 수 없었지만 항의할 사람도 없었다.

5월 20일 신시(申時: 오후 3-5시)에 윤휴가 머무는 서대문 밖 여염집에 사약이 내려졌다. 사약을 마시기 전 윤휴는 필묵을 요청했다. 그러나 금부도사 홍수태洪受泰는 거부했다. 마지막 유서까지도 허용할 수 없다는 것이었다. 그만큼 윤휴가 남길 말이 두려운 것이었다.

유서 작성도 거부당한 윤휴가 말했다.

"내 주량이 있는데 이 약이 목숨을 끊지 못할까 두렵다. 소주燒酒를 가져와야 되겠다."

사약을 마셨는데도 죽지 않으면 낭패였으므로 금부도사도 소주는 허용할 수밖에 없었다. 윤휴는 소주를 많이 마신 후 사약을 들고 운명을 마쳤다. 학문과 북벌대의와 백성들의 민폐 제거에 바친 인생이 이렇게 형장의 이슬로 사라진 것이다. 야사에는 윤휴가 사약을 마시면서 이렇게 말했다고 전한다.

"나라에서 유학자를 쓰기 싫으면 안 쓰면 그만이지, 죽일 것은 무엇 있는가!"

이튿날 아들 다섯 명을 모두 유배 보냈다. 아들들이 시신을 염

◆
윤휴의 무덤 원래 경기도 여주에 있던 묘를 대전시 문화동으로 이장하였다.

습하지 못하게 수를 쓴 것이다. 큰 사위 이수길李樹吉과 이순신의 후
손인 서조카 윤갑제尹甲濟가 시신을 모시고 야막강사冶幕江舍에 와
서 염습斂襲했다. 진사 이현수李玄綏가 옷가지와 이불을 내주었고, 종
친인 정 이희년이 부모의 상 때 쓰려고 만들어놓았던 관을 부조했다.
윤구尹俅, 김굉일金宏一 등 몇몇 사람이 각자 물품을 부조하여 초상을
치렀다. 이삼달이 윤휴의 시신과 가족들을 배에 싣고 여주에 도착해
윤휴의 집 뒤에 임시로 매장했다.

윤휴에게 사형을 선고한 다음 날인 5월 16일. 숙종은 승정원에 비망기를 내렸다. 임금의 명령을 적은 비망기를 내리는 것은 숙종 정치 행위의 특징이었다.

"이번 허견과 이남의 역변에 만약 이립신李立身 등이 위국진심爲國盡心으로 먼저 기찰하고 고하지 않았다면 정원로도 반드시 상변했을 리가 없다. 그의 공은 고변자보다 더 중하다. 별군직別軍職 이립신, 충장장忠壯將 남두북南斗北, 박빈朴斌 등을 공훈을 감정勘定할 때 모두 참여시켜 녹훈하라." -『숙종실록』 6년 5월 16일

숙종의 비망기는 이 사건이 전형적인 공작 정치의 산물이란 사실을 말해준다. 그렇지 않았다면 임금이 일개 별군직의 이름을 알고 있을 리도 없고, 별군직들의 구체적인 행위를 알고 있을 리도 없다. 숙종은 김석주와 김만기를 통해 이들 비선 조직을 관리했고, 이들의 보고를 듣고 남인 정권을 무너뜨렸다는 결론이다.

허적과 윤휴 등이 역적이 아니란 사실을 숙종은 누구보다 잘 알고 있었을 것이다. 그런데 숙종은 왜 정권을 갈아치우는 데서 더 나가서 탁남과 청남의 영수를 죽이기까지 했을까? 허견 등이 복선군을 추대하려 했다는 것은 빌미에 불과했다. 그것도 숙종을 몰아내고 임금으로 삼으려 한 것이 아니라 숙종이 후사 없이 죽으면 임금으로 추대하려 한 것에 불과했다. 각 당파마다 숙종이 후사 없이 죽을 경우 추대하려던 인물이 있었다.

이태서의 아들 이경의李景毅는 세 차례 형신을 당한 후 부친의 말이라며 이렇게 전했다.

"아버지는 주상께서 병이 많으시고 또 저부(儲副: 세자)가 없다고 근심했는데, 작년에 공주가 탄생하자, '다른 날에 반드시 여러 종친이 왕위에 서려고 다투는 우환이 있을 텐데, 이른바 중서中西는 뜻이 숭선崇善에게 있고, 산서山西는 뜻이 이혼, 이엽에게 있으며, 남인은 뜻이 역적 이남에게 있다.'고 했습니다." -『숙종실록』6년 4월 20일

서인 중에서 중서 계열은 인조의 다섯째 아들인 숭선군 이정李澄을 추대하려 하고, 송시열 등의 산서 계열은 소현세자의 손자인 임창군 이혼과 임성군 이엽을 추대하려 하고, 남인은 복선군 이남을 추대하려 했다는 뜻이었다. 강화 흉서 사건은 남인 정권의 한계를 보여준 것이었다. 김석주가 강화 축성장 이우를 옹호한 것은 이미 그의 복심이 드러난 것이었다. 그러나 허적 등은 김석주를 철저하게 믿었다. 또 흉서의 장본인 이유정이 송시열의 문인으로 드러났는데도 허적 등은 사건을 덮기에 급급했다. 윤휴가 철저 조사를 주장했지만 허적 등은 묵살했다. 숙종은 자칫하면 서인들이 쿠데타를 일으켜 자신을 쫓아낼 수 있다고 두려워했다. 그 결과가 정권을 서인에게 주는 것으로 나타난 것이었다.

또 하나는 삼번의 난이 거의 끝난 것이었다. 숙종은 청나라에서 조선의 북벌 움직임을 조사할지도 모른다고 두려워했다. 아무 죄가 없던 탁남 영수 허적과 청남 영수 윤휴를 사형시킨 것은 청나라에 대한 면피용일 가능성이 크다. 숙종 자신은 아무 관련이 없고 북벌을 추진하던 당파의 두 영수를 "그래서 내가 죽였다."고 주장하면 면죄부를 받을 수 있는 것이었다.

윤휴가 죽어야 했던 실제의 죄는 두 가지였다. 하나는 실제로 북벌을 추진하려 했던 것이고, 다른 하나는 양반 사대부들도 평민들처

럼 똑같은 의무를 지는 대개혁을 실시하려던 것이었다. 이 두 가지는 서인 정권의 시대의 금기였다. 북벌은 말로만 추진해야 하고 자신들은 영원히 계급적 특권을 누려야 하는 것이었다. 평민들은 사대부를 위해 존재하는 노예 계급이어야 했다. 이 지형을 바꾸려던 윤휴는 사라져야 했다.

윤휴의 빈자리

윤휴가 사형당하기 이틀 전에 '분충 효의 병기 협모 보사奮忠效義炳幾協謨保社'라는 좋은 이름은 다 갖다 붙인 공신들이 책봉되었다. 1등은 김만기와 김석주, 2등은 이립신, 3등은 남두북, 정원로, 박빈이었다. 그야말로 공작 정치 수행자의 명단이었다. 그러나 이 무리한 공작 정치는 내부에서 다툼이 생겼다. 정원로는 불과 넉 달 후인 윤팔월 10일 사형당했다.

대동법의 경세가 김육에게서 김석주 같은 손자가 나온 것은 가문의 비극을 넘어 나라와 역사의 비극이었다. 경신환국 이후 조선의 당쟁은 살육의 시대로 접어들었다. 그 이전에는 심지어 송시열처럼 왕통을 부인했다는 혐의를 받은 인물도 죽이지 않았다. 그러나 경신환국 이후 아무런 죄가 없는 윤휴와 허적이 사형당했다. 살육殺戮이란 이름이 적당한 정치 보복이었다.

김석주는 불과 4년 후인 숙종 10년(1684) 세상을 떠나는데 죽기 전에 다시 한번 공작 정치를 자행한다. 이번에는 김석주의 심복 김익훈이 등장한다. 김익훈은 송시열의 스승 김장생의 손자이고 김만기의 숙부였다. 숙종 8년 김환과 김중하金重夏는 남인 허새許璽, 허영許瑛, 민암, 유명견 등이 복평군을 임금으로 추대하려 했다고 고변하는 임술고변壬戌告變을 일으켰다. 이 사건 역시 조작의 혐의가 짙었으나 허새와 허영 등은 심한 고문 끝에 조작된 혐의를 시인하고 사형당했고, 이덕주李德周는 장사杖死했다. 그나마 허새, 허영 등이 죽으면서까지 김석주가 정작 죽이려던 복평군을 끌어들이지 않아서 복평군을 죽이는 데 실패했다. 게다가 민암과 유명견 등

◆
윤휴 묘 부장품 이장 때에 발견된 것으로 장군 형태의 물병인데 주둥이가 깨져 있다.

은 무혐의가 입증되어 석방되고, 사건의 일부가 무고로 판명나면서 오히려 김환은 귀양 갔고 전익대全翊戴는 사형당했다.

임술고변이 김석주, 김익훈 등이 사주한 무고 사건으로 드러나자 젊은 서인들은 강력하게 반발했다. 승지 조지겸趙持謙, 지평 박태유朴泰維, 오도일吳道一 등의 젊은 서인들은 귀양 간 김환의 처형과 그를 사주한 김익훈의 처벌을 주장했다. 젊은 서인들도 배후 총책은 김석주란 사실을 알고 있었지만 그가 워낙 거물이었기에 그 심복 김익훈을 겨냥한 것이다. 숙종과 김수항, 민정중 등의 서인 중진들은 박태유와 오도일을 지방으로 좌천해 이를 억누르려 했으나 강력한 반발 때문에 실패하는 등 파문이 확산되었다. 숙종은 이런 파문을 가라앉히기 위해 산림의 세 유현儒賢으로 불렸던 송시열, 윤증, 박세채를

조정으로 불렀다. 당초 젊은 서인들은 대로大老라는 애칭으로 불리는 송시열에게 기대를 걸고 있었다. 송시열이 김익훈 등 무고자들을 법대로 처리할 것으로 믿었기 때문이었다. 송시열도 당초 여주에서 승지 조지겸으로부터 임술고변의 진상을 듣고 김익훈의 처벌에 동의했다. 그러나 서울에 들어와 김수항, 민정중, 김만기 등 서인 중진들의 설명을 들은 후 태도가 바뀌었다. 임술고변이 서인 정권 유지 차원에서 전개된 일이란 설명을 들었기 때문이다. 송시열은 김익훈 처벌 여부를 묻는 숙종의 질문에 "김익훈은 스승 김장생의 손자인데 자신이 잘못 인도해 이렇게 되었다."면서 김익훈을 옹호했다. 송시열의 태도에 실망한 젊은 서인들은 서인에서 이탈해 나갔다. 아무리 다른 당파라도 공작 정치로 무고한 남인들을 죽음으로 몬 것은 잘못이라고 주장하는 젊은 서인들이 소론少論이 되고, 정치 공작을 옹호한 서인 중진들이 노론老論이 되었다. 이후에도 노론은 자신들과 다른 정견을 가진 국왕 경종을 독살하고 사도세자를 뒤주에 가두어 죽이는 등 정치 공작을 자행했다. 그러면서 윤휴의 북벌론을 송시열 등이 주장한 것으로 역사 바꿔치기를 시도했다. 그렇게 노론은 조선이 멸망할 때까지 집권하고, 조선이 멸망할 때는 일제에 가담했다. 그렇게 지금도 국사 교과서는 북벌의 자리에 윤휴의 이름을 지워버리고 송시열의 이름을 올려놓았다.

윤휴는 그렇게 사망 300년이 지난 지금도 지워진 이름이 되었다. 아직도 그의 이름을 지우고 있는 우리 시대는 그를 살해했던 시대보다 나은가. 윤휴는 지하에서 묻고 있는지도 모른다.